OGUM

A Ordenação Divina

Cris Egídio e
Lurdes de Campos Vieira

OGUM

A Ordenação Divina

MADRAS

© 2022, Madras Editora Ltda.

Editor:
Wagner Veneziani Costa (*in memoriam*)

Produção:
Equipe Técnica Madras

Capa:
Daniel Marques

Revisão:
Maria Cristina Scomparini
Arlete Genari

Dados Internacionais de Catalogação na Publicação
(CIP)(Câmara Brasileira do Livro, SP, Brasil)

Egídio, Cris
Ogum: a ordenação divina/Cris Egídio e Lurdes de Campos Vieira. – São Paulo: Madras, 2022.
Bibliografia.
ISBN 978-85-370-1138-6

1. Ogum (Orixá) 2. Orixás 3. Religiões de origem africana 4. Umbanda (Culto) I. Vieira, Lurdes de Campos. II. Título.

18-16599   CDD-299.672

Índices para catálogo sistemático:
1. Ogum: Teologia de Umbanda: Religiões de origem africana 299.672
Maria Alice Ferreira – Bibliotecária – CRB-8/7964

É proibida a reprodução total ou parcial desta obra, de qualquer forma ou por qualquer meio eletrônico, mecânico, inclusive por meio de processos xerográficos, incluindo ainda o uso da internet, sem a permissão expressa da Madras Editora, na pessoa de seu editor (Lei nº 9.610, de 19/2/1998).

Todos os direitos desta edição reservados pela

MADRAS EDITORA LTDA.
Rua Paulo Gonçalves, 88 – Santana
CEP: 02403-020 – São Paulo/SP
Tel.: (11) 2281-5555 — (11) 98128-7754
www.madras.com.br

Agradecemos ao web designer *Bernard Castilho, ilustrador da presente obra.*

Índice

I –	Nossas Homenagens	12
	Oração ao Pai Ogum Megê das Sete Espadas	15
II –	Considerações Iniciais	17
III –	Ogum na Coroa Divina	21
	Orixás, Tronos de Deus	22
IV –	O Trono das Sete Encruzilhadas	25
	A Coroa Divina Planetária ou Trono das Sete Encruzilhadas	26
	Os Orixás Ancestrais e os Fatores Divinos	27
V –	O Mistério Ordenação Divina	30
	As Virtudes Irradiadas por Ogum	32
VI –	As Divindades Ordenadoras e as Religiões	36
	São Jorge – O Santo Guerreiro do Catolicismo	38
	A Ordem dos Templários	43
VII –	Olorum – O Legislador Supremo do Universo	48
VIII –	Ogum – O Trono Masculino da Lei	51
	Ogum – O Guardião dos Caminhos da Evolução	54
	Ogum – A Mão Armada da Lei de Deus	56
	A Lei da Reencarnação	59
	A Lei do Livre-Arbítrio	61
	A Lei das Afinidades	64
	A Lei de Ação e Reação	71
	A Lei de Causa e Efeito	72

	A Lei do Retorno 73
	Ogum – O Vigilante da Execução do Carma 75
	Ogum – O Orixá da Guerra 77
	Ogum – O Orixá das Demandas 79
IX –	O Orixá Ogum e os Senhores Guardiões da Lei 83
	As Hierarquias Cósmicas dos Guardiões da Lei na Umbanda Sagrada 84
	Exus de Lei – A Hierarquia dos Agentes Cósmicos da Umbanda Sagrada 88
X –	Os Fatores Divinos do Trono da Lei 91
	Fatores Evolutivos do Trono da Lei 92
	O Fator Ordenador 93
	O Fator Reformador 95
	O Fator Potencializador 96
	Fatores Reativos, Regredidores ou Esgotadores doTrono da Lei 97
	O Fator Trancador 99
	O Fator Executador 101
	O Fator Arrancador 102
	O Fator Quebrador 103
XI –	Hierarquias e Entrecruzamentos 105
	As Hierarquias do Trono da Lei 107
	I – Oguns Intermediários nas Faixas Positivas 108
	II – Oguns Intermediários nas Faixas Neutras (Tripolares) 108
	III – Oguns Intermediários Cósmicos (atuam nas Faixas Negativas) 109
XII –	Como Ativar Os orixás Oguns Intermediários das Faixas Positivas 111
	Orixá Celestial Ogum Cristalino 111
	Orixá Celestial Ogum Mineral 113
	Orixá Celestial Ogum Vegetal 114
	Orixá Celestial Ogum Ígneo 115
	Orixá Celestial Ogum Eólico 117
	Orixá Celestial Ogum Telúrico 118
	Orixá Celestial Ogum Aquático 119

XIII –	Exemplos de Oguns Intermediários nas Faixas Neutras e Cósmicas 121	
	Alguns Oguns Cristalinos 121	
	Tronos Intermediários Oguns Matinata 121	
	Tronos Intermediários Oguns do Tempo.... 122	
	Alguns Oguns Minerais... 123	
	Tronos Intermediários Oguns Iara 123	
	Tronos Intermediários Oguns do Ferro 124	
	Alguns Oguns Vegetais... 124	
	Tronos Intermediários Oguns Rompe Matas... 124	
	Alguns Oguns Ígneos... 125	
	Tronos Intermediários Oguns dos Raios 125	
	Alguns Oguns Eólicos.. 125	
	Tronos Intermediários Oguns de Lei 125	
	Tronos Intermediários Oguns de Ronda 126	
	Alguns Oguns Telúricos 127	
	Tronos Intermediários Oguns Megê Sete Espadas.. 127	
	Tronos Intermediários Oguns Beira-Mar.... 129	
	Alguns Oguns Aquáticos 130	
	Tronos Intermediários Oguns Marinhos..... 130	
	Tronos Intermediários Oguns Sete Ondas .. 131	
XIV –	Oferendas Sagradas para os Divinos Pais Oguns.. 134	
	O Poder Divino e as Forças da Natureza na vida dos seres 134	
	Os Elementos (Ar, Água, Minerais, Cristais, Vegetais, Fogo e Terra)... 135	
	Princípios Mágicos e Energéticos das Oferendas Sagradas 136	
	Princípios Mágicos e Energéticos de alguns Elementos de Ogum... 137	
	Procedimentos Sagrados nos Santuários Naturais.. 143	
	Procedimentos Básicos 144	

Oferenda Sagrada ao Divino
Pai Ogum Maior 146
Oferenda Sagrada para o Divino
Pai Ogum do Fogo 148
Oferenda Sagrada ao
Pai Ogum Rompe Matas 149
Oferenda Sagrada ao Divino Pai Ogum Yara ... 151
Oferenda Sagrada ao Divino
Pai Ogum do Tempo 152
Ativação Magística para Proteção de Ambientes,
na Irradiação do Pai Ogum Sete Escudos 154
Ativação Magística para Limpeza Energética
e Espiritual na Irradiação
do Pai Ogum Marinho 155
Oferenda Sagrada ao Divino
Pai Ogum Naruê 156
Oferenda Sagrada ao Divino
Pai Ogum Matinata 158
Oferenda Sagrada ao Divino
Pai Ogum Beira-Mar 160

XV – Os Guias Espirituais
na Irradiação de Pai Ogum 162
    Os Guias Espirituais e Seus Hierarcas 165
    Os Arquétipos das Linhas
    de Trabalho 167
    Chaves de Acesso aos Mistérios
    dos Guias de Trabalho 168
        O Aspecto Visual – A Forma Plasmada 168
        A Chave Sonora – Os Nomes Simbólicos
        e os Pontos Cantados 170
        O Aspecto Escrito – Os Pontos Riscados 174
        Pontos riscados de Guias Espirituais ligados
        ao Orixá Ogum 176

Índice

- XVI – Hereditariedade Divina de Ogum 177
  - Os Orixás Naturais 178
  - Os "Orixás" Encantados 179
  - O Triângulo de Força 180
  - Orixás Essenciais ou Ancestrais 180
  - Filhos Ancestres de Pai Ogum 181
  - Orixá de Frente 182
  - Filhos e Filhas de Ogum, em Geral 184
    - Dificuldades ou perturbações 188
  - Orixá Adjuntó 190
  - Nosso Dilema – Estar no Positivo ou no Negativo do Orixá 192
- XVII – O Orixá Ogum e a Natureza 195
  - Ar, Fogo e Água 195
  - Os Caminhos 197
  - A Ação de Ogum no Corpo Humano 199
  - Ferro – o Minério Sagrado de Ogum 200
- XVIII – Considerações Finais 202
  - 1 – A Ideologia das Demandas 203
  - 2 – A Mercantilização dos Procedimentos Sagrados da Umbanda 205
  - 3 – Cursos e Uso Inadequado dos Meios de Comunicação 206
  - 4 – Falta de Bom Senso e Mistificação 207
  - 5 – Falta de Conscientização das Leis Divinas e sua Reatividade 208
  - O Profano e o Sagrado na Umbanda 209
  - Tabela dos Fatores de Pai Ogum e suas Ações 214

Bibliografia 220

Nossas Homenagens

Mestre Seiman Hamiser Yê
– O Orixá Ogum Megê

Iniciamos este livro homenageando um dos grandes responsáveis "divinos" por esta nossa nova caminhada evolucionista e consciência religiosa/espiritual, rumo a Deus, nosso Divino Criador Olorum.

Mestre Seiman Hamiser Yê é o espírito a quem o médium umbandista Rubens Saraceni atribuiu a autoria de grande parte de suas obras psicografadas, juntamente com Pai Benedito de Aruanda, dentre outros.

Espíritos de alta elevação na hierarquia divina, assentada no Setenário Sagrado que rege a Umbanda, titulados Mestres da Luz e do Saber ou Magos da Vida, exercem também em suas missões o compromisso de trazerem, para o plano humano da criação, conhecimentos nos quais revelam os mistérios divinos naturais e espirituais, regidos pelos Sagrados Orixás.

Esses mestres tiveram em seu médium, também um mestre da Luz que encarnou para servir de elo material, um solo fértil que lançou sementes do conhecimento e das Leis divinas sobre a religião umbandista, as quais germinaram em caminhos a serem trilhados por muitos, renovando a consciência e a compreensão sobre os Sagrados mistérios da criação e o Culto aos Orixás.

Mestre Seiman, Pai Benedito de Aruanda e outros Mestres da Luz revolucionaram o repetitivismo existente até os anos 1990 do século XX, ao iniciarem uma ordenação manifestada pelos Sagrados

Orixás. Esses mentores mostraram racionalmente o mistério das Sete Linhas de Umbanda, por meio da ciência divina, desmistificando e retirando toda e qualquer menção dos fundamentos da Umbanda a santos católicos ou divindades de outras culturas e religiões, fundamentando-a como uma religião legítima brasileira, que possui seus próprios fundamentos e hierarquias divinas sustentadoras.

Nessas obras mediúnicas, desenvolvidas com clareza e precisão absoluta, estabelecem bases e estudos para a compreensão das linhas de ação e reação dos espíritos dentro do ritual, contribuindo para a evolução espiritual, consciencial, religiosa e teológica da humanidade, processada por meio da Umbanda Sagrada.

Nas obras inspiradas por Mestre Seiman, o mistério Exu assumiu seu verdadeiro lugar na criação divina e seu grau natural nas hierarquias cósmicas regidas pelos Orixás, atuando também como agente ativo da Lei Maior no campo das ações e reações negativas, geradas e cometidas pelos seres, sendo Exu o elemento esgotador, anulador e trasmutador de carmas coletivos e individuais.

No livro *A Tradição Comenta a Evolução*, inspirado para seu médium, Mestre Seiman comenta que o Ritual de Umbanda Sagrada foi criado, no astral, pela Tradição Natural, para que atraísse todos os espíritos humanos que não se afinizassem com as religiões abstratas atuantes no plano material. Ele explica que essa "Tradição" é um colégio iniciático instalado no ponto de forças localizado na faixa celestial regido pelo Orixá Maior Oxalá-yê, onde os magos da Lei e da Vida são responsáveis pela ordem e os bons costumes dentro de todos os rituais religiosos e iniciáticos, velando o tempo todo pelas hierarquias espirituais que nele se sustentam. Nesse Colégio, denominado Magno Colégio de Umbanda Sagrada, um departamento do Magno Colégio dos Magos, acessível apenas aos grandes magos da Lei e da Vida, Mestre Seiman é um dos dirigentes e um dos mentores astrais responsáveis pelo Ritual de Umbanda Sagrada, um ordenador dos conhecimentos religiosos, espirituais e magísticos, também conhecido na Umbanda como "Senhor Ogum Megê das Sete Espadas da Lei e da Vida". Nesse mesmo livro, Mestre Seiman cita sua última encarnação na dimensão humana, que ocorreu em 2800 a.C., em que foi um mago persa que cultuava Agni Sagrado, o Senhor do Fogo Divino.

Mestre Seiman também assumiu a abertura da Magia Divina, a Magia da Luz e da Lei Maior no plano material. Por volta do ano 1999, por meio do mestre de magia Rubens Saraceni, o grau da Magia das Sete Chamas Sagradas foi iniciado, possibilitando a milhares de pessoas recorrerem e manifestarem um poder divino, que os tornava magos iniciados, habilitados a ativar e manipular mentalmente poderes específicos da natureza e dos mistérios de Deus, beneficiando a si e aos semelhantes.

Como Mestre de Magia ou Mago da Luz, Seiman Hamisser Yê pode acompanhar no plano material o dia a dia dos magos iniciados, intuindo-os e amparando-os, com os Mestres de Magia que acompanham cada um deles. Mas, como Senhor Ogum Megê das Sete Espadas, somente pode auxiliar os filhos e filhas caso se vá até ele em seu ponto de forças na natureza, seguindo os procedimentos religiosos estabelecidos na Lei que rege a Umbanda Sagrada.

A Umbanda é regida pelo Setenário Sagrado no Alto. O Orixá Ogum é uma de suas essências, o Trono Eólico da Lei, e, em sua hierarquia, Ogum das Sete Espadas é o regente celestial a quem os membros (falange) do degrau das Sete Espadas prestam conta de seus atos. O Senhor Ogum Megê das Sete Espadas da Lei e da Vida é o senhor de um degrau, um Trono Intermediário, regido no alto pelo Orixá Ogum Sete Espadas e assentado nos domínios do cemitério, regido pelo Orixá Obaluaiê e no embaixo pelo Orixá Omolu, o Guardião dos "mortos", onde estão os caídos ou os "mortos" para a vida.

O Senhor Ogum Megê irradia "ordem" o tempo todo; seu Trono, no embaixo do cemitério, atrai os seres desequilibrados, desvirtuados e negativados no sétimo sentido da vida (a Geração) e os ampara até que esgotem seus negativismos e despertem suas consciências para seus erros, falhas e pecados, arrependendo-se, e desenvolvam sentimentos positivos e virtuosos, pois o despertar da consciência nos princípios divinos é o principal objetivo da Lei e da Vida. Porém, como é um Ogum "Sete", recolhe em seu domínio espíritos caídos em todos os sentidos da vida: fé, amor, conhecimento, lei, justiça, evolução e geração. Ogum é Lei e, onde excessos estão sendo cometidos em nome de Deus, está sua Espada Guardiã dos Mistérios Divinos, impondo a Lei e ordenando o caos.

Buscamos, resumidamente, descrever e demonstrar a grandeza espiritual desse Orixá e Grande Mestre de Magia da Lei e da Vida, Seiman Hamisser Yê. E, se iniciamos este livro utilizando-nos das informações inspiradas por ele para seu médium em suas obras, foi porque fomos invadidas pelas irradiações vivas e divinas da GRATIDÃO e, envolvidas completamente por essa vibração, algo "divino" aconteceu... a Espada da Lei de Ogum transbordou AMOR!!!

Fomos inspiradas pelos pais Oguns que nos assistem, os quais, talvez não por coincidência, são Oguns Sete Espadas. Eles disseram: "Só aceitaremos como 'legítimo' o que não seja inferior ao que já existe".

"A Lei Maior diz: cada um pode semear o que quiser, mas com certeza colherá os frutos de suas semeaduras, sejam doces ou amargos. Porém, todo aquele que, mesmo estando no mais sombrio abismo, sustentando-se na fé, procurar o amparo divino, será amparado."

E, para finalizarmos esta homenagem, apresentamos uma oração ao Divino Pai Ogum Megê das Sete Espadas da Lei e da Vida, para aqueles que têm fé e estejam necessitados de amparo divino e força espiritual para enfrentar os "desafios do caminho".

ORAÇÃO AO PAI OGUM MEGÊ DAS SETE ESPADAS

Senhor Deus, nosso Divino Criador Olorum, reverencio-Vos e saúdo o Divino Pai Oxalá-yê e o Divino Pai Ogum-yê, e peço-vos vossas bênçãos e licença para evocar o Divino Senhor Ogum Megê das Sete Espadas da Lei e da Vida! Amém!

Divino Pai Ogum Megê das Sete Espadas da Lei e da Vida! Eu saúdo e reverencio vosso poder divino! Recebei toda minha fé e meu amor, Senhor Guardião da Lei e da Vida dos domínios do Divino Pai Omolu-yê! Amém!

Amado Pai Ogum Megê, Orixá Redentor! Clamo neste momento por vossa intervenção divina em minha vida. Auxiliai-me a reconhecer meus erros, falhas e pecados, que me descreditam aos olhos da Lei de Deus e impedem que eu siga meus caminhos com harmonia, equilíbrio e prosperidade.

Senhor da Lei e da Vida! Defendei-me dos inimigos ocultos e declarados! Peço-vos que vossas Sete Espadas Sagradas sejam projetadas ao meu redor, anulando, descarregando, cortando, absorvendo, neutralizando e purificando toda atuação e energia negativa, espíritos trevosos, magia negra, vibrações mentais e elementais negativas que estejam me desequilibrando mental e espiritualmente, e assim comprometendo minha saúde física e emocional, bem como a de todos os meus familiares.

Orixá dos Caminhos! Que vossas Sete Espadas do Fogo Divino rompam, destruam e devastem todas as "muralhas" e "amarras" que estejam me impedindo de trilhar os caminhos da minha sobrevivência e prosperidade, em todos os sentidos da vida. Redirecionai-me, Pai Guerreiro, a caminhos que me conduzam a uma vida equilibrada e honrosa diante do nosso Divino Criador.

Amado pai Ogum Megê! Fortaleçei-me, protejei e iluminai, para que eu vença todos os desafios, demandas e batalhas da vida. Potencializai e reordenai todo o meu Ser. Agradeço, Divino Pai Ogum Megê das Sete Espadas da Lei e da Vida, por vosso amparo divino e confio que, com vossa força e poder junto a mim, vencerei!

Salve nosso Divino Pai Ogum! Ogum-yê, meu Pai!

Salve o Senhor Ogum Megê das Sete Espadas da Lei e da Vida! Patacori-yê, Ogum Megê!

Considerações Iniciais

Orixá é um poder divino em si mesmo e realiza-se na vida dos seus cultuadores como uma energia viva e divina capaz de realizar ações abrangentes, modificadoras da vida do ser.
Rubens Saraceni

Ogum é um dos Orixás mais populares em nosso país e um dos deuses mais antigos entre os iorubás. Nos cultos de tradição africana ou cultos de nação, o Orixá Ogum é considerado o deus do ferro e da agricultura, o guerreiro briguento, devastador, saqueador, de paciência pequena, mulherengo, com vida amorosa agitada, aventureiro e galante.

Pierre Verger relata que "como Orixá, Ogum é o deus do ferro, dos ferreiros e de todos aqueles que utilizam esse metal: agricultores, caçadores, açougueiros, barbeiros, marceneiros, carpinteiros, escultores. Desde o início do século (XX), os mecânicos, os condutores de automóveis ou de trens, os reparadores de velocípedes e de máquinas de costura vieram juntar-se ao grupo de seus fiéis" (*Orixás – Deuses Iorubás na África e no Novo Mundo*).

No Brasil, Ogum perdeu sua posição de protetor dos agricultores e é conhecido, sobretudo, como deus dos guerreiros; deixou de ser chamado protetor ou padroeiro da agricultura, divindade da fertilidade, pois os escravos não tinham interesse nos resultados das colheitas, já que não cultivavam para o consumo, mas para as grandes "plantations" monocultoras de exportação. Essa atividade passou a ser um martírio para eles, não tendo nada a festejar. Assim, nesse domínio, não buscavam a proteção de Ogum. Os negros cativos, em seus ideais, viam em Ogum o Orixá da guerra, a força e a coragem que os ajudariam nas batalhas, para conseguir a tão sonhada liberdade.

Com o passar do tempo, Ogum assumiu feições marciais e o ferro forjado transformou-se em instrumentos de luta: a espada, a lança e o escudo. Hoje, também é considerado o Orixá da tecnologia.

Os nomes das divindades que compõem a teogonia da Umbanda são os mesmos dos cultos de nações iorubás, já conhecidos no Brasil desde o século XVII, e que mais facilmente se fixaram. Agradecemos a esses irmãos a reverência aos Orixás. Mas, aos poucos, a Umbanda foi assumindo feições próprias e nela os Orixás não são mais vistos como seres com atributos humanos, deuses humanizados, mas sim manifestadores das diferentes facetas da energia divina. Cada Orixá é uma divindade que manifesta uma qualidade do Divino Criador Olorum e a aplica na vida dos seres, das criaturas e das espécies.

O Ogum da Umbanda não é mais o destemperado e violento guerreiro africano; transforma-se no guerreiro divino, empenhado em combater o mal. É o vencedor de demandas, que apoia seus filhos humanos nas horas de dificuldade.

A Umbanda foi sendo dotada de seus próprios fundamentos divinos, principalmente a partir das obras psicografadas por Pai Rubens Saraceni, nosso mestre e Pai Espiritual, que nos deixou um legado riquíssimo da Ciência Divina e dos Fundamentos da Umbanda Sagrada. Esse legado tão profundo nos permite dispensar as interpretações antigas do culto ancestral aos Orixás, que se fundamentam em mitos e lendas de excessiva humanização. Espíritos mentores da religião umbandista disponibilizaram uma cosmogênese que se pauta no estudo profundo e elevadíssimo desenvolvido nas escolas espirituais dos planos mais elevados do planeta. Esse conhecimento foi aberto "para acabar com o misticismo inconsequente que permeia o culto aos sagrados Orixás, os Tronos de Deus" (R. Saraceni, *Gênese Divina de Umbanda*, Madras Editora).

Legado não é herança, pois herança é o conjunto de bens e direitos que uma pessoa recebe, prioritariamente por parentesco. Legado é aquilo que fica em nós. Em nós e para nós, Pai Rubens Saraceni deixou um legado inestimável, que se compõe materialmente por suas obras, espiritualmente pelos ensinamentos de seus mentores e pessoalmente pela convivência, com sua simplicidade, paciência, amor à Umbanda, incentivo ao trabalho espiritual, aos ensinamentos constantes e à elaboração de livros.

Nesta obra, só serão aceitos e legitimados os ensinamentos que estiverem alinhados com os ensinamentos que Pai Rubens nos legou, nada menos que isso, para que não se descaracterize o que a Umbanda tem de mais valioso, ou seja, os conhecimentos já abertos.

Descreveremos o alto do altíssimo de forma resumida, pois há um grande estudo sobre o assunto, publicado nos livros do nosso Pai Rubens Saraceni, e nos deteremos mais no Orixá Ogum, procurando organizar em um só livro os mistérios apresentados por esse pai em suas diversas obras, além de novos conhecimentos sobre o Divino Pai Ogum.

Nossos objetivos, por meio da leitura e releitura das obras de Pai Rubens, são os de fornecer reflexões que desvendem a riqueza espiritual da Umbanda, comedidamente, sem exaltação, pois é esse rigor que a natureza do espiritual exige. E, comedidamente, por meio da Ciência Divina trazida pelos mentores espirituais de Pai Rubens Saraceni, buscaremos explicar o Orixá Ogum, sem a pretensão de que esse Pai Divino seja entendido de uma vez por todas, pois muito há ainda que ser desvendado.

"Filhos, Deus é a verdade e a fonte divina de todos os mistérios. Só ele realmente sabe! Quanto a todos nós, espíritos mensageiros e médiuns, somos apenas intérpretes d'Ele e dos Seus mistérios, dos quais temos nossas versões e nada mais. Logo, caso lhes digam: Esta é a verdade final sobre Deus e sobre Seus mistérios – fiquem alerta porque ali estará alguém fazendo proselitismo em causa própria ou é um mero especulador" (Pai Benedito de Aruanda, *Orixás – Teogonia de Umbanda*, Madras Editora).

Abordaremos o Orixá Ogum como Divindade jamais dissociada de Deus, pois ele é parte de Olorum e só assim deve ser visto e adorado. É uma qualidade divina, o Orixá manifestador da Lei, da ordenação e do direcionamento do Divino Criador.

Ogum, assim como os demais Orixás, não é um ser a serviço dos interesses dos homens e disposto a tomar partido em nossos conflitos. Em nossas almas, trazemos simultaneamente as tendências inferiores e o germe da divindade. Quando invocamos Ogum, estamos ativando energias vitais adormecidas em nossas almas; estamos despertando a centelha divina existente em cada ser humano e mobilizando a força necessária para seguirmos adiante.

Quando clamamos Ogum como "vencedor de demandas", "Senhor da Guerra" ou "Senhor dos Caminhos", fazemos alusão à própria vida, aos campos de batalha onde permanentemente travamos nossas lutas, para vencer as tendências inferiores. É luta bem-vinda e necessária para o nosso crescimento espiritual.

"Orixá é o poder de Deus manifestado de forma 'personificada' em que um ente de natureza divina irradia continuamente esse poder que concentra em si e doa graciosamente a todos que, movidos pela fé, a ele recorrem religiosamente por meio de cantos e orações." (R. Saraceni, *Os Arquétipos da Umbanda*, Madras Editora).

Ogum na Coroa Divina

Um ser manifestador de uma qualidade divina só assume a condição de Divindade se for em si mesmo essa qualidade.
R. Saraceni, *Orixás – Teogonia de Umbanda*

Ogum é uma Divindade, um Trono Divino, um mistério de Deus. Uma Divindade é um ser gerado em Deus, qualificado em uma das Suas qualidades, amadurecido em Seu interior e exteriorizado por Ele como gerador e irradiador natural da qualidade divina, do mistério com o qual foi distinguido.

Tronos são a classe de Divindades que geram as menores partículas, os chamados fatores divinos, que estão na origem de tudo e manifestam suas qualidades por meio de magnetismos, vibrações, irradiações energéticas, graus hierárquicos, mentais, naturezas e sentidos.

Anterior aos Tronos, só Deus.

Ogum está assentado na Coroa Divina como o Trono Masculino da Lei, que movimenta a essência da Lei, que vibra Lei o tempo todo. Suas irradiações fluem constantemente em todos os níveis e alcançam tudo e todos, estimulando a busca da ordem e de procedimentos ordenados. Ogum é a potência divina.

Tudo no universo procede de Deus como princípio criador e é regido por leis, que regulam desde a harmonia de um átomo até a harmonia do Universo como um todo. Em Deus, princípio Criador, não existem diferenças macro ou microscópicas.

Pai Ogum é um Orixá sagrado bem conhecido e já foi interpretado por muitos, a partir de suas manifestações exteriores, como guardião dos caminhos, executor da Lei, cortador de demandas, chefe guerreiro, chefe das linhas de Exu, etc. Mas todas essas interpretações são meras concepções humanas de um mistério divino, da Divindade Ogum.

Deus é a Lei e Pai Ogum é a Divindade Ordenadora e aplicadora da Lei de Deus, a Lei Maior. Ogum é a onipotência de Olorum e não pode ser dissociado Dele, assim como todos os outros Orixás, Suas demais qualidades, Tronos sagrados distribuídos por toda a Criação.

Em seu aspecto interno, o Divino Criador Olorum é o princípio uno Criador, que tudo realiza, e, em seu aspecto externo, individualiza seus mistérios nas suas Divindades, os Orixás, presentes em toda a Criação.

ORIXÁS, TRONOS DE DEUS

Deus, o Criador supremo, gerou toda a criação e se manifesta por meio de sete qualidades primordiais, o chamado Setenário Sagrado ou Coroa Divina, Tronos de Deus, classes de Divindades que sustentam todas as religiões. Deus e suas **Divindades** emitem continuamente um fluxo de ondas – as Sete Vibrações Divinas – que sustentam e energizam permanentemente tudo o que Ele emana e serviram de meio para Deus dar início à Sua criação exterior.

Esses sete mistérios, com suas Divindades, formam uma Coroa Divina que sustenta tudo no exterior do Divino Criador e são indiferenciados, pois não são masculinos nem femininos, positivos ou negativos.

SETENÁRIO SAGRADO – A COROA DIVINA			
Linha	Mistério – Sentido – Vibração	Essência – Elemento	Trono – Orixá
1ª	Da Fé	Cristalino	Da Fé
2ª	Do Amor	Mineral	Do Amor
3ª	Do Conhecimento	Vegetal	Do Conhecimento
4ª	Da Justiça	Ígneo	Da Justiça
5ª	Da Lei	Eólico	Da Lei
6ª	Da Evolução	Telúrico	Da Evolução
7ª	Da Geração	Aquático	Da Geração

Esses Sete Tronos são essenciais, são o percepcional divino e os nomes dessas Divindades não foram revelados. São o Alto do Altíssimo, são sete estruturas básicas que se desdobram em sete pares de Orixás, no primeiro plano da vida ou plano fatorial.

Todos os sagrados Orixás são tronos de Deus; são emanações, irradiações divinas que regem tudo, inclusive o planeta Terra e as múltiplas dimensões da vida aqui existentes. Atuam por telas planetárias multidimensionais, onde tudo reflete. São códigos genéticos divinos, também identificados com os fatores divinos, com a natureza terrestre, com os sentidos da vida e com a natureza íntima dos seres.

Cada Trono se desdobra de forma bipolarizada em trono Masculino e Feminino, Universal e Cósmico, passivo e ativo, irradiante e absorvente, positivo e negativo, etc., complementando-se na mesma qualidade, engendrando os sete pares ou 14 Orixás que fundamentam o panteão umbandista.

Os Orixás Universais atuam no lado luminoso, nos níveis positivos, a partir da Direita. São portadores de uma natureza passiva, tolerantes conosco e nos veem a partir das nossas capacidades de modificarmos nossas condutas negativas, assumindo uma evolução virtuosa.

Os Orixás Cósmicos atuam nos níveis mais densos, a partir da Esquerda. São intolerantes com nossos erros, falhas e "pecados". Porém, com nosso arrependimento, podemos recorrer a eles para que nos ajudem em nossa transformação. Um Orixá Cósmico, a seu modo, ama os seres colocados sob sua irradiação direta, aquietando-os e redirecionando-os a uma evolução sadia, sólida e ordenada. Quando alguém está caindo vibratoriamente, eles não se sensibilizam com nossas falhas, porém nos auxiliam em nossa evolução porque nos amam e também querem ser amados, respeitados e adorados.

ORIXÁS UNIVERSAIS E CÓSMICOS				
Trono	Orixás Universais	Qualidades	Orixás Cósmicos	Qualidades
Da Fé	Oxalá	Fé, esperança, fraternidade, humildade, congregação, perdão, simplicidade.	Logunan Tempo	Religiosidade, retidão, rigor, esgotadora de desequilíbrios.
Do Amor	Oxum	Amor, agregação, concepção, candura, compaixão, afetividade, prosperidade.	Oxumarê	Diluição dos desequilíbrios e desarmonias, moralidade, respeito, renovação.

Do Conhecimento	Oxóssi	Conhecimento, doutrinação, aconselhamento, busca, fartura, nutrição, saúde.	Obá	Concentração, caráter, verdade, firmeza, rigor, fixação, absorção, retidão.
Da Justiça	Xangô	Justiça, equilíbrio, razão, juízo, sensatez, equidade, purificação, abrasamento.	Oroiná	Purificação, equilíbrio, justiça, entusiasmo. Consome vícios e desequilíbrios.
Da Lei	Ogum	Lei, ordem, retidão, lealdade, rapidez mental, movimento, liberdade, proteção, virtuosismo.	Iansã	Direcionamento, agilidade, movimento, determinação, controle, lealdade, encaminhamento de seres desequilibrados.
Da Evolução	Obaluaiê	Evolução, estabilidade, transmutação, mudança de situação, cura, regeneração, vontade de seguir em frente.	Nanã	Maturidade, racionalidade, flexibilidade, persistência, sapiência, maleabilidade, absorção e decantação.
Da Geração	Iemanjá	Criação, geração, cuidado, sentimento, vida, maternidade, amparo, proteção.	Omolu	Paralisação dos vícios e desvirtuamentos, rigor; cura do corpo e da alma, senhor dos mortos.

Cada Orixá Maior comanda sete Orixás Intermediários e cada um destes comanda mais sete Intermediadores ou regentes de nível. Abaixo destes estão os Orixás Naturais, Encantados e os Guias Espirituais que se manifestam na vibração deste ou daquele Orixá.

Nesse nível dos mistérios divinos, podemos acrescentar o trono gerador do fator vitalizador, Orixá Exu; o trono gerador do fator estimulador, Orixá Pombagira, o trono gerador do fator intensionador, Orixá Exu Mirim; e o trono gerador do fator interessador, Orixá Pombagira Mirim, pois criam nos seres as condições de alterarem seus comportamentos e fornecerem recursos e estímulos para que as mudanças aconteçam.

- Exu – masculino, trono da vitalidade, mistério do vazio, qualidade vitalizadora de Olorum.
- Pombagira – feminina, trono dos desejos, mistério dos abismos, qualidade estimuladora de Olorum.
- Exu Mirim – masculino, trono das intenções, mistério do nada, qualidade das intenções de Olorum.
- Pombagira Mirim – feminina, trono dos interesses, mistério dos precipícios, qualidade dos interesses de Olorum.

O Trono das Sete Encruzilhadas

*Deus é o Todo e os Orixás são as partes desse Todo.
Em cada Divindade, está Deus.*
R. Saraceni

O planeta Terra, na sua formação, recebeu a contribuição predominante desses sete pares de divindades, por meio do Trono das Sete Encruzilhadas, projetado do interior de Olorum, desdobrado e formando aqui na Terra a Coroa Divina ou Setenário Sagrado, sustentador da nossa evolução, com seus Orixás e suas hierarquias.

Esse Setenário Sagrado não é formado por entidades, mas por emanações do Divino Criador, que regulam o todo planetário; regulam toda a vida aqui existente.

Essas divindades são responsáveis pela natureza e cuidam dos seres, espécies e criaturas que nela vivem, crescem e evoluem. Elas nunca se chocam, pois cada uma manifesta uma qualidade divina visível no próprio caráter e natureza que ela é em si mesma e a irradia, com seus fatores, para tudo o que existe.

O Divino Trono das Sete Encruzilhadas é um mental planetário, no qual Deus se individualizou parcialmente, concentrando nesse mental muitas de Suas qualidades divinas. Trono Planetário é um grau hierárquico que dá início à repetição e multiplicação dos sete planos da criação: Fatoral, Essencial, Elemental, Dual ou Energético, Encantado, Natural e Celestial e vai se desdobrando e se multiplicando nos muitos níveis da Criação.

Para os umbandistas, Deus é o princípio da nossa fé e os Orixás nunca encarnaram, pois a Divindade é superior e capaz de realizar algo em nosso benefício.

A COROA DIVINA PLANETÁRIA OU TRONO DAS SETE ENCRUZILHADAS

A Coroa Divina é suprarreligiosa, isto é, está acima de todas as religiões e atua em todas elas nos seus muitos Tronos Celestiais ou níveis hierárquicos, regendo a escala evolutiva humana e também outras escalas evolutivas, nas demais dimensões da vida.

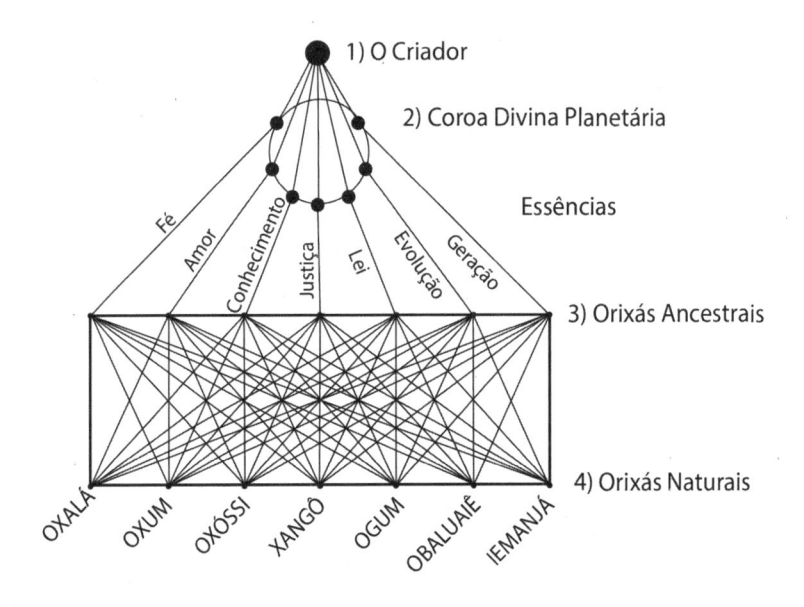

(diagrama: 1) O Criador; 2) Coroa Divina Planetária; Essências: Fé, Amor, Conhecimento, Justiça, Lei, Evolução, Geração; 3) Orixás Ancestrais; 4) Orixás Naturais — OXALÁ, OXUM, OXÓSSI, XANGÔ, OGUM, OBALUAIÊ, IEMANJÁ)

Em 1, temos o Criador Olorum.
Em 2, temos os Orixás Essenciais (Coroa Divina).
Em 3, temos os Orixás Ancestrais (Setenário Sagrado).
Em 4, temos os Orixás Naturais (Regentes ou Senhores da Natureza).

Essa hierarquia, que começa no um e chega até o quatro, foi denominada por Pai Benedito de Aruanda como O Alto do Altíssimo, pois é impenetrável e impermeável a quaisquer vibrações que não sejam as Suas próprias. Nada nelas penetra porque até o nível quatro somente se manifesta e vibra o Criador.

A partir do nível quatro, todos se projetam e tem início a formação de níveis afins com os outros Orixás Naturais, dando origem aos entrecruzamentos e às hierarquias dos Orixás Intermediários e

Intermediadores, com degraus positivos à direita (a luz) e degraus negativos à esquerda (as trevas ou lado cósmico).

No Planeta Terra, tudo é regido por essas emanações, que são sete estruturas básicas ou sete códigos genéticos divinos, também identificados com os fatores divinos, com a natureza terrestre, com os sentidos da vida e com a natureza íntima dos seres.

O Trono das Sete Encruzilhadas individualizou-se nos seus sete tronos auxiliares, que são sete tronos essenciais ou ancestrais. Quando esse trono se manifestou em Ogum, foram surgindo os Oguns sétuplos, como Ogum Sete Lanças, Ogum Sete Espadas, Ogum Sete Correntes, Ogum Sete Coroas, Ogum Sete Ondas, e outros.

Em correspondência direta com essas Sete Vibrações de Deus, que se manifestam de forma sétupla na realidade humana, conforme as obras psicografadas por Pai Rubens Saraceni, temos as Sete Linhas de Umbanda que se limitam à atuação religiosa dos Orixás. Essas Sete Linhas são bipolarizadas; são sete pares de Orixás, os 14 Orixás regentes das sete irradiações religiosas da Umbanda, o seu setenário. A esse setenário, associamos elementos, essências, sentidos, funções, etc.

A Umbanda limita-se a esses sete pares de Divindades-Mistérios, pois está fundamentada nesse Setenário Sagrado, formado por essências manifestadas de Olorum.

Um Orixá é uma Divindade-Mistério do Divino Criador, manifestador de Suas qualidades e irradiador de Seus mistérios, que traz em si uma frequência vibratória mental só sua, com todos os poderes e qualidades existentes na criação, que fluem para tudo e para todos. Cada Orixá é pleno em si e é um caminho evolutivo no amparo e na sustentação da vida dos seres, com todos os recursos necessários capazes de suprir as necessidades de seus filhos.

Na Umbanda Sagrada, aprendemos a entender os atributos divinos dos Orixás, suas naturezas elementais básicas, seus mistérios, hierarquias e as energias que irradiam, os denominados fatores divinos.

OS ORIXÁS ANCESTRAIS E OS FATORES DIVINOS

Fatores, segundo Pai Rubens Saraceni, são qualidades doadas por Deus, irradiações divinas, energias vivas e verdadeiros códigos genéticos energéticos que estão na origem e formação de tudo e em todos os lugares, inclusive das Divindades e das suas hierarquias. São as menores partículas energéticas vivas criadas pelo Divino Criador e o meio do verbo divino se realizar como ação. Cada fator é em si mesmo uma ação realizadora do significado do verbo que o identifica.

Deus é agregador, ordenador, geracionista, expansor, congregador, evolutivo, conceptivo, equilibrador, concentrador, paralisador, racionalizador e detentor de todas as outras muitas qualidades divinas. Cada Divindade desenvolve uma natureza pura, totalmente identificada com o fator que a imantou em sua geração.

Cada uma dessas partículas eletromagnéticas, as menores da criação, ou fator, é detentora de uma qualidade, uma função, uma característica. Os Orixás e a ancestralidade divina que todos temos explicam-se por esses fatores de Deus, gerados na energia divina e que, após se unirem, formando estruturas muito bem definidas, reproduzem-se continuamente.

Temos dificuldade para expressar em palavras o nome ou significado complexo de cada fator. Por isso, os fatores que conhecemos foram nomeados por Pai Rubens Saraceni de forma muito simples, por meio dos verbos realizadores que os representam.

No livro *Doutrina e Teologia de Umbanda Sagrada**, Pai Rubens nos diz: "voltemo-nos para a Bíblia Sagrada e nela vamos ler algo semelhante a isto:

- E no princípio havia o caos.
- E Deus ordenou que do caos nascesse a luz, e a luz se fez.
- E Deus ordenou tudo e tudo foi feito segundo Suas determinações verbais e o 'verbo divino', realizador por sua excelência sagrada".

Identificou nas determinações dadas por Deus a essência de suas funções ordenadoras e criacionistas. Assim explicado, o "verbo divino" é uma função e cada função é uma ação realizadora que se realiza por meio dos fatores de Deus.

"Uma onda fatoral divina é tão completa em si, que rege todas as coisas originadas em sua qualidade; influi sobre a formação de tudo o que tem nela sua origem; alcança tudo e todos nos vários quadrantes

---

* N.E.: Obra publicada pela Madras Editora.

do universo ou da tela plana que demonstra o lugar ocupado por cada divindade; e está presente na vida de todos os seres" (Rubens Saraceni).

As Divindades adaptam os fatores que receberam de Deus aos seus próprios padrões magnéticos, energéticos e vibratórios e, à medida que vão se desdobrando, geram-nos em grande quantidade, originando suas hierarquias divinas e multiplicando esses seus fatores. Muitos são os seres de natureza divina, manifestadores desses mistérios e suas hierarquias.

Quando estudamos em profundidade as Sete Irradiações Divinas, podemos perceber que os Orixás são individualizados em suas formações energéticas e polaridades, o que os torna magneticamente incompatíveis com os mistérios opostos. Eles podem ser opostos entre si, magneticamente, porque o mistério de um pode anular o do outro, mas convivem em perfeita harmonia.

Os fatores atuam sobre nós o tempo todo, estimulando-nos, energizando-nos e elevando-nos, quando nossos sentimentos são virtuosos, ou nos paralisando, quando os sentimentos íntimos são negativos e estamos em desarmonia com o Criador; nós os absorvemos pelos elementos e energias.

O celestial Ogum rege, do alto ao embaixo, uma linha de forças essenciais, com desdobramentos que fazem surgir o Ancestral Ogum, o elemental Ogum, o encantado Ogum, o natural Ogum, Oguns Intermediários ou mistos, todos eles Orixás ou Divindades.

Os Orixás Intermediários do Trono da Lei ou Trono da Ordenação, assim como os demais Orixás, são irradiadores parciais das vibrações planetárias ancestrais. Eles se projetam nos tronos específicos locais que existem em cada um dos níveis evolutivos ou planos da vida.

Primeiro plano da vida – plano fatoral ou divino.
Segundo plano da vida – plano virginal ou essencial.
Terceiro plano da vida – plano elemental ou energético.
Quarto plano da vida – plano dual ou bienergético.
Quinto plano da vida – plano encantado ou trienergético.
Sexto plano da vida – plano natural ou polienergético.
Sétimo plano da vida – plano mental ou consciencial.

O Mistério Ordenação Divina

Mistério não é tabu! Mistério é tudo aquilo que a inteligência humana é incapaz de explicar ou compreender.
Mestre Seiman Hamiser Yê

Mistério é a palavra usada para significar algo que não conseguimos explicar ou entender. Mas um mistério de Deus pode ser explicado porque cada mistério é uma qualidade Dele.

Deus é o mistério dos mistérios e Nele se encontram todos os mistérios. Portanto, por mistérios devemos entender as manifestações do Criador, por meio de Si mesmo, que nos chegam pela Natureza ou pela Criação. Mistério é a manifestação de alguns dos sentidos da vida, de forma energética e irradiante. Podemos compará-lo ao dom. *"Quem tem o dom de ensinar está manifestando o mistério do saber.... Quem tem o dom de emitir juízos corretos está manifestando o mistério da justiça."* (R. Saraceni, *O Guardião dos Caminhos*, Madras Editora.)

A Lei está assentada na Coroa Divina como uma manifestação do nosso Divino Criador e, na Lei, Olorum se manifesta por meio de Pai Ogum, que vibra Lei o tempo todo. A Lei Maior ou Ordenação Divina é um mistério e o Orixá Ogum é a Divindade unigênita ou a única que é em si a Ordenação Divina. A ordem é um mistério que tem origem em Deus, Olorum. O Criador é a Lei e Ogum é o Seu manifestador desse mistério. Portanto, Ogum não pode ser dissociado do Divino Criador.

Pai Ogum, o Trono da Lei, tem sua hierarquia em todo o Universo, desde o nível vibratório mais elevado até o mais baixo, no planeta. Quando clamamos pela Lei Maior, quem se manifesta como aplicador da Lei em nossas vidas é Pai Ogum, o Senhor da Ordenação Divina. Mas, quando descrevemos Ogum só como regente da Linha da Lei, nós o estamos parcializando, limitando-o a alguns aspectos, para que possamos compreender, vislumbrando passo a passo esse mistério.

Tudo que aqui existe é ordenado pelo Trono Ogum Planetário, a própria Onipotência Divina manifestada e pondo ordem em tudo. O Orixá Ogum, cultuado como o senhor das demandas e dos choques, é onipresente, pois tudo o que acontece neste planeta ocorre no campo vibracional dele, ficando registrado em sua tela vibratória divina, para posterior acerto de contas. Ogum também é onisciente porque tem ciência de tudo que acontece na sua vibração, por meio de sua tela refletora, e é onipresente, pois, se o invocarmos, seja onde estivermos, ele se manifestará, condensando suas energias divinas ao nosso redor.

Pai Ogum é o direcionador divino; é a lei e a ordem que aplicamos a nós mesmos em nossas vidas, em nossos procedimentos, em nosso desenvolvimento moral e ético. O Mistério Ogum é sustentador da Lei em todas as instâncias e em todas as religiões e não apenas na Umbanda. Esse mistério apenas está muito bem caracterizado na Umbanda como aplicador da Lei, mas atua vibracionalmente em uma faixa específica que alcança tudo que existe.

"O umbandista entende que tanto pode clamar à Lei Maior quanto a Ogum, que estará clamando ao mesmo aspecto de Deus, já que o que caracteriza Ogum é essa sua qualidade divina e sua condição de aplicador divino da Lei Maior, sempre associado ao próprio caráter ordenador do Divino Criador."

Então, sintetizamos e definimos Ogum desta forma: Ogum é em si mesmo a ordenação divina, é a divindade manifestadora da Lei Maior e seu aplicador, tanto na criação divina quanto na vida dos seres." (Rubens Saraceni, *Orixás – Teogonia de Umbanda*, Madras Editora.)

A vibração ordenadora do mistério Ogum atua em todos os processos, do micro ao macrocosmo. Atua tanto no equilíbrio da Natureza quanto das faixas espirituais; atua em todas as religiões. Ogum não atua apenas como o Orixá sustentador da Lei no ritual de Umbanda, como muitos o veem. Ele é uma divindade e não é limitado a apenas alguns aspectos. Nós que o limitamos, para podermos entender sua ação.

Esse mistério assume características humanas para que possamos ter uma noção parcial de sua excelência divina. A Lei é uma das vias evolutivas do espírito humano, que tem por fim servir a Deus, sem se perder em sua caminhada terrena.

Executamos a Lei Maior em nossas vidas pela retidão de caráter, honestidade, lealdade, desenvolvimento moral e ético, etc. A ordem, aplicamos a nós mesmos, nos nossos procedimentos ordeiros.

Olorum, na Lei, manifesta-se por meio de Ogum-yê, a ordenação Divina, e que:

- nos sentidos é associado à Lei;
- nos elementos é associado ao ar;
- nos padrões energéticos é associado à energia eólica;
- nos chacras é associado ao laríngeo;
- nos minerais é associado ao quartzo azul e à sodalita;
- nos minérios é associado à hematita (minério de ferro);
- nas cores é associado ao azul-escuro e ao vermelho;
- nos sentimentos é associado à lealdade, à retidão, ao caráter, à tenacidade, à rigidez, ao rigor, à combatividade, ao senso de direção e de ordem;
- manifesta-se nos caminhos (sendas);
- vibra no sangue (humor),
- é cultuado nos campos, caminhos e encruzilhadas;
- recebe como oferenda cerveja branca, frutas variadas, inhame e feijoada;
- Deve ser firmado com velas azuis escuras, vermelhas e brancas.

AS VIRTUDES IRRADIADAS POR OGUM

Na Umbanda, os Sagrados Orixás foram assumindo características pessoais bem definidas e cada Orixá manifesta qualidades (virtudes) divinas, pois são em si mesmos uma individualização do Nosso Divino Criador Olorum.

O Divino Pai Ogum é a qualidade ordenadora de Olorum, que vibra, manifesta e irradia vibrações divinas, para despertar e estimular no íntimo dos seres sentimentos nobres de caráter, lealdade, honradez, confiança, fidelidade, coragem, convicção, força, ética, sustentação, persistência, disciplina, dignidade, resistência, resignação, tenacidade, determinação, objetividade, idealização, potência e retidão, dentre outros, em todos os sentidos da vida, a todos e o tempo todo.

Ogum é a força moral inquebrantável, é a manifestação da potência divina que impulsiona os seres com sua energia de vigor espiritual a terem coragem e disposição para lutar pelo próprio crescimento, seja espiritual, profissional, material ou moral.

Como Divindade manifestadora dos mistérios de Deus, Ogum carrega consigo tantas qualidades que, à medida que os seres são inundados por suas vibrações ordenadoras, começam a se harmonizar com os princípios divinos e ascender em todos os sentidos da vida.

Vamos comentar algumas das virtudes irradiadas pelo divino Pai Ogum, as quais são um conjunto de qualidades essenciais que se constituem em verdadeiras aptidões para o processo de aperfeiçoamento moral e elevação espiritual dos seres.

CARÁTER: Ogum é em si mesmo e irradia o tempo todo de si a virtude do caráter, conduzindo os seres a assumirem as responsabilidades e consequências de seus atos. O caráter é um conjunto de valores que rege o comportamento humano e está associado à forma habitual e constante de agir e reagir, diante dos diversos acontecimentos na vida dos seres, sendo a soma de todos os hábitos, virtudes ou vícios, pois cada ser se torna aquilo que realiza repetidamente. Os hábitos denunciam o caráter.

O Orixá Ogum é o ordenador do caráter dos seres, anulando os vícios, corrigindo as más inclinações e falhas de caráter, estimulando as virtudes. O caráter está ligado às atitudes; é sinônimo de honestidade, moralidade, responsabilidade, integridade, comprometimento e dignidade. A firmeza moral de um ser é o indício visível da sua natureza íntima.

A evolução nos sentidos é o que designa o aspecto de cada ser. A ação de Ogum vai transformando a personalidade por meio dos desafios diários que se apresentam nos seus caminhos, forjando com sua espada sagrada o íntimo de cada um, para aprender a vencer com caráter e dignidade os obstáculos criados por si mesmo, em razão de falhas de conduta moral e consciencial.

Ter caráter é não trairmos nossos ideais e princípios por conveniência e interesse; é assumirmos nossos erros, respeitarmos a nós mesmos e aos outros; é honrar uma palavra dada, lutar pelos nossos objetivos sem prejudicar ninguém; é manter a integridade em meio à corrupção, ter ética sendo digno de confiança; é viver aquilo que se prega. Ter caráter é estarmos verdadeiramente sob a proteção de Ogum.

LEALDADE: Ogum é em si mesmo e irradia o tempo todo de si a virtude da lealdade. A origem da palavra lealdade é do latim *Lex*, que significa Lei, sendo ela um dos pilares que sustentam o real valor dos seres. A lealdade legítima está ligada à integridade, ou seja, ação em conformidade com a atitude pessoal que obedece a uma convicção. Ter a qualidade da lealdade é ser livre de hipocrisia e falsidade, sendo um ser honesto para si mesmo e para os outros.

Ogum irradia o sentimento de lealdade, despertando e estimulando os seres a viverem verdadeiramente suas convicções, sendo leais às filosofias de vida que escolheram e aos princípios e compromissos assumidos consigo e com os semelhantes, agindo com retidão, franqueza e ética. Atitudes honestas geram no ser uma energia de confiabilidade, que abre caminhos em todos os sentidos da vida.

A ausência de lealdade fere a dignidade humana dos seres, ao ludibriarem, mentirem e enganarem a si mesmos e aos outros, sendo desleais. Um ser leal possui moralidade inabalável, pois a sua conduta está alicerçada em princípios divinos universais de Deus, e isso é inegociável.

CORAGEM: Ogum é em si mesmo e irradia o tempo todo de si a virtude da coragem, inundando a todos com sua energia potencializadora de força espiritual, para agirem e seguirem sempre em frente, enfrentando os desafios, adversidades e perigos inerentes ao processo evolutivo. Ao contrário, a covardia, o medo, a insegurança e o temor paralisam e impedem os seres de avançarem. Coragem é ação e ação é atitude!

O tempo todo, os seres fazem ou precisam fazer escolhas em seus caminhos, no dia a dia, e Ogum impõe a todos a firme condição de assumirem e enfrentarem as consequências que a execução de uma ação poderá causar, não permitindo a ninguém fugir de suas responsabilidades.

É preciso coragem para permanecer íntegro a valores, princípios e convicções morais elevados, já que os seres estão submetidos no "meio" (Terra) a diversas situações antagônicas, como, por exemplo, obter vantagens ainda que ilegais e imorais.

Ogum nos dá coragem para admitirmos e corrigirmos nossos erros, imperfeições e más inclinações. Ela não é a valentia de não se temer nada nem ninguém, mas, sim, a capacidade de temer os impulsos negativos e desvirtuados que conduzem os seres às derrotas sobre si mesmos.

O desbravador Ogum é o Orixá da força e da energia que nos dá a coragem de, por meio da Umbanda, servirmos à Luz e combatermos as Trevas e, assim, servirmos a Deus e aos Sagrados Orixás e não somente nos servirmos Deles.

É preciso muita coragem para evoluir! E, parafraseando o filósofo Aristóteles, "a coragem é a primeira das qualidades humanas porque garante todas as outras".

Não existe evolução espiritual sem o triunfo de viver nas virtudes divinas. Que a coragem de Ogum nos envolva, para lutarmos com determinação, sem que nos intimidemos diante dos desafios das trevas sobre nós.

"O Trono da Lei é a divindade de Deus que sustenta os princípios divinos e pune quem desvirtuá-los, já que, como Trono de Deus, ele é anterior e superior a todas as religiões humanas fundamentadas nas feições humanas das Divindades de Deus. Ele é o aplicador divino da Lei Maior em todas as religiões, pouco importando o nome "humano" que tenham lhe dado." (R. Saraceni)

As Divindades Ordenadoras e as Religiões

> *O mistério Ogum é sustentador da Lei em todas as instâncias e em todas as religiões. Porém, na Umbanda, esse mistério está muito bem caracterizado como aplicador da Lei.*
> R. Saraceni

No passado, muitas Divindades extrapolaram as fronteiras de um país e se tornaram conhecidas de muitos povos. Em cada local assumiram um nome, mas mantiveram suas qualidades, atributos e atribuições, adaptando-se às culturas e religiosidades de diferentes povos.

As Divindades ou Orixás são os Tronos de Deus, que respondem pela sustentação dos diferentes espíritos que evoluem sob a orientação de suas religiões e doutrinas religiosas, fundamentadas no seu mistério maior, nas suas qualidades divinas e nos seus próprios atributos, como seres gerados por Deus, justamente para auxiliá-Lo no amparo divino à Sua criação.

Em cada religião e cultura essas Divindades são descritas e assumem formas humanas, do modo que melhor atendam às expectativas espirituais dos adeptos e seguidores. Um mistério vivo do Criador se mostra a cada um de acordo com seu grau evolutivo e a consciência que tem da criação divina, do seu meio e de si mesmo.

Na Grécia antiga, o Trono da Lei, o deus da Guerra, era conhecido como Ares; em Roma, era Marte; entre os nórdicos, era Odin; e Huitzilopochtli era a Divindade asteca. Entre os hindus, Ganesha é a Deidade tida como "Senhor dos Exércitos"; Hórus, Divindade (neter) Egípcia da Lei e da Justiça; Tyr, deus Nórdico da Guerra; Lugh,

Divindade Celta da Guerra; Erra e Zababa, deuses sumerianos da Guerra; Salbatanu, deus Babilônico da Guerra; Resheph, deus Sírio da Guerra e muitos outros.

Ogum - Orixá ordenador da Umbanda e do Candomblé. Lei Maior em ação, senhor da guerra.	Ares - Divindade grega, personificação do deus da guerra.	Odin - Divindade nórdica, considerado o maior de todos os guerreiros.	Huitzilopochtli - Divindade asteca do sol e da guerra.

Ogum é o Orixá ordenador da Umbanda e do Candomblé, é a Lei Maior em ação, o denominado senhor da guerra. Ogum era provável no ritual iniciático dos Cavaleiros Templários, que eram iniciados com as espadas no lado direito e no lado esquerdo. Os Arcanjos são frutos dos pensamentos de Ogum. O servo da Luz do Catolicismo, cultuado como São Jorge, é um Guardião da Lei que se tornou um mistério em si mesmo.

Há divindades que humanizam parte de seus mistérios e dão amparo aos espíritos. O ato de "humanizar" significa que elas assumiram feições humanas, porque parte dos seus mistérios foi aberta ao plano material, para atuar de frente para seus filhos encarnados, originando um culto ou religião. Então, começam a surgir uma doutrina e um conhecimento sagrado, que atraem pessoas que se identificam com sua mensagem religiosa. Humanizam-se (reencarnam) para serem mais facilmente entendidos, assimilados, amados e conduzirem mais facilmente seus filhos a Olorum, como Jesus, Buda, Krishina e outros.

"Quando é uma divindade natural que está crescendo em uma região, sua expansão é gradual e acontece de forma natural, não sendo imposta. Mas, quando é 'humana', ou ela é imposta ou não cresce.'" (Rubens Saraceni) Aos poucos, uma mística e um ritual de adoração relacionado vão se espalhando e popularizando, até que conquistam um povo, que tem nela sua divindade nacional, sua "Padroeira", seu "Santo" ou seu "Orixá". Essa expansão do culto às divindades atende ao amparo que ela deve dar às pessoas que se identificam com sua doutrina humana e sua mensagem divina.

SÃO JORGE – O SANTO GUERREIRO DO CATOLICISMO

Uma hierarquia não é uma força limitada, pois procura reverter para o bem da humanidade todo o seu vigor, a sua vontade e a irradiação divina do Orixá que a anima. "No Cristianismo, por exemplo, a ordem de São Jorge (ordem puramente espiritual) é incorporadora de espíritos de 'almas' guerreiras e tem nessa hierarquia seus fundamentos e sustentáculo, para suas investidas contra os irmãos nas trevas que, pelos mais fúteis motivos, investem contra religiosos cristãos."

Nos mosteiros, igrejas e basílicas, incontáveis guerreiros de São Jorge montam guarda, protegendo-os e aos religiosos dos 'excessos' cometidos pelos ainda caídos." (R. Saraceni, *A Tradição Comenta a Evolução*, Cristális Editora.)

Constantemente Ogum aparece identificado com São Jorge, o santo guerreiro do Catolicismo, cujo simbolismo é bastante adequado. A armadura de guerra de São Jorge é a proteção necessária para a atuação em ambientes inferiores. O cavalo branco que ele cavalga simboliza as forças materiais e o lado animal da personalidade, já purificados (por isso o branco) e a serviço de desígnios elevados. Vence o dragão, a força das trevas, com a lança e a espada, símbolos de direcionamento das energias.

São Jorge nasceu em 275, na Capadócia, antiga região que hoje é parte da Turquia. Era filho de militar, que faleceu em batalha. Após a morte do pai, mudou-se para a terra santa, com sua mãe, instruída, rica e originária da Palestina, que conseguiu dar uma educação esmerada ao filho. Jorge, que tinha um temperamento naturalmente combativo, seguiu a carreira das armas, com as quais tinha grandes habilidades, e logo se tornou capitão do exército romano, por sua dedicação. Recebeu de Diocleciano, o imperador, o título nobre de conde da Capadócia e aos 23 anos passou a morar na alta corte de Nicomédia, exercendo o cargo de Tribuno Militar.

Com o falecimento de sua mãe, recebeu a herança que lhe cabia e foi enviado para a corte do imperador, onde começou a ver a crueldade com que os cristãos eram tratados pelo Império Romano, ao qual ele servia, e mudou seu pensamento.

Ele já conhecia o Cristianismo por causa da influência de sua mãe e da Igreja de Israel. Então, deu um primeiro passo de fé: distribuiu todos os seus bens aos pobres. Mesmo sendo membro do alto escalão do exército, ele quis a verdadeira salvação prometida pelo Evangelho que ele já conhecia.

Quando o imperador Diocleciano declarou perseguição aos adeptos do Cristianismo, os quais pretendia eliminar, Jorge protestou contra a crueldade, no dia em que o senado confirmaria o decreto do imperador que autorizaria a eliminação dos cristãos. Jorge levantou-se na tribuna e se declarou espantado com a decisão, que julgava absurda. Ele ainda disse diante de todos que os romanos é que deveriam assumir o Cristianismo em suas vidas. Todos ficaram muito surpresos ouvindo essas palavras da boca de um membro da suprema corte de Roma.

O imperador, furioso ao ver o Cristianismo infiltrado no império, tentou obrigá-lo a desistir da fé cristã, enviando-o a sessões de torturas violentas e terríveis. Depois de cada tortura, Jorge era levado de volta ao imperador, que lhe perguntava se abandonaria a fé cristã. Ele reafirmava sua fé, cada vez com mais coragem.

Muitos romanos, ao presenciarem esses fatos, tomaram as dores de Jorge; até mesmo a própria esposa do imperador, a qual, mais tarde, se converteu à fé em Cristo. O imperador Diocleciano, vendo que não conseguiria dissuadir Jorge de sua fé, mandou degolá-lo, no dia 23 de abril do ano 303, na cidade de Nicomédia, na Ásia Menor.

Os cristãos recolheram o corpo de São Jorge, veneraram seus restos mortais como relíquias e ele foi sepultado na antiga cidade de Dióspolis, onde crescera. Anos mais tarde, o primeiro imperador cristão, chamado Constantino, conhecendo a bela história de São Jorge, mandou que fosse construído um oratório. Sua intenção era que a devoção a São Jorge se espalhasse por todo o império.

A história foi contada em diversas cidades do Império Romano pelos soldados e ele virou São Jorge, o Santo Guerreiro. Essa é, em teoria, a história contada pela Igreja Católica. Mas o santo também está envolvido em algumas lendas.

A imagem do dragão surgiu de uma delas, segundo a qual São Jorge fez acampamento com sua legião romana em uma região próxima a Salone, na Líbia, no norte da África. Lá, diziam haver um enorme dragão com asas, que devorava pessoas e que envenenava com seu hálito quem se aproximasse. Com o intuito de manter a besta longe da cidade, os habitantes faziam oferendas com animais e mais tarde com crianças. Quando a sacrificada seria Sabra, a filha do rei, então com 14 anos, São Jorge, ao ficar sabendo da história, decidiu pôr fim a tudo isso. Montou seu cavalo branco e foi para a batalha, mas antes exigiu do rei que, se ele trouxesse sua filha de volta, todo o reino se converteria ao Cristianismo.

Jorge acertou a cabeça e outras partes do dragão com sua poderosa espada, chamada de Ascalon, e o feroz animal caiu sem vida. A representação de um guerreiro, montado em um garanhão branco e que, com sua espada ataca o dragão que simboliza as forças do mal, ganhou força também entre os cruzados.

O dragão subjugado por São Jorge, que sincretiza com Ogum, representa exatamente o trabalho pela vitória sobre as nossas trevas interiores. O dragão é o símbolo da maldade, dos vícios, das negatividades, do ego exacerbado, da vaidade extrema e da ganância. Vencendo o dragão, sob o amparo de Ogum, habilitamo-nos a atrair situações favoráveis, sob o amparo da Lei. Porque a Lei atua sem cessar, irradiando-se para toda a Criação.

Para evitar que os cristãos cultuassem um mito não católico, a imagem de São Jorge foi santificada pela Igreja Católica.

Uma divindade natural atrai seus adeptos com o seu magnetismo e suas qualidades divinas, enquanto uma divindade humana atrai pela mensagem, transformadora e renovadora da fé. Mas tanto uma quanto a outra atendem à vontade do Pai Criador, que recorre a elas para melhor amparar seus filhos. São Jorge guerreiro conquistou o grau de "santo" por suas ações humanas. O servo da luz cultuado no Catolicismo como São Jorge é um Guardião de Mistérios, incorporado ao ciclo reencarnatório pelo sagrado Orixá Ogum, para representá-lo no plano material e, naquela encarnação, serviu ao mensageiro do Amor e da Fé, Jesus Cristo. Ele está assentado à direita do Senhor Ogum e atua à direita do Divino Mestre Jesus e de outras divindades luminares da humanidade.

O Trono da Lei é anterior e superior a todas as religiões humanas e é o aplicador divino da Lei Maior em todas elas. Isso é atuação divina de uma Divindade, servindo a todos, independentemente da crença religiosa que professam e do nome humano que lhe tenham dado. Se uma divindade intermediária se humanizou como ordenadora, ela o fez sob a irradiação do Orixá Essencial Ogum.

Nos terreiros de Umbanda, quando se canta para Ogum, invocando São Jorge como protetor guerreiro, o Orixá da Lei, por um seu natural, manifesta-se com toda a força que o mistério Ogum-yê tem nesse ritual, pois Jorge Guerreiro é um Guardião da Lei que se tornou um mistério em si mesmo.

As divindades naturais são associadas à natureza, porque elas regem tanto a natureza quanto os seres, as criaturas e as espécies que vivem nela e são associadas à natureza física e à individual dos seus filhos e têm suas ervas, pedras, cores, animais, etc. A Lei Divina flui e se irradia em Ogum-yê, mas, nesse irradiar e fluir continuamente, nem sempre tem chegado com esse nome ao plano material.

Seres celestiais, divindades, com diferentes missões, têm sido enviados à dimensão humana, para atuar em níveis evolutivos diversos, culturas com saber religioso, naturezas humanas, anseios e expectativas diferentes.

O Guerreiro da Umbanda, o amado Pai Ogum, é, por exemplo, São Miguel Arcanjo, o "Anjo da Espada Flamejante" em várias outras religiões, tão importantes quanto a nossa para a evolução humana. O bondoso e generoso Deus rege todas elas e se multiplica para melhor nos auxiliar neste estágio humano de evolução.

Onde, por sincretismo ou analogia, encontramos o Orixá Ogum, lá estará a espada da Lei, pois esse símbolo é um atributo de poder desse Orixá; é um atributo de luta e força, vida e morte, paz e guerra, poder e submissão. É símbolo de lei e ordem em todos os níveis. É o símbolo sagrado do poder de Ogum e sua espada pune com vigor e implacabilidade. A espada é impositora da Lei, ordenadora do caos, guardiã e aplicadora da Lei.

Outro dos símbolos sagrados de Ogum é a lança. São Jorge "traz em sua sagrada lança prateada as setenta e sete cores do Sagrado Arco-Íris da Lei e da Vida, pois foi naquela encarnação, quando defendeu o Cristianismo, que completou seu ciclo reencarnatório e foi reassentado em seu Trono celestial, de onde atende aos pedidos dos espíritos afins com ele, encarnados ou não" (Rubens Saraceni, *O Guardião dos Caminhos*, Madras Editora.)

Hierarquias divinas compostas e regidas por divindades supra-humanas existem em todas as religiões e, "tanto o umbandista que invoca Ogum, quanto o cristão que invoca São Jorge, quanto o judeu que invoca Miguel, estão fazendo a mesma coisa: invocando uma divindade estabelecida e assentada no meio humano". "A divindade muda de nome, mas, em verdade, o que ocorre é apenas uma adaptação às culturas diferentes que a acolhem, ou apenas a renovação de uma divindade já muito antiga." (R. Saraceni, *A Tradição Comenta a Evolução*, Cristális Editora.)

Seja por um nome ou por outro, o que vale é a manifestação da Divindade da Lei, uma vez que sua presença manifesta as qualidades ordenadoras da Criação, ordenando também a vida dos médiuns e consulentes. Esse é o mistério por trás dos nomes e figuras que evocam o Trono da Lei; isso é atuação divina de uma Divindade; serve a todos, independentemente da crença religiosa que professam.

Os pontos cantados na Umbanda, dedicados a Ogum, revelam em seus versos um sentido alegórico mais amplo, que tanto remete aos fundamentos da cosmovisão afro-brasileira quanto a inesperadas conexões astrológicas. Em vários pontos, Ogum aparece identificado com São Jorge, o santo guerreiro do Catolicismo. São Jorge utiliza a lança e a espada, símbolos do direcionamento das energias e consegue vencer o dragão, as forças das trevas.

Ogum, em sua atuação divina, é em si mesmo todos os aspectos positivos, retos e universais da Lei Maior. É o mistério de Deus que o tempo todo rege tudo e todos. Mas, na religião umbandista, a concepção humana desse Orixá deu-lhe atribuições bem definidas, pois aí ele atua religiosamente.

Ogum continua inspirando milhares e milhares de fiéis seguidores que, por meio de suas lendas, de suas histórias e da maravilhosa falange de espíritos Executores da Lei, sempre dispostos a ajudar os filhos necessitados, só aumenta sua popularidade e a fé daqueles que são seus filhos ou acabam por conhecê-lo. Em todas as religiões, o Trono Aplicador da Lei Divina continua sendo um Ogum.

A ORDEM DOS TEMPLÁRIOS

Segundo os relatos do Senhor Guardião Tranca-Ruas, no livro *O Guardião dos Caminhos*,* de Rubens Saraceni, os Templários eram os Guardiões dos Grandes Templos da Era Cristalina e as antigas civilizações templárias foram destruídas por um grande cataclismo.

Ele nos diz, ainda, que na Tradição Natural,[1] a Ordem dos Templários ou Guardiões dos Templos é regida no astral pelo Senhor Ogum Sete Lanças e é uma das maiores e mais antigas ordens, em número de espíritos agregados que atuam em todas as religiões e em todo o planeta. Ogum Sete Lanças é o Orixá mediador de Ogum nos campos da Fé, regência do Orixá Oxalá. Nessa Ordem, o Exu Tranca-Ruas está assentado à Esquerda do divino Ogum-yê e é um Templário Ancestral de 77 grau. "Ser um Templário nessa Ordem do astral não é só armar-se com uma espada simbólica e proteger um templo. Os muitos deveres dos espíritos Templários abrangem desde o respeito com os caídos até a sustentação das verdades religiosas

---

* N.E.: Obra publicada pela Madras Editora.
1. Tradição, conforme nos ensina Pai Benedito de Aruanda, "é um colégio de magos responsáveis pela ordem e os bons costumes dentro de todos os rituais religiosos e iniciáticos, que velam o tempo todo para que as hierarquias espirituais sejam respeitadas e nunca quebradas por essa nossa faculdade inata em desafiar Deus". "Simplificando, Tradição é a conservação do que é bom, útil e necessário a uma evolução equilibrada em todos os sete sentidos da vida." (Rubens Saraceni, *A Evolução dos Espíritos*, Madras Editora.)

com a própria vida, se preciso for." (Rubens Saraceni, *O Guardião dos Caminhos*, Madras Editora.)

A Ordem dos Pobres Cavaleiros de Cristo e do Templo de Salomão, Cavaleiros Templários, Ordem do Templo ou simplesmente Templários foi uma ordem militar de cavalaria, organização que existiu na Idade Média por cerca de dois séculos.

Essa organização militar foi fundada na Europa, em 1118, no rescaldo da primeira Cruzada, com a finalidade de proteger os peregrinos, na Terra Santa, dos ataques que os muçulmanos realizavam aos reinos cristãos, fundados no Oriente pelos cruzados. Denominavam-se "Pobres Cavaleiros de Cristo e do Templo de Salomão" porque seus membros fizeram voto de pobreza, castidade e fé em Cristo. Originalmente se estabeleceram no Monte do Templo de Jerusalém, onde existira o Templo de Salomão e seu sucesso sempre se vinculou ao das Cruzadas.

Os Templários receberam isenções e privilégios, cresceram rapidamente em poder, em número de adeptos e riqueza, gerindo uma vasta infraestrutura econômica e uma poderosa força militar que lhes permitiram manter uma rede de grande influência no continente, despertando a cobiça de muitos.

A Ordem dos Templários, surgida na Idade Média em solo europeu, segundo o Senhor Guardião Tranca-Ruas, foi uma tentativa de reavivação da sociedade dos Mehis (Guardiões de Mistérios) entre os encarnados. Na Europa e na Terra Santa, durante os séculos XII e XIII, os Templários mantiveram um clima de respeito pela erudição e espiritualidade da cultura islâmica, pois perceberam o terreno comum que havia entre as camadas mais profundas das civilizações cristã e muçulmana. A interação entre a mais elevada espiritualidade cristã e o sufismo, a mais elevada espiritualidade islâmica, exigia uma ordem soberana, acima de reis e bispos, que não estivesse sujeita à legislação comum ou mesmo a interditos e excomunhões. Exigia uma ordem capaz, quando necessário, de agir como mediadora ou árbitro em relação a ambas as civilizações. Foram eles que trouxeram ao Ocidente a medicina árabe, bem como toda sorte de avançados conhecimentos por eles assimilados no Oriente.

Essa Ordem representou a grande síntese entre o Cristianismo e a tradição pagã pré-cristã europeia, com seu emblemático guardião, o "Exu" Baphomet. Os Templários foram perseguidos por muitos que almejavam sua imensa fortuna. O principal argumento para a perseguição foi o culto a Baphomet e a iniciação à esquerda, utilizada secretamente pela Ordem. Em seus rituais iniciáticos, eram cruzados do lado direito pela espada de Ogum e do esquerdo por Baphomet.

Seu culto a Baphomet, o Exu Céltico Druida, era representado na Ordem por uma caveira, um bode, um gato preto ou um pentagrama invertido. Em seus inúmeros castelos existem até hoje tronqueiras de pedra dedicadas a Baphomet, ornadas com pentagramas invertidos, esculpidos em pedra, no lado esquerdo dos portais, embora quebrados na parte superior, atestando a perseguição e proibição ao culto.

O grande poder político e bélico que os Templários detinham e sua imensa riqueza foram o motivo real de sua perseguição e destruição. Eles foram os responsáveis pelo início do sistema bancário. Em

Portugal, por exemplo, os Templários eram os maiores produtores de vinho e teriam sido os primeiros banqueiros do país. Além das riquezas da Ordem, ainda hoje procuradas, e uma enorme quantidade de terras na Europa, a Ordem dos Templários possuía uma grande esquadra. Os cavaleiros, temidos guerreiros em terra, eram também exímios navegadores; sua frota permitia deslocamentos e negócios com várias nações.

Em 14 de setembro de 1307, no dia da exaltação da Santa Cruz, e no dia 13 de outubro do mesmo ano, o rei Felipe IV da França, pensando em apropriar-se dos bens dos Templários, obrigou o comparecimento ao palácio de todos os componentes da Ordem que viviam no país. Acusou-os de heresia, mandou encarcerá-los nas masmorras, onde foram submetidos a torturas, e queimou vivos os superiores, para apoderar-se dos bens.

Na França, a destruição dos Templários propiciou ao rei francês não apenas os tesouros imensos da Ordem, mas também a eliminação do exército da Igreja, o que o tornava rei absoluto. Nos demais países, a riqueza da Ordem ficou com a Igreja Católica.

Graças ao grande número de membros, apenas uma parte dos cavaleiros foi aprisionada, a maioria franceses. Os cavaleiros de outras nacionalidades refugiaram-se em diversos países, como Portugal, Suíça e Escócia e até mais distantes, usando seus navios. Muitos deles mudaram seus nomes para evitar perseguição do rei e da Igreja. A Ordem, após a "santa" Inquisição, refugiou-se em Portugal, onde os Templários eram muito queridos pelo povo português e por seus reis, pois muito ajudaram na expulsão dos mouros.

Para Portugal acorreram os melhores cartógrafos, nautas e cientistas templários, que vieram a engendrar as grandes navegações. O Brasil foi descoberto por um Templário, Pedro Álvares Cabral. Em suas caravelas, os Templários Cabral e Vasco da Gama ostentavam a solene cruz rubra em fundo branco, da Ordem. Perseguidos, mas com o novo nome de Cavaleiros de Cristo, e sob a proteção real portuguesa, aportaram no Brasil, denominado por eles o País da Vera Cruz (verdadeira cruz).

No Brasil, os Templários criaram, de forma secreta e velada, suas novas bases, protegendo os cultos afro-brasileiros que, graças também ao seu amparo, subsistiram. O Cristianismo com o Exu dos Templários pode até ter sido parte do alicerce mítico da Umbanda. Atualmente, muitas sociedades secretas se proclamam "herdeiras" dos Templários.

Olorum – O Legislador Supremo do Universo

> ... *por isso, pautai vossa conduta! Sois o único responsável pela vossa escolha e discernimento para vossa evolução.*
> Buda

Deus, o Divino Olorum, Único Criador de tudo e de todos, gerou Suas Leis e, com Sua autoridade soberana, regula, ordena, autoriza ou veda, regendo tudo o que por Ele foi criado.

Na Sua Lei eterna, a primeira fonte de todas as demais leis, encontra-se Seu projeto para todo o Universo; nela, o Criador expressa toda a Sua vontade, Seu plano de sabedoria divina, princípios regulamentadores da Sua infinita criação, inacessível e imutável.

Como Legislador por excelência, Olorum é o governador supremo e tem como Seus ministros Suas divindades-Orixás, que também são governadas por Sua Lei Eterna. E o divino Pai Ogum é um dos Seus ministros, a quem Olorum decretou a competência de ordenar tudo em Sua criação, por meio de Seu Ministério das Leis Divinas. E as Leis Divinas são as Leis de Deus manifestadas por Ogum, que exerce a autoridade legítima e que, por essa razão, tem o dever de assegurar o equilíbrio e o bem comum de tudo e de todos, controlando os comportamentos e ações dos seres, de acordo com os princípios de Deus.

Entre as leis divinas ou naturais também identificamos as leis da física, da química, da geologia, da biologia, etc., que regem e harmonizam todo o Universo, como as leis da gravidade, da atração da matéria, da genética e outras. Seus estudos pertencem ao domínio das ciências, mas estão associadas à Lei Maior, pois Ogum é o Guardião dos Mistérios da natureza e regula toda a evolução dos seres e da criação. As Leis Divinas ou Naturais regulam todos os acontecimentos no Universo; são leis eternas e regem todas as relações na criação como um todo.

Em uma definição geral, lei designa norma, preceito, regra, princípio que deve ser seguido em todos os domínios: divino, espiritual, natural, humano, científico, físico, moral, etc. É um ordenamento.

As leis humanas têm a função de preservar o bem comum e a harmonia na convivência entre os homens na criação; sem regras e normas ou conduta moral estabelecida toda a sociedade cairia no caos.

As Leis Morais são universais e também fazem parte da Lei Divina. São um conjunto de regras de "boa conduta", mediante a luz da razão, que ajudam a distinguir entre o "certo ou o errado", a praticar o bem e evitar o mal. São uma espécie de "lei interior", a voz da consciência, que diz: não matar, não roubar, etc. São a conduta moral do homem diante dele mesmo, do semelhante, do mundo em que vive e das Leis de Deus.

A Lei Divina é implacável e está "escrita" na consciência dos seres, pois Deus nos gerou com princípios (Leis) virtuosos e inteligência, para todos distinguirem por si entre o bem e o mal.

O mal é tudo que afasta os seres de sua essência divina; é infringir as Leis de Deus, tornando-os devedores perante o equilíbrio universal da Justiça. Quando despertam dessa consciência do mal e começam a ver que devem agir de forma diferente, com a transformação íntima, inicia-se a renovação e retornam às suas evoluções espirituais na senda da Luz.

A prática do bem não é mérito e não torna um ser melhor do que o outro. É obrigação, pois fomos gerados à imagem e semelhança de Deus, e Deus é amor, misericórdia, justiça, lei, humildade, caridade, sabedoria, vida, etc. Deus, em Sua infinita generosidade, concedeu aos seres o livre-arbítrio, dando a cada um a oportunidade de fazer suas escolhas e, por meio do mensageiro divino, o Mestre Jesus, foi revelada a seguinte sentença: "A semeadura é livre (livre-arbítrio), mas a colheita é obrigatória (Lei-Ogum)".

As Leis Divinas são decretos de Deus e estão contidas nas revelações. Os mensageiros divinos, de tempos em tempos, trazem os conhecimentos das Leis de Deus aos seres humanos, que são difundidos e disseminados nas religiões e nas doutrinas filosóficas em diferentes épocas, culturas e povos. Jesus Cristo, Moises, Maomé, Buda, Allan Kardec, Zélio de Moraes, Chico Xavier, Rubens Saraceni, entre outros, e também pensadores, filósofos e cientistas, como Platão, Sócrates e Isaac Newton, por meio de suas "teses" confirmaram pontos da Lei Divina.

Essas Leis reveladas pelos mensageiros divinos se propagam como regras ou normas morais e espirituais de comportamentos para os seguidores de seus segmentos religiosos ou filosóficos, tal como os Dez Mandamentos.

Na Umbanda, Pai Zélio Fernandino de Moraes foi o instrumento-médium, no qual o mensageiro divino Caboclo das Sete Encruzilhadas se manifestou em 1908, anunciando, codificando e fundando a religião da Umbanda, e revelou: "Umbanda é a manifestação do espírito para a prática da Caridade", ou seja, decretou! Então temos: caridade é LEI NA UMBANDA; diferente disso, não é UMBANDA. Decretou também que "quaisquer entidades que queiram se manifestar, independentemente daquilo que hajam sido em vida, todas serão ouvidas e nós aprenderemos com aqueles espíritos que souberem mais e ensinaremos aqueles que souberem menos e a nenhum viraremos as costas nem diremos não, pois esta é a vontade do Pai". Essa revelação ou decreto vem reforçar a profunda igualdade entre todos.

A Lei da Umbanda é a Lei de Olorum (Deus,) justa e implacável. É formada e fundamentada em leis espirituais: Lei de Ação e Reação, Lei de Causa e Efeito, Lei das Afinidades, Lei da Reencarnação e Lei do Retorno, que funcionam segundo a sentença: "a cada um segundo o seu merecimento".

Ogum – O Trono Masculino da Lei

> *Ogum é sinônimo de Lei e de Ordem porque ele tanto aplica a Lei quanto ordena a evolução dos seres, não permitindo que alguém tome uma direção errada.*
> R. Saraceni

A Lei que nos rege, ou princípio divino, aplica-se a tudo e a todos a partir do princípio da energia ou espírito e da matéria ou corpo. Precisamos tanto das coisas materiais como das espirituais, pois somos uma das emanações divinas do Criador. A Lei Maior rege a evolução humana; é a Lei como uma das vias evolutivas do espírito humano, que tem por fim servir a Deus, sem se perder em sua caminhada terrena. Repetimos que a lei é uma das sete vias evolutivas, é a Lei Maior, a Lei do Criador que rege tudo e todos, em todos os planos da vida e em todos os níveis conscienciais.

Essa Lei Maior dá os parâmetros para nossa evolução, nossa vida, nosso equilíbrio em todos os planos da vida, pois é a ordem e harmonia, é a Lei que prevalece nas esferas superiores de Luz. É a Lei Divina, justa e poderosa, que rege tudo e conduz todos na sua senda evolutiva.

Quem rege o Trono Masculino da Lei é o Orixá Ogum, cuja essência eólica é movimentadora, ordenadora e impositiva. A Lei Maior é o campo de atuação de Pai Ogum, que ordena os procedimentos, os processos e as normas ditados pelo Divino Criador, anulando tudo o que estiver em desacordo com ela. Essa força que ordena tudo e todos está presente tanto na estrutura de um átomo, como na estrutura do Universo. É a Lei Divina em ação, que regula a evolução das raças, das religiões, dos reinos, dos impérios e muito mais.

O Divino Orixá Ogum é o aplicador da Lei em todos os níveis e age com inflexibilidade, rigidez, firmeza e retidão, pois não se permite uma conduta alternativa. A Lei de Ogum é imparcial e justa, não existindo, para ele, o talvez. Ele não julga nada ou ninguém, pois essa é atribuição de Xangô; apenas aplica os princípios da Lei e ordena, direciona os seres, como Pai extremamente rigoroso com seus filhos.

Pai Ogum é Divindade de Deus. É o Trono Masculino da Lei, o Orixá que irradia Lei e Ordem o tempo todo. Seu campo de atuação é a linha divisória entre a razão e a emoção; é a Lei de Deus em ação na vida das pessoas. Ogum tem a coragem e a disposição para realizar o que só Ogum pode e deve fazer: ordenar a Lei na vida dos seres.

As principais qualidades desse trono da Lei são a lealdade, a retidão, o caráter, a tenacidade, a rigidez, o rigor, a combatividade, a ordem, o direcionamento. Quando absorvemos as qualidades de Ogum, passamos a ver tudo de um ponto de vista ordenador, enxergamos nossas falhas e, assim, nossos caminhos se abrem. Com essa postura transmitimos confiança ao próximo.

Pai Ogum não força ninguém a vivenciar a Lei, mas sustenta todos que a buscam. É o Trono Regente das milícias celestes, guardiãs dos procedimentos dos seres em todos os sentidos. Ele ordena a Fé, o Amor, o Conhecimento, a Ordem, a Justiça, a Evolução e a Geração. Por isso, está em todas as outras qualidades divinas.

"A luz da lei é o poder e o princípio dela em si mesma. Mas a força é apenas um meio da lei, pois muitos outros meios a lei possui para alcançar seus fins, que são um só: o de reequilibrar os seres humanos!... Outros meios que a lei possui:

O amor, a fé, a sabedoria, o conhecimento, a razão, a vida, etc.

O amor é o meio pelo qual os seres humanos se reconhecem como iguais. Ogum está na Linha do Amor como ordenador das concepções na vida dos seres.

A fé é o meio pelo qual o ser humano encontra forças para se resignar diante das penas da lei. Ogum está na Linha da Fé como ordenador da religiosidade dos seres.

A sabedoria traz em si o despertar dos princípios das leis que regem tudo. Ogum está na Linha da Evolução como ordenador das doutrinas religiosas que aperfeiçoam o saber e aceleram a evolução dos seres.

O conhecimento é o meio que a lei tem para ensinar onde um ser humano errou, pois ignorava como agir corretamente. Ogum está na Linha do Conhecimento como ordenador dos conceitos, teorias e fundamentos.

A razão é o meio pelo qual a lei desperta na consciência de cada um os seus princípios. Ogum está na linha da Justiça como ordenador dos juízos.

A vida é o meio através do qual, só vivendo-a, um ser humano valoriza a lei como princípio da vida. Ogum está na Linha da Geração como ordenador da vida e do próprio reencarne.

E a lei, que a tudo regula, faculta a quem se curvar aos seus desígnios todos os meios anteriores além dos que só ela possui para despertar um ser ignorante e recolocá-lo na senda luminosa da lei. Logo, muitos são os meios que a lei possui, pois tem à sua disposição os sete sentidos capitais e todos os sentidos derivados.

O que a lei não consegue corrigir em um ser é porque está no excessivo acúmulo das energias viciadas nos sentidos. Então, as trevas o corrigem, pois não só absorvem esses acúmulos como esgotam o ser de todas as suas energias viciadas e o fortalecem nos seus sentidos virtuosos que, ao serem desbloqueados, começam a gerar energias divinas." (R. Saraceni, *Os Guardiões da Lei Divina*, Madras Editora).

Pai Ogum é sinônimo de Lei Maior, Ordenação Divina e retidão porque é gerado na qualidade eólica, ordenadora, do Divino Criador. O Trono da Lei, eólico, ao projetar-se cria a linha pura elemental do ar, já com dois polos magnéticos ocupados por Orixás diferenciados em todos os aspectos. O polo magnético positivo é ocupado por Ogum e o polo negativo é ocupado por Iansã. Ogum tem como par vibratório a Divindade Feminina da lei, a Divina Mãe Iansã, direcionadora por excelência.

O elemento ar dá a esse Orixá uma natureza impulsiva e mexe com o emocional. Otimismo, rapidez mental, inteligência e alegria são características de Pai Ogum. Com o elemento ar ele areja nossa mente e direciona nossa evolução. Irradia-se no fogo e no tempo, fixa-se nos minerais e na terra, dilui-se na água e absorve o vegetal.

O Orixá Ogum é considerado o senhor do movimento, o senhor que quebra as demandas, que arrebenta as amarras e nos liberta, que faz nossa vida se movimentar.

OGUM – O GUARDIÃO DOS CAMINHOS DA EVOLUÇÃO

Muitas são as vias evolucionistas que o Divino Criador Olorum, o Senhor de todos os Caminhos, concedeu aos seres para conduzirem e evoluírem e, por conta própria, retornarem a Ele. Na Coroa divina, Ogum é o Trono da Lei, eólico por excelência, que se projeta para a dimensão humana por meio dos caminhos, seus santuários naturais.

Nessa longa caminhada evolutiva, o Divino Pai Ogum é o Orixá dos Caminhos, direcionador da evolução ou dos caminhos a serem seguidos ordenadamente pelos seres, indicando a cada um o modo de se conduzir com equilíbrio dentro dos parâmetros das leis divinas. A Lei Maior aponta o caminho moral que todos os seres devem trilhar para progredirem em todos os sentidos da vida, e Ogum é o ar que alimenta e o fogo que ativa a chama da vida, iluminando, fortalecendo e abrindo os caminhos a serem trilhados e vivenciados pelos seres.

Sendo o Orixá do Equilíbrio, o Guardião da "linha divisória" entre o bem e o mal, o positivo e o negativo, Ogum vigia os caminhos para que nada saia do seu lugar e para que ninguém se desvie do destino reservado a cada um, pois aquele que se desviar do seu caminho terá em Ogum a função de reconduzi-lo, corrigindo suas ações desequilibradas, para recolocá-lo na senda da evolução.

Com sua espada, Ogum corrige e recoloca no caminho reto aqueles que dele se desviaram; com sua lança, direciona e desobstrui os caminhos; e com seu escudo, protege e defende todos aqueles que retornaram sua caminhada pela senda da Luz.

Do seu Trono Eólico, Ogum vibra constantemente a força modificadora da renovação para o caminho de todos, concedendo novas oportunidades e experiências, irradiando mobilidade, que capacita e estimula os seres a se moverem física, espiritual e mentalmente, e impulsionando todos a avançarem com equilíbrio; caso contrário, estacionariam em suas evoluções, cessando as buscas e indo contra os princípios divinos. O campo de Ogum é composto do impulso e da atitude, que tira do estado inerte para a ação, induzindo todos a lutarem sempre por algo ou alguém e conquistando novos patamares.

Com suas irradiações transformadoras, Ogum estimula as atividades criadoras sobre a natureza, como, por exemplo, tornar matéria-prima em produto acabado, capacitando os seres a buscarem inovações tecnológicas e científicas, abrindo caminhos para o progresso na criação, promovendo desenvolvimento com objetivo produtivo. Ogum é a Lei que move e "obriga" todos a buscarem, pesquisarem, questionarem e descobrirem, para nunca estagnarem em suas caminhadas evolutivas, sendo o Orixá ligado à transformação, ao progresso e à tecnologia.

Como Orixá ordenador dos procedimentos dos seres, Ogum é disciplinador e, da mesma forma que aplica a Lei para que todos assumam as consequências de seus atos, também fortalece mentalmente os seres com suas irradiações divinas, para que todos tenham objetivo, determinação e comprometimento com o próprio crescimento e progresso, preparando e planejando suas vidas para que não tenham um futuro de instabilidades e inseguranças, em todos os sentidos.

Como ordenador e disciplinador, Ogum ensina que a abertura ou o fechamento dos caminhos estão condicionados à conduta dos seres perante as leis divinas, sendo cada um responsável pela sua evolução. Ogum é o Senhor dos Caminhos e realiza a abertura destes, cortando atuações negativas, arrebentando muralhas, rompendo barreiras para a concretização de projetos e anulando os obstáculos desses caminhos, desde que cada ser busque, com força de vontade e equilíbrio íntimo, cumprir melhor a cada dia a parte que lhe cabe na criação, como emanação divina do Criador.

Ogum é o Guardião dos Caminhos em si, onde todos seguem adiante, mas também é conhecido como Orixá das Encruzilhadas, que são os entrecruzamentos que se estabelecem nos caminhos, sendo as encruzilhadas os domínios naturais, os pontos de força consagrados a Exu. Simbolicamente, as encruzilhadas representam a escolha de um caminho a seguir, o livre-arbítrio. No contexto espiritual, as encruzilhadas são entrecruzamentos vibratórios, pontos magnéticos de "descarga" de fluxo de energias negativas geradas pelos seres. Ogum e Exu, os dois "irmãos" das lendas africanas, estão juntos, caminhando ao lado dos seres, potencializando e vitalizando a evolução de cada um.

OGUM – A MÃO ARMADA DA LEI DE DEUS

Nada na criação divina está fora do alcance da Lei de Deus, nosso Divino Criador Olorum. Essa Lei é imutável, perfeita e infinita e rege tudo e todos, em todos os planos da vida e todos os níveis de consciências, pois tudo se origina de Deus. Suas Leis regulam todo o Universo, que possui dois princípios criadores: o positivo e o negativo. Nós, seres humanos, somos mais uma das Suas infinitas criações e também somos regidos por essas "Leis Divinas", imutáveis e eternas como Ele próprio, já que as "Leis Humanas" são transitórias e falíveis.

Nessa "linha divisória" entre o positivo e o negativo, o Divino Pai Ogum é o Guardião, o Orixá da Lei e do Equilíbrio, que regula o que está entre o bem e o mal, a razão e a emoção, a Luz e as Trevas, o alto e o embaixo, etc., ordenando os procedimentos e os processos divinos. Ele é o responsável pela execução das normas ditadas pelo Divino Criador, anulando na criação e nos seres tudo o que estiver em desacordo com a Lei Maior.

A denominação "Ogum" vem do Iorubá, em que "gum" significa "guerra". Ogum é o Orixá Guerreiro, a Divindade de Deus responsável pela ordem, comandante regente das milícias celestiais, que com suas irradiações ampara e sustenta aqueles que vivem dentro da Lei e da Ordem Divina, na senda da Luz, protegendo a todos, com seu Escudo Sagrado. A linha da Lei é um dos sete sentidos da evolução e ascensão do espírito humano; esse princípio está em nós desde a nossa origem, pois é uma das qualidades de Deus e, como parte de Sua criação, também o possuímos. Quando estamos caminhando de acordo com a Lei Divina, ela nos impulsiona sempre à frente (evolução) e crescemos (ascensão), seguindo rumo à Luz, e Ogum está à nossa direita. Mas, quando caminhamos contrariando as Leis de Deus, rumo às Trevas, nossa evolução é paralisada ou caímos, para que ela não se degenere mais e depure todo o negativismo. Ogum, então, posicionar-sé-a à nossa esquerda e logo sofreremos o choque da Lei, pois Ogum é a Lei de Deus, o regulador da evolução humana.

Pai Ogum traz como instrumento Sagrado a Espada Guardiã dos Mistérios da Lei de Olorum, que simboliza incisivamente a Lei de Deus, pois, quando a palavra não convence, é hora de a espada (Lei Armada) se impor e a função da Lei é impor a ordem, mas não o medo. E basta sairmos do caminho reto da Luz, para sermos envolvidos por suas irradiações retas e cortantes. Todo Templo de Umbanda deve ter uma espada simbólica de Ogum. Essa espada nem sempre se encontra à mostra; às vezes está oculta em um facão de um Exu de Lei ou em um ponteiro.

A Lei Divina age com convicção e rigor, mas não é cruel, caso contrário se tornaria instrumento de opressão das consciências, em que despertaria sentimentos de autoanulação ou anulação de vidas alheias. Ogum é ordenação Divina e retidão, os olhos atentos da Lei de Deus. Sempre vigilante, marcial e pronto para agir e aplicar a Lei Maior onde lhe for ordenado, registra todas as ações integralmente, sejam positivas ou negativas; nada lhe escapa e todos os seres são iguais perante a Lei que rege o Universo.

A dualidade não está em conformidade com a Lei Maior, pois em Ogum não há alternativas, ou seja, o "mais ou menos", o fazer o bem com a "mão direita" e o mal com a "mão esquerda", ser "mais ou menos bom"; ou se está no caminho reto da evolução, respeitando as Leis Divinas, ou não se está.

Ogum não julga nada nem ninguém, pois essa atribuição pertence ao Orixá Xangô, que é o juiz assentado no Tribunal Divino. Ogum tanto encaminha a ele as questões que precisam ser "julgadas", como executa, segundo os princípios da Lei, todos os seres julgados e condenados pela Justiça Divina. Sem Ogum, a Justiça de

Xangô não seria executada e o equilíbrio não se restabeleceria. Assim, Ogum também é um executor do carma e não se compadece dos devedores, enquanto não purgarem toda a dívida com a balança da Justiça Divina.

A religião Umbanda tem como Regente Maior o Orixá Oxalá (Trono da Fé). A Justiça Divina, por meio de Pai Xangô, atua a partir da direita, enquanto a Lei Maior de Ogum atua a partir da esquerda. Ogum é quem aplica a Lei; ele não pune ninguém, apenas paralisa quem estiver agindo de forma contrária aos princípios divinos de equilíbrio e harmonia em todos os sentidos. Porém, a Lei não é tolerante, é justa; não é benevolente, é generosa; não priva o justo de seu juízo, assim como não concede ao injusto a liberdade desajuizada.

Quando a Lei quer recompensar, é Ogum quem dá. Porém, quando quer cobrar, é seu lado negativo, Exu, quem executa. E Pai Ogum tem sob suas ordens tanto os Guardiões da Luz como os Guardiões das Trevas e os Senhores Exus de Lei, pois, com Mãe Iansã, rege o mistério "Guardião" e suas hierarquias, sendo ambos "aplicadores da Lei" na vida dos seres.

Os Exus de Lei da Umbanda são entidades que atuam no nosso plano humano como agentes cármicos, sob as ordens de Ogum, o Guardião do Ponto de Forças do Equilíbrio, Orixá que mantém ligação com todas as linhas de Exus de Lei. Seu campo de atuação é imenso. Esses dois mistérios, Ogum e Exu, completam-se em um campo da criação: a execução do carma, a Lei da ação e reação, regulando juntos os procedimentos e as condutas. Os procedimentos regulados por Ogum são os dos princípios divinos e os procedimentos regulados por Exu são os profanos. Sempre que algum ser excede seus limites humanos e infringe as Leis Divinas ou desrespeita as ordens dos Orixás, atrai para si os "horrores" existentes no lado de baixo da Criação. Onde excessos estão sendo cometidos, Ogum-yê atua com intensidade, para repor cada um no seu devido lugar, nem que tenha de enviar às "trevas" (dimensões negativas) os espíritos dos seres que se negativaram, desvirtuados em algum sentido da vida.

Ogum abriu em seu mistério ordenador um campo para que o mistério Exu atuasse, vitalizando ou desvitalizando tudo e todos, servindo à Lei Maior cosmicamente (no negativo), ora esgotando o negativismo dos seres, agindo como "agente punidor", ora vitalizando os sentidos, pois somente esgotando suas dívidas cármicas os seres poderão retornar aos seus caminhos evolutivos.

Deus é Lei e o mistério Ogum-yê é o manifestador da Lei Maior. Nada existe por si mesmo sem antes existir na própria natureza divina do Criador, o positivo e o negativo.

A LEI DA REENCARNAÇÃO

O conceito de reencarnação varia muito entre as religiões e filosofias espiritualistas, mas não na sua essência; logo, abordaremos essa Lei, com base nos princípios religiosos que seguimos: a Umbanda Sagrada.

Na Umbanda, Olorum é o Princípio e os Orixás são seus agentes, sustentadores e executores das Leis que regulam tanto a vida quanto a natureza. E Deus, o Divino Olorum, nos gerou em Seu íntimo e nos exteriorizou, como Suas emanações. Somos seres de origem divina que, após sermos gerados por Deus, somos conduzidos para o nosso "primeiro plano da vida", o plano fatoral, formado pela energia divina do Deus Gerador.

Esse plano divino é sustentado pelos Tronos Fatorais ou Orixás Ancestrais, que vão atraindo cada um dos seres gerados, imantando-os com o seu magnetismo e essência (cristalino, mineral, vegetal, ígneo, eólico, telúrico e aquático), individualizando cada ser com seu sentido divino (fé, amor, conhecimento, justiça, lei, evolução e geração) e com uma natureza universal pessoal (Oxalá, Oxum, Oxóssi, Xangô, Ogum, Obaluaiê e Iemanjá) ou uma natureza cósmica (Logunan, Oxumarê, Obá, Oroiná, Iansã, Nanã e Omolu). Os seres serão direcionados e influenciados pela eternidade de sua existência, cada um herdando as características da divindade (Orixá) que o fatorou. Após completarmos os estágios pelos sete planos da vida e termos desenvolvido condições e faculdades de sustentar nossas evoluções, somos conduzidos à dimensão humana da vida e adentramos no ciclo reencarnacionista, dando início ao "estágio humano da evolução".

ESTÁGIOS E PLANOS DA VIDA²		
ESTÁGIO	PLANO	EVOLUÇÃO DOS SERES
ORIGINAL	1º - FATORAL	Seres puros, virginais.
	2º - ESSENCIAL	Mistos, criam essências.
	3º - ELEMENTAL	Mistura de 13 essências.
DUAL	4º - BIELEMENTAL	Adquirem função dupla.
TRIELEMENTAL	5º - TRIENERGÉTICO (ENCANTADOS)	Abertura da consciência, para o livre-arbítrio.
TETRAELEMENTAL	6º - NATURAL (encarnatório)	Associada à natureza terrestre.
	7º - CELESTIAL	No Plano Celestial.

Não somos produtos acabados; somos seres divinos, espíritos imortais, lançados na dimensão humana (matéria), para nos humanizarmos e evoluirmos por meio das sete vias ou sete sentidos da vida, onde adquirimos meios de vivenciar os múltiplos aspectos de Deus, nas diversas encarnações. A vida em direção ao Todo é eterna.

Esses múltiplos aspectos de Deus são as sete vias de evolução e ascensão do espírito humano, os sete sentidos da vida (fé, amor, conhecimento, justiça, lei, evolução e geração), que, de encarnação em encarnação, proporcionam aos seres vivenciá-los e absorvê-los em sua natureza. Em nossa origem somos fatorados somente pelos fatores divinos do Orixá Ancestral que nos imantou ou magnetizou, como, por exemplo, o fator ordenador e o elemento eólico, regido pelo Orixá Ancestral Ogum, fatorando seres masculinos.

Seguindo nosso exemplo, ao encarnar, a memória ancestral desse ser "Ogum" será adormecida, para não interferir em seu processo evolutivo nas outras vias evolucionistas. Então, esse ser em uma encarnação terá, por exemplo, Xangô como Orixá de Frente e, naquela vida, irá absorver em sua natureza eólica "Ogum" os fatores de Xangô, racionalizador e equilibrador. O elemento fogo e o sentido da justiça serão o caminho que mais o atrairão. Em outra vida, terá Oxóssi como Orixá de Frente e absorverá o fator expansor, racionalizador do elemento vegetal e será atraído pela busca do sentido do conhecimento,

---

2. A "origem divina dos seres" e cada estágio e plano da vida estão detalhadamente explicados nas obras de Pai Rubens Saraceni, da Madras Editora.

pelo desenvolvimento de sua percepção, etc. Enfatizemos: o Orixá de Frente representa incisivamente o que o ser veio desenvolver e aprender na atual encarnação, enquanto o Orixá Ancestral não muda nunca.

As divindades (Orixás) conduzem os seres ao encontro de sua origem, meio e fim (Deus), pelas sete vias, sete sentidos ou sete virtudes divinas, fortalecendo e desenvolvendo os sentidos, abrindo as faculdades espirituais e aprimorando estados de consciência, onde os instintos sejam esgotados e o racional elevado.

A reencarnação é um bem divino, pois esclarece que nossa vida terrena é só uma etapa em nossa jornada evolutiva e tem diversas finalidades na vida dos seres, pois permite que em cada uma delas se absorvam, vivenciem e assimilem qualidades que não puderam ser adquiridas no curto tempo de uma "vida".

Temos a reencarnação como forma de evolução e ascensão espiritual, pois é impossível em uma única encarnação os seres absorverem todos os aspectos de Deus e retornarem a Ele, conscientizados e integrados ao Todo. Para a Lei não importa quantas reencarnações sejam necessárias, para a divinização do espírito humano e o seu retorno ao ponto de partida.

Por meio da reencarnação, a Lei das Afinidades se estabelece, regulando e direcionando a aproximação e a convivência entre os seres, ora os aproximando, ora repulsando. Na reencarnação é que a execução do carma entra com sua força evolucionista, quando desafiamos as Leis de Deus. Ela é um recurso que a Lei Maior oferece para redimirmos e retornarmos ao ponto onde falhamos, reparando nossas falhas e corrigindo nossas deficiências conscienciais, aprimorando o nosso caráter, para que procedamos em acordo com os princípios divinos e os princípios morais que regulam os procedimentos humanos.

Cumpre reconhecermos as leis que regem o Princípio Criador, não como dogmas ou somente como mistérios, mas como leis irrevogáveis de Deus. Quem conhece e busca vivenciá-las, jamais as desafia, pois sabe que as Leis Divinas se executam.

A LEI DO LIVRE-ARBÍTRIO

Deus nos gerou em Seu íntimo exteriorizou-nos e nos dignificou com Sua maior prova de confiança, o **livre-arbítrio**, concedendo-nos a oportunidade de fazermos escolhas, tomarmos decisões por conta própria e decidirmos qual o caminho a ser seguido, para retornarmos a Ele de forma consciente.

Depois da concessão da própria vida, o direito dos seres dirigem sua existência é uma das maiores dádivas e confiança de Deus para conosco, pois permite que cada um manifeste e desenvolva sua individualidade humana, como espírito imortal de origem divina, separado d'Ele.

Nossa vida não é controlada por Deus ou pelo destino. Ele nos permite edificarmos o nosso próprio caminho por meio das nossas escolhas, possibilitando, pelas vivências nas várias reencarnações, o amadurecimento e o desenvolvimento de nossas faculdades, no estágio humano da evolução. Cada ser é o único responsável pelos efeitos e consequências das suas decisões. Não existe outro caminho para a evolução espiritual que não seja por meio do despertar da consciência e da própria vontade e esforço de fazer bom uso do livre-arbítrio, concedido pelo nosso Divino Criador.

Essa evolução espiritual com virtuosidade é o que temos como fim, como destino, e sobre isso não há alternativas. Somente as nossas escolhas e atitudes determinarão a maior ou a menor dificuldade e o tempo que cada ser utilizará para seu progresso espiritual. Isso, porque é por meio dessa liberdade de escolher que plantamos o que colheremos, onde a semeadura é livre, mas a colheita é obrigatória, necessária e inevitável. Nunca poderemos desvincular o livre-arbítrio da Lei da Ação e Reação cármica, válida para todos os seres.

Tudo na Criação está sujeito à Lei de Causa e Efeito; todas as ações dos seres terão em suas vidas uma reação como consequência ou um carma individual. Para uma ação positiva, um efeito positivo; para uma ação negativa, o resultado correspondente.

Recebemos com o livre-arbítrio um termo de responsabilidade que nada mais é do que o comprometimento e a obrigação de responder pelos próprios atos, pois os mesmos são intransferíveis perante a Lei e, não esqueçamos que, muitas vezes, as nossas escolhas afetarão outros seres e a vida material e espiritual. Tudo tem consequência, toda ação gerará uma reação. Aí está a dádiva do livre-arbítrio e a confiança de Deus em nós, sua criação: podemos escolher, antes de semear. Temos a liberdade de escolha, mas circunscrita pelas Leis Divinas.

Umbanda é religião; é conhecimento, magia e espiritualização, animada pela fé interior de cada umbandista, onde o socorro espiritual convive com o despertar da consciência para as verdades divinas. O aperfeiçoamento e a ampliação da consciência, pelo conhecimento, podem modificar a visão que cada um tem de si, dos outros, da criação, de Deus e de Suas Leis, evoluindo.

Os Guias Espirituais que se manifestam na Umbanda Sagrada são espíritos humanos despertos e conscientizados das Leis Divinas, desenvolvidos nos sentidos (mistérios) da vida, que atuam sob a irradiação direta dos Sagrados Orixás (divindades) e são manifestadores humanos de suas qualidades divinas. São espíritos evoluídos que abdicaram do seu livre-arbítrio e assumiram a identidade de servidores de Deus, consagrados religiosa e magisticamente ao serviço de caridade espiritual aos semelhantes. Todos os guias espirituais atuam visando amparar e acelerar a evolução dos espíritos e das pessoas que afluem aos centros de Umbanda.

Um médium umbandista, no decorrer de um trabalho espiritual (gira), incorpora seus "Orixás" pessoais e os Guias Espirituais que foram destinados para protegê-lo, ampará-lo e guiá-lo em seu estágio humano da evolução. Frequentemente, há uma ligação espiritual ou cármica entre os médiuns e seus guias, profundos conhecedores do íntimo de seu protegido, sabedores de seus negativismos, conflitos, vícios morais, medos, desejos, limitações, qualidades, quedas, perdas, conquistas e potencialidades.

Os verdadeiros Guias Espirituais da Lei e da Luz, por serem espíritos humanos conscientizados, agregados aos mistérios de Deus nas hierarquias divinas assentadas na natureza e conhecedores das Leis Divinas, às quais jamais desrespeitam, não interferem no livre-arbítrio de seus médiuns ou protegidos. Se assim procedessem, não estariam contribuindo para a evolução e o despertar racional da consciência divina dos filhos da Umbanda, para se manterem em equilíbrio com as Leis do Criador, na utilização do livre-arbítrio, e impediriam seu amadurecimento emocional, moral, filosófico, intelectual, social, espiritual e religioso.

A própria mediunidade é um dos mecanismos e um instrumento da Justiça Divina e da Lei Maior, para auxiliar os médiuns umbandistas na solução de suas pendências cármicas e em seu reajuste íntimo.

Em alguns momentos o médium está incorporado com seus "Orixás" pessoais, recebendo suas energias divinas e sendo auxiliado pelos mistérios que irradiam. Em outros momentos, está sendo instrumento dos Guias Espirituais que o acompanham, assimilando dos trabalhos magísticos que realizam em benefício do próximo um conhecimento espiritual de amor, que visa exercitar nele a caridade, a humildade e o despertar de suas faculdades, que acelerarão seu reajuste cármico. Tudo isso, além de conectá-lo ao Sagrado Templo que existe dentro dele, tornando-o irradiador das suas energias.

A atribuição de um Guia Espiritual é guiar, inspirar e conduzir seu protegido pelo caminho do bem, consolá-lo em suas aflições, ajudá-lo a superar os desafios e problemas criados por ele mesmo em suas ações e escolhas inadequadas. É conduzi-lo, pela fé e pelo amor, aos Sagrados Orixás, Divindades regentes deste nosso abençoado planeta.

É preciso reconhecer que o único limite é o limite humano de cada um, que pode ser vencido e ampliado com a conscientização de que somos os únicos responsáveis por nossas mazelas e que tudo na Criação é energia. Cabe a cada um escolher quais os tipos de energia que quer como companhia, pois somente nos sintonizamos com energias afins que estão em acordo com nossos pensamentos, sentimentos e ações; logo cada um atrai aquilo que irradia. Essa é a Lei das Afinidades.

A LEI DAS AFINIDADES

O Divino Pai Ogum é o ordenador das Leis Divinas, o Guardião do Equilíbrio entre o "alto e o embaixo". A Lei das Afinidades é o princípio divino regulador de toda a Criação e está presente do átomo até as Divindades de Deus, sendo de relevante importância para a preservação do equilíbrio de tudo o que foi gerado por nosso Divino Olorum.

Tudo no Universo está sob o regime dessa lei irrevogável, presente na vida dos seres, na natureza e em todos os aspectos, níveis e formas, sejam físicos ou espirituais. Essa lei regula as relações entre os seres que, por semelhança, se atraem ou se repelem, quando opostos. Explica, por exemplo, o sentimento de "simpatia" ou "antipatia", que quase sempre é recíproco, evitando algum choque entre os não afins e aproximando os afins, mantendo o equilíbrio e a harmonia na criação.

Do ponto de vista religioso, a Lei das Afinidades direciona os seres, conforme as necessidades evolutivas de cada um, agregando-os aos seus afins, para juntos compartilharem sua religação com o Sagrado, emocional e espiritualmente. Reúne também em grupos sociais indivíduos que se caracterizam com os mesmos interesses, sejam intelectuais, profissionais, psicológicos, políticos, morais, etc. No âmbito da Lei das Afinidades não existe o positivo ou negativo, o bem ou o mal, o certo ou o errado, apenas os afins. Essas sintonias ou atrações se estabelecem de forma natural, em todos os níveis conscienciais e graus evolutivos, independentemente da vontade dos seres.

No processo da reencarnação, temos nossa memória de vidas anteriores adormecidas, porém as vivências, positivas ou negativas, estão armazenadas em nosso inconsciente e, diante de algum acontecimento sem qualquer contato anterior, seja com uma pessoa, um local ou uma situação, a Lei de Afinidades desperta em nosso íntimo um alerta, para prosseguirmos ou nos afastarmos daquele reencontro.

A Lei das Afinidades atua lado a lado com a Lei da Reencarnação e a Lei de Ação e Reação, agrupando seres em uma mesma nação, grupos sociais, familiares, etc., que precisam enfrentar as mesmas experiências reeducativas ou cármicas.

Na Criação, há uma infinidade de planos espirituais ou dimensões de formação magnética, vibratória e energética positiva (ascendente – Luz) e negativa (descendente – Trevas), que sustentam, atraem, recolhem e regulam os diversos níveis evolutivos dos seres.

Essa Lei é responsável pelo direcionamento dos espíritos após o desencarne (morte), quando cada um é conduzido a planos ou abrigos espirituais de acordo com os seus sentimentos, pensamentos e ações. Sintonia é a base da existência de todos os seres, seja na vida terrena ou na espiritual. Um ser que em seu íntimo vibra virtudes, como amor, fé, justiça e outros princípios divinos, automaticamente será atraído para os planos afins com sua consciência e evolução; e o mesmo acontecerá com os seres que vibram ódio, inveja, vingança, desejos desvirtuados, etc., eles serão atraídos para os planos inferiores (Trevas), ligando-se a espíritos negativos por afinidades vibratórias. Ogum é o Orixá responsável pelo ordenamento desses espíritos, na Luz ou nas Trevas.

Na Criação tudo é ordenado e hierarquizado; temos as hierarquias divinas assentadas na natureza, os Sagrados Orixás, que são os responsáveis pela ordem e equilíbrio vibratório, magnético e energético, tanto nos polos positivos quanto nos negativos, tendo cada um sua função divina bem definida na criação e na vida dos seres, abrangendo todos os estágios da evolução e todos os níveis de consciências. A Lei das Afinidades atua nas hierarquias divinas, atraindo, acolhendo, recolhendo e direcionando magnética e energeticamente seus "afins" e sustentando-os mentalmente com suas irradiações.

Na Umbanda, os Guias Espirituais são um agrupamento de espíritos por afinidade natural e grau de evolução (Caboclo, Preto-Velho, Baiano, Boiadeiro, etc.). São espíritos humanos evoluídos que se encontram nas faixas vibratórias positivas, nos pontos de forças da natureza e atuam em uma das hierarquias naturais (falanges), sob a irradiação direta dos Sagrados Orixás, onde se organizam e desenvolvem suas tarefas e funções espirituais; eles são os "elos" entre os Orixás e os médiuns umbandistas. Nessas falanges, agrupam-se milhares de espíritos afins que atuam de forma similar. Por exemplo, os Caboclos Sete Espadas, que têm como características comuns serem Aplicadores da Lei.

A dimensão humana (Terra) se encontra em uma faixa vibratória neutra, onde encarnamos para aperfeiçoar nossos sentidos e desenvolver nossas faculdades espirituais e evolutivas. Entramos em sintonia mental com essas hierarquias naturais de acordo com nossos sentimentos, pensamentos e ações, ligando-nos às faixas vibratórias, que são campos de energia. São sete faixas vibratórias positivas e sete faixas vibratórias negativas, por onde fluem as sete essências ou as irradiações divinas.

Cada faixa vibratória, positiva ou negativa, possui correspondência com os sete sentidos da vida, as sete vias evolutivas dos seres: Fé, Amor, Conhecimento, Justiça, Lei, Evolução e Geração. Essas irradiações divinas chegam até nós como energia e entramos em sintonia com uma das sete faixas, de acordo com os sentimentos vibrados em nosso íntimo, atraindo para nossas vidas os seres, as energias e as vibrações afins.

Nas sete faixas vibratórias positivas, encontram-se os seres magneticamente positivos, luminosos, que vivenciam os princípios virtuosos, de energia sutil, espíritos evoluídos em um ou mais sentidos da vida, que irradiam amor, equilíbrio, fé, razão, humildade, estabilidade, sensibilidade, confiança, retidão, direcionamento, desenvolvimento, caridade, progresso, honestidade, doação, igualdade, sabedoria, percepção, lealdade, resignação, criatividade e demais virtudes divinas.

Nas sete faixas vibratórias negativas, encontram-se os seres magneticamente negativos, de energia densa e escura; espíritos desequilibrados em um ou mais sentidos da vida, de baixa vibração, emocional ou racionalmente negativados. São absorvedores de energias, vivenciam e vibram em seus íntimos princípios viciados, como o ódio, inveja, vingança, vaidade, descrença, medo, amargura, desonestidade, desejo sexual desvirtuado, animosidade, egoísmo, ambição, insensatez, ignorância, destruição, maldade, ciúmes, traição, dissimulação, mágoa, insensibilidade, morte e demais sentimentos e emoções irracionais; esses são os quiumbas, eguns, espíritos obsessores, vingativos, trevosos, mistificadores, vampiros, etc., que se agrupam em cada uma dessas faixas por semelhança às inclinações negativas.

O mental humano produz ondas vibratórias; somos como "antenas" com capacidade de emissão e recepção de energias. Essas ondas mentais se sintonizam com as faixas vibratórias e com os seres que nelas se encontram e, por mais hábil ou dissimulado que seja, ninguém consegue impedir a exteriorização e a visualização dessas "ondas" perante os olhos de Ogum, o Orixá da Lei Maior.

O pensamento é um fluxo energético do campo espiritual e a Lei das Afinidades faz-se presente quando a questão é energia e espírito; o ser inunda-se de energias afins com o que está vibrando em seu íntimo. De um modo geral e natural, cada ser entrará em sintonia, atraindo e absorvendo somente energias que estejam em ressonância vibratória com seus pensamentos e sentimentos, estabelecendo cordões mentais com as infinitas fontes exteriores geradoras de energias na Criação.

Nós, seres humanos, nos encontramos no processo evolucionista (reencarnatório). Podemos, em muitos momentos da nossa vida, oscilar entre esta ou aquela faixa vibratória, pois possuímos dois polos magnéticos, o positivo (+) e o negativo (-). Um se encontra no nosso racional (+) e o outro no emocional (-). Se um ser vive o sentido da Lei, seu magnetismo é positivo e vibra ordem, caráter, honestidade, etc., e tanto capta quanto irradia energias positivas; se vive no desvirtuamento moral, seu magnetismo é negativo, vibra deslealdade, vingança, mentira, etc., e tanto capta quanto irradia energias negativas. A finalidade das múltiplas encarnações é justamente a busca do meio termo, do equilíbrio magnético entre o racional e o emocional dos seres, por meio do despertar da consciência dos princípios divinos (leis), pois somente com seu despertar é que seu magnetismo positivo se estabiliza (racional) e se rompem as ligações negativas (emocional viciado).

Os Sagrados Orixás atuam nos seres a partir do seu íntimo, e, à medida que o ser se conscientiza, evolui, afiniza e espiritualiza, em um ou mais sentidos da vida ou sete virtudes, cordões luminosos vão se ligando e inundando seu mental com energias divinas, nutrindo, fortalecendo e iluminando sua vida e seus caminhos. Como Divindades de Deus, os Orixás não atuam na vida dos seres a partir do "exterior" ou lado humano da criação, mas somente pelo lado divino.

Como umbandistas, oferendamos os Sagrados Orixás em seus pontos de forças na natureza e temos como fundamentos a emanação energética de elementos e recursos, como os banhos de ervas, a defumação, firmezas de velas, passes energéticos, magias e tantos outros métodos de religação com o Sagrado e ativação das forças espirituais.

Vamos a um exemplo. Um médium filho de Ogum oferenda, reverencia, firma e clama ao Divino Pai Ogum a abertura de caminhos, proteção, força espiritual e que vença demandas, sendo estas, na maioria das vezes, retorno das suas próprias ações negativas.

Ogum é o Orixá da Lei Maior, repetimos, que tem como qualidades divinas caráter, integridade, equilíbrio, lealdade, coragem, veracidade, resignação, determinação, princípios, defesa, honradez, firmeza, dever, palavra de honra, etc. Com essas qualidades do Pai Ogum vibrando em seu íntimo e em suas ações diárias, terá seu "axé" fluindo naturalmente em seus caminhos, pois estará se colocando em afinidade com a energia divina desse Pai da Lei. Os procedimentos religiosos são válidos e eficientes, mas não excluem a responsabilidade pelas nossas escolhas, perante as Leis Divinas.

Como Pai Ogum poderá manter seu "axé" na vida desse filho e realizar os pedidos se aquele médium não está em afinidade magnética, energética, vibratória, mental, emocional ou moral com as qualidades de Ogum?

Ser filho deste ou daquele Orixá significa tão somente que o médium deve desenvolver afinidades com o Orixá, seu Pai ou sua Mãe. Em especial, filhos de Ogum! Honrem o vosso Pai!

A Lei de Afinidades também está presente na mediunidade, em que a troca de energias estabelece a sintonia entre o médium e seu Guia espiritual. A Umbanda é uma religião humanizadora; ensina e prepara seus filhos para que aflorem o bem que trazem em seus íntimos. Os médiuns devem ter bom senso, plena convicção da seriedade dos procedimentos nos trabalhos espirituais e a noção de suas condições físicas, mentais e emocionais, para darem fluidez e qualidade às energias doadas aos mentores e Guias que lhes dão sustentação. Médiuns desregrados e desequilibrados não deverão participar dos trabalhos, pois podem atrair espíritos inferiores, malévolos e mistificadores, sendo necessário tratar-se, tanto espiritual como psicologicamente.

O gerar contínuo de energias negativas, pouco a pouco, vai negativando o médium e origina um círculo de vibrações baixíssimas em torno dele, colocando-o em sintonia por afinidade com seres das faixas vibratórias negativas, os quais lançam cordões energéticos até seu campo mental, para absorver essas energias geradas por suas negatividades. Não é possível a realização de um desenvolvimento mediúnico adequado sem aprimoramento pessoal, compromisso, responsabilidade, força de vontade, humildade, estudo e grande dose de discernimento e generosidade. Os fracos de moral, vaidosos, orgulhosos, levianos e pequenos de coração desviam-se facilmente da senda luminosa, atraídos pelas seduções do meio material e pelos assédios do mundo espiritual negativo.

Há médiuns que, por falta de consciência, por egos e orgulhos exacerbados, negativam até os seus guias, ao realizarem trabalhos de magias negativas contra desafetos, trabalhos religiosos sem finalidade espiritual, apenas por vaidade ou por aceitarem pedidos pagos de consulentes desequilibrados. Esses Guias Espirituais chegam a perder a luz, sofrem com isso e só serão purificados quando as forças espirituais dos médiuns forem recolhidas pela Lei e substituídas por espíritos afins, com mesma frequência vibratória, moral, emocional e consciencial, ou seja, quiumbas.

O umbandista deve ser antes de tudo questionador e estudioso, para enfrentar racionalmente as forças que impedem sua evolução e crescimento em todos os sentidos da vida. Tem de ser, primordialmente, um guerreiro e saber que o inimigo se encontra, antes de tudo, em seu íntimo. Somente assim ele terá estrutura emocional, força espiritual e moral para enfrentar, impávido, as nefastas correntes de espíritos trevosos e obsessores.

Esforcemo-nos para atrair e manter ao nosso lado os bons espíritos. Todos evoluímos juntos e nos influenciamos mutuamente nesta experiência temporária e transitória chamada Vida. O progresso é nosso destino exterior e a evolução espiritual é o destino interior, na aquisição e manutenção das qualidades divinas de nossa ancestralidade. Com dedicação e consciência nos princípios das Leis de Deus, encontraremos no ciclo reencarnatório o aperfeiçoamento da nossa natureza humana e, um dia, chegaremos a um nível de consciência magneticamente afim com a Divindade e nos tornaremos, de fato, verdadeiras expressões do Divino Criador.

A LEI DE AÇÃO E REAÇÃO

Em Olorum há plenitude de Lei e Justiça e tudo na criação está sujeito às Suas leis. Todas as ações dos seres terão uma reação como consequência: para uma ação positiva, uma reação positiva; para uma ação negativa, o resultado correspondente.

Todas as ações dos seres estão submetidas às Leis de Deus e o Divino Pai Ogum é o Orixá da Lei e do Equilíbrio, responsável pela execução das normas que regem toda a Criação, decretadas pelo Criador. Uma vez que haja transgressão a essas leis, Ogum reage, conforme determinação da Justiça Divina.

A Lei de Ação e Reação é uma das Leis Divinas ou Naturais que atua como principio divino ativo no universo e na vida dos seres. Essa lei é tanto física quanto espiritual e ficou conhecida a partir da formulação descoberta pelo físico inglês Isaac Newton, a famosa terceira lei de Newton, que define: "Para toda força aplicada de um objeto para outros objetos existirá outra força de mesmo módulo, mesma direção e sentido oposto; em outras palavras: para cada ação, existirá uma reação oposta e de mesma intensidade".

Enquanto lei espiritual, a regra é clara: "a cada um será dado segundo suas próprias obras", ou seja, todas as ações dos seres desencadearão uma reação em sentido contrário com os mesmos propósitos e a mesma intensidade. Toda boa ação gerará uma reação benéfica para quem praticá-la e toda má ação gerará uma reação maléfica na mesma proporção.

A Lei de Ação e Reação está fundamentada no contexto de justiça e igualdade absoluta para todos os seres, não havendo favoritismo para quem quer que seja, e encontramos na citação "quem com ferro fere, com ferro será ferido" uma alusão a essa Lei. Não se trata de castigo, mas sim de consequência!

Todos os atos e pensamentos praticados, nocivos ou benéficos, que os seres executarem para si mesmos ou para terceiros, terão consequências inevitáveis para a própria vida, seja na existência atual, na vida espiritual ou até mesmo em futuras encarnações, pois os revides impostos pela Lei de Ação e Reação cármicas se cumprem! Uma ação pode desencadear infinitas possibilidades de consequências. As próprias palavras emitidas, que são projeções do pensamento imantadas de energias, ao serem proferidas, construtiva ou destrutivamente, projetam-se e ao atingirem o alvo validam a reação da Lei de Equilíbrio. Isso é Lei Divina: "Quem mal faz para si o faz" ou "Quem bem faz para si o faz"; isso é Ogum!

Como divindade ordenadora do caráter dos seres, Ogum os corrige nas próprias ações geradas, aplicando a Lei para posteriormente reconduzi-los ao caminho reto da evolução.

A LEI DE CAUSA E EFEITO

O Orixá Ogum na Umbanda tem suas atribuições bem definidas, pois nela atua religiosamente. Como divindade de Deus, ele é em si mesmo todos os aspectos positivos, retos e universais da Lei Maior, anterior e superior a todas as religiões e concepções humanas. É o aplicador divino das Leis de Deus, servindo a todos, independentemente da crença religiosa que seguem ou o nome "humano" que lhe tenham dado.

Em Deus não existem causas, mas, sim, razões; não há o acaso sem uma causa justa. Ele é justo e sábio e dá a cada ser segundo suas obras, ou seja, o efeito correspondente à causa da ação praticada, boa ou má. As Leis Divinas são universais e se cumprem, sem risco de falhas; ninguém é especial ou diferenciado perante as leis de Deus e Ogum as executa e faz com que todos colham o que plantaram, para aprenderem a discernir entre o bem e o mal, por meio da Lei de Causa e Efeito.

A Lei de Causa e Efeito é um dos princípios fundamentais da Lei Divina, que explica atribuindo um "motivo justo" para todos os acontecimentos com que se deparam os seres no seu caminho evolutivo, inclusive os negativos.

Perante a Lei de Causa e Efeito ficamos na obrigação de reparar as falhas e ressarcir os débitos, pois tudo o que pensamos, falamos ou fazemos é anotado pelas Leis que regulam a evolução e o equilíbrio dos seres.

Deus nos concedeu o livre-arbítrio, oferecendo-nos a oportunidade de fazer nossas escolhas. Somos seres pensantes, com vontade própria, responsáveis pelo próprio caminho e pelos efeitos e as causas de nossas decisões e o que ocorre em nossas vidas, sendo nossa responsabilidade o aprimoramento moral e consciencial, visando à superação dos nossos desequilíbrios íntimos e morais.

Nossas escolhas, se positivas, produzirão progressos evolutivos em todos os sentidos da vida, enquanto as escolhas negativas gerarão sofrimento, dor e débitos. Diante dessa Lei não existem vítimas; somente "cada um colhe o que plantou", pois"quem semeia vento, colhe tempestade".

Por falta de conhecimento das Leis Divinas e diante das dificuldades da vida, os seres se julgam injustiçados, culpando muitas vezes Deus ou Suas divindades por castigá-los sem merecerem ou sempre se achando vítimas dos outros. A Lei de Causa e Efeito é justa e o que cada um plantou no passado está colhendo agora; e o que plantar agora colherá no futuro. Isso é imutável.

Se procurarmos em nós mesmos, em nossas atitudes, poderemos encontrar a causa de nossas dificuldades. Muitas vezes as causas dos males de hoje estão nas nossas ações em encarnações anteriores, e esses males vão durar enquanto não terminar o efeito que o gerou. E o Divino Pai Ogum executa a Lei, para o nosso aprimoramento, não como castigo, e sim como correção. Não existe um só efeito negativo que não tenha se originado primeiramente em nós mesmos, por meio dos nossos desequilíbrios e negativismos, pois não existe efeito sem causa.

A LEI DO RETORNO

As Leis Divinas funcionam por si mesmas e estão fundamentadas no magnetismo e nas energias. A Lei do Retorno é uma das Leis Divinas imutáveis, como são as demais leis que regem o universo e, na sua ação, o mal ou o bem voltam sempre, muitas vezes com seu potencial de força revigorado. Todas as ações dos seres, por mais insignificantes que possam parecer, estão submetidas às leis de Deus e Ogum vigia e anota cada procedimento e cada conduta para posterior reajuste pela Lei do Retorno.

Ela é uma lei reparadora, muito embora possa desferir os mais rudes golpes aos seres que praticam e desejam o mal aos seus semelhantes. Essa lei tem a propriedade de se realizar automaticamente e determina que tudo que alguém desencadear para o seu exterior voltará para seu desencadeador. Uma magia negativa cometida contra alguém é uma ação praticada que, se atingir o alvo com a sua consumação, posteriormente, em ação retroativa da Lei, retorna ao desencadeador, para completar o seu ciclo. O desfecho final do ciclo pode ter início na atual existência ou futuramente, mas consuma-se, implacavelmente.

Magias negativas não são somente aquelas realizadas com elementos (oferendas), nas quais "sacerdotes" se utilizam dos mistérios negativos e vivem a fazer trabalhos de morte, amarração, fechamentos de caminhos, etc. contra seus semelhantes ou por encomendas pagas por terceiros, ambos afrontando os princípios regentes da Criação. Magias negativas são também os sentimentos e pensamentos negativos vibrados contra alguém, conhecidas como magias negativas mentais. O mental humano produz ondas vibratórias saturadas de ódio, vingança, desejos desvirtuados, inveja, interesses inescrupulosos, etc., transportadoras de cargas negativas, que também atingem a terceiros e, ao regressarem ao ponto de partida, essas ondas vibratórias retornam ao seu agente potencializadas!

Uma das atribuições da Lei da reencarnação é possibilitar aos seres o reajuste perante as leis divinas, pois muitos estão praticando o mal, destruindo, lesando seus semelhantes e desencarnando com um volume considerável de débitos. Aos endividados é obrigatório o reencarne, para se redimirem, até que todo o retorno de suas ações seja depurado, pois é na dimensão humana (Terra) que se fecha o ciclo da Lei do Retorno.

A somatória de nossas ações, boas ou más, determina os acontecimentos relevantes de nossas vidas. O sentido da lei fornece parâmetros para que possamos viver em relativa harmonia na Criação, semeando boas ações para que, pela Lei do Retorno, recebamos bons frutos. Se excedermos, cabe a Ogum, o Orixá limitador dos excessos, retificar cada procedimento e cada conduta. Muitas vezes, refazer o que se degenerou, implica demoli-lo. Só Ogum tem a coragem e a disposição para fazer o que só Ogum pode e deve fazer.

"Quem obedeceu a essa Lei e somente fez o bem com seus dons mediúnicos, apenas o bem tem recebido ou receberá de volta.

Essa lei, além de ser universal e aplicada a todos, também possui regras rígidas e imutáveis. Vamos a algumas dessas regras:

- Quem usa seus dons mediúnicos para auxiliar o próximo, pelo próximo será auxiliado no retorno de suas ações;

- Quem usa de seus dons mediúnicos para explorar o próximo, pelo próximo será explorado no retorno;
- Quem cobra para ajudar o próximo, pelo próximo será cobrado no retorno;
- Quem usa seus dons mediúnicos para enriquecer, por seus dons será empobrecido no retorno de suas ações;
- Quem usa seus dons mediúnicos para viver à custa do sofrimento do próximo, sofrimento receberá como paga no retorno de suas ações.
- Quem usa seus dons mediúnicos para obter ganhos à custa da desgraça alheia, no retorno desgraças receberá.
- Quem..." (R. Saraceni, *Livro da Criação*, Madras Editora.)

OGUM – O VIGILANTE DA EXECUÇÃO DO CARMA

Muitos entendem que o responsável pelo estado de um espírito humano é o carma, mas a Lei Maior é anterior e superior a ele. A Lei atua no sentido de conter os excessos ou purgá-los, na matéria e no espírito, enquanto o carma surge quando uma ação visível é apenas uma reação à ação anterior. Para tudo na vida humana há uma ação e uma reação. A Lei atua por meio do carma para regenerar e "punir" os que impedem o avanço da luz do saber das coisas divinas e afrontam as leis regentes.

Muitos são os conceitos sobre carma apresentados pelas religiões espiritualistas e filosóficas ao longo do tempo. Aqui vamos abordar o assunto a partir do fundamento apresentado na obra mediúnica psicografada pelo sacerdote Rubens Saraceni.

Carma é efeito; é reação e retorno das leis divinas; é apenas uma das atribuições da Lei; é um meio utilizado para impedir que um espírito, quando encarnado, volte a cometer os mesmos desvios cometidos em encarnações anteriores.

A palavra carma é originária do sânscrito oriental *Kar* (fazer) e *Ma* (efeito), ou seja, consequência. O carma não é causa, e sim efeito; é a reação das ações dos seres, o choque de retorno a procedimentos anteriores. Portanto, não é lei (princípios), e sim condições (meios) que produzem reações recuperadoras. Carma não é punição divina, é consequência retificadora.

Todas as religiões são agentes cármicos e obedecem a razões divinas, pois onde uma falha no amparo à evolução dos seres, outras os auxiliam. A própria mediunidade é um dos recursos da Lei no resgate cármico, em que os seres se reajustam e se reequilibram com as leis divinas, por meio dos trabalhos em favor de si mesmos e dos semelhantes, pela renovação interior e pela prática da caridade.

No curto período de uma encarnação, os seres têm a oportunidade de alçar elevados níveis de consciência e espiritualização ou cair no mais profundo abismo, dependendo de suas escolhas, pensamentos e ações. Reencarnamos para superar obstáculos que nos desequilibraram intensamente.

Na reencarnação é que o carma entra com sua força evolucionista, como via regeneradora, permitindo aos seres a reparação da falta cometida ao afrontarem as leis regentes. Tudo é registrado pelo Senhor da Lei, Ogum, desde o menor pensamento negativo até o maior dos "pecados" e, seja nesta ou em outras vidas, toda dívida terá de ser paga, de acordo com a proporção do ato cometido.

É a lei, e ela é implacável. Quem toma, mesmo que pouco, tudo deve devolver ao prejudicado; portanto, onde se encontra o endividado se fará presente o cobrador. "Pagarás até o último ceitil", disse o Mestre Jesus.

Os devedores têm de ser purgados, expiados dos seus erros passados. Não adiantam preces, magias, oferendas, promessas e muito menos o desespero e a revolta, pois são as leis divinas atuando de forma implacável, pois são anteriores e superiores às religiões.

"Mas nunca devemos esquecer de que muitos também estão iniciando novos carmas individuais ou coletivos. Logo, nem sempre os acontecimentos do dia a dia das pessoas, se são tormentos, devem-se a ecos de vidas passadas. Muitas vezes, devem-se à falta de equilíbrio nesta vida, mesmo." (Mestre Seimam)

Carma é apenas um dos muitos meios e modos de a lei agir, de forma a servir como via de esgotamento do negativismo humano, a fim de, após a depuração, reiniciar uma nova caminhada de elevação e ascensão consciencial, moral e espiritual.

A Lei atua no sentido de conter os excessos ou purgá-los tanto na carne como no espírito. O carma somente é válido quando aplicado aos espíritos encarnados, já que no mundo espiritual atua implacável a lei das formas e transformações.

Os seres negativados, no momento do desencarne, são atraídos automaticamente para as esferas cósmicas negativas (inferiores) desprovidas de Luz (Trevas), onde sofrem alterações em seu corpo espiritual, tornando-se irreconhecíveis, com aparências desumanas. Geralmente essas deformações decorrem do mau uso do livre-arbítrio e de infrações graves cometidas ao afrontarem as leis ou princípios divinos. As trevas aparentam ser um inferno, mas é o melhor que a Lei pode fazer pelos desequilibrados e desregrados, pois seus magnetismos negativos não permitem sua condução para a Luz, pois nela não se sustentariam; os seres só saem da prisão das trevas, se, conscientizados dos seus erros, clamarem arrependidos e com sinceridade pela misericórdia divina.

Quanto aos espíritos encarnados, o carma é a impotência diante da possibilidade de viverem tanto as virtudes quanto os vícios. É a ausência do livre-arbítrio mental ou físico. Ogum não se compadece dos devedores, enquanto não tenham liquidado todas as suas dívidas perante a balança da Justiça de Xangô. "Quando Ogum vira as costas para alguém, todos os horrores da criação exterior se abatem sobre esse alguém. Justamente porque atrás dele são recolhidos todos os horrores já gerados." (R. Saraceni, *Lendas da Criação*, Madras Editora.)

OGUM – O ORIXÁ DA GUERRA

Alguns mitos iorubanos associam Ogum a um guerreiro impiedoso e determinado, mas, como divindade de Deus, Ogum é o comandante Supremo, o Orixá da Lei Maior, o guerreiro divino que ordena e regula o equilíbrio entre as forças representativas do caos e da ordem, irradiando e executando a Lei divina por toda a criação.

Ogum é o arquétipo do guerreiro e representa a luta sagrada a favor da paz e do equilíbrio universal. A associação às guerras, lutas e batalhas está relacionada à sua função na criação como Ordenador Divino, a divindade empenhada em combater o mal. Nos seres, o campo de batalha de Ogum se inicia onde os instintos precisam ser vencidos, para despertar em cada um a conscientização necessária para avançar em todos os sentidos da vida.

Encontramos no ferro seu elemento natural e matéria-prima para a fabricação da maioria dos instrumentos de luta, uma alusão ao que acontece com os seres, quando Ogum age a favor das suas evoluções, transformando-os. É assim com o ferro; aquecido em altas temperaturas, transforma-se.

Nos seres, Ogum vibra no sangue, onde se encontra uma quantidade do elemento ferro, essencial para a formação dos glóbulos vermelhos. Quando a Lei Maior determina a paralisação de um ser que esteja agindo negativamente, seja contra si ou na vida de alguém, Ogum irradia uma energia semelhante a uma "anemia espiritual", que anula sua vontade e gera uma indisposição e falta de coragem para continuar agindo de maneira negativa em algum sentido da vida.

A batalha que o Divino Pai Ogum ensina aos seres é a batalha sobre si mesmos, em que determina para todos assumirem as responsabilidades por seus atos, lutando permanentemente contra as causas negativas geradas para si mesmos pelas próprias atitudes e escolhas; enfrentar de frente as derrotas, os problemas e as dificuldades, induzindo-os a superarem a cada dia seus limites, vencendo as tendências inferiores, as más inclinações e as falhas de caráter.

Com sua energia ordenadora e disciplinadora, Ogum atua para que a depuração do negativismo se faça, cortando as guerras internas do desequilíbrio, para que haja novas possibilidades de crescimento e evolução, destruindo, se necessário, o que é antigo e tudo o que motivou a desordem interna nos seres.

Ogum, o General da Umbanda, o Orixá destemido e estratégico, tem sob seu comando milhões de espíritos de natureza cósmica (negativa), integrados ao seu exercito, os chamados Exus de Lei, que são os intermediadores do plano espiritual para o plano humano e vice-versa, que atuam como agentes da Lei. Por agentes, entendemos aqueles que agem, operam ou atuam, que realizam ou praticam as ações.

Os Exus de Lei são os soldados de Ogum, responsáveis diretos pela segurança energética, emocional, física e espiritual dos seres, coibindo a ação de espíritos trevosos e desordeiros em nosso plano. Guardam e vigiam ruas, casas, locais consagrados a trabalhos com finalidades espirituais e as manifestações realizadas em nome dos Orixás. Também atuam no lado espiritual da vida, protegendo abrigos e moradas da Lei; são os policiais do astral e também os carcereiros responsáveis pela guarda de onde estão aprisionados os espíritos foras da Lei, recolhidos em batalhas do bem contra o mal.

O destemido Ogum luta, garantindo a vitória para todos os seres que buscam se libertar dos maus instintos e querem superar as dificuldades e seus limites pessoais. Auxilia e potencializa todos os seres para vencerem os desafios, as lutas, as guerras e as batalhas que cruzam os caminhos da vida, abrindo e regendo o progresso e a evolução, e atraindo situações favoráveis em todos os sentidos da vida, sob o amparo da Lei.

OGUM – O ORIXÁ DAS DEMANDAS

Em um contexto geral, a palavra demanda é interpretada como procura, manifestação de uma vontade, desejo ou necessidade de adquirir algo ou ter alguém. É a ação de exigir, reivindicar, disputar ou reclamar um direito, ato que despende determinado esforço, combate e confronto de maneira violenta; é imposição. O termo demanda é muito utilizado pelos adeptos, tanto da Umbanda quanto dos cultos afros, referindo-se a um desafio ou ataque emocional, energético ou espiritual, confrontando vibratoriamente um local (templo ou terreiro), uma pessoa ou grupos.

Ogum é considerado o Orixá das Demandas, a divindade da guerra e da ação, que irradia e manifesta o tempo todo de si a ordem, exigindo e reivindicando que as Leis Divinas se cumpram em toda a Criação e na vida de todos os seres.

Sendo o Orixá do Equilíbrio, guardião da linha divisória entre o bem e o mal, o positivo e o negativo, a Luz e as trevas, Ogum enfrenta e combate as demandas pertencentes aos domínios negativos, geradas pelos sentimentos inferiores, como o ódio, as paixões, o egoísmo, a vingança, a inveja, o ciúme, etc., reordenando o caos e as desordens que os seres geram para si e para seus semelhantes.

Ogum é o Orixá da Coragem, vencedor de demandas, que quebra e arrebenta as amarras interiores, esgotando as dívidas cármicas, ajudando os seres a vencerem suas próprias demandas, libertando-os de seus limites, conflitos e obstáculos, e abrindo seus caminhos para a vitória. Mas tudo a partir do equilíbrio íntimo de cada um perante as Leis Divinas e, assim, o processo de evolução se acelera em todos os sentidos da vida.

O Orixá das Demandas ativa as demandas individuais na vida dos seres, pois, de acordo com seus atos, procuraram uma consequência, abriram uma demanda a partir do próprio negativismo, atraindo para si repercussões vibratórias. Muitos são os que utilizam o termo "demanda espiritual" como bode expiatório para justificar suas derrotas pessoais, enganando-se ou buscando eximir-se da responsabilidade pelos próprios atos, atitudes e escolhas. Projetando a culpa para outros, desconhecem ou esquecem que a Lei Maior se realiza automaticamente na vida daqueles que se desarmonizam com os princípios divinos.

Como divindade aplicadora da Lei, Ogum determina a execução dos carmas e das Leis Divinas (Lei da Ação e Reação, Lei da Causa e Efeito, Lei do Retorno), diante das afrontas. Ele também é a força divina que combate e quebra as atuações energéticas, emocionais e espirituais negativas, conhecidas como magias negras, por meio das quais seres desequilibrados e negativados procuram intencionalmente atingir e prejudicar a vida e os caminhos dos semelhantes.

Uma demanda negativa é aberta e ativada a partir do momento em que um ser procura impor, exigindo que sua vontade ou desejo se realize na vida do outro, utilizando-se, por exemplo, de magias negativas, chantagens emocionais e manipulações mentais. Com isso, afrontam a Lei do Livre-arbítrio concedido pelo Divino Criador Olorum a todos os seres.

Magia é o ato consciente de ativar e direcionar energias mentais, emocionais e elementais positivas ou negativas. Como Orixá do Equilíbrio, tudo que é realizado envolvendo magia ou ocultismo, é anotado por Ogum e inscrito no carma dos seres, para posterior julgamento e cobrança. De uma forma geral, toda demanda possui um agente manipulador de energias.

Na magia negativa mental, encontramos a emissão, de forma muito intensa e constante, de pensamentos destrutivos e negativos direcionados a um local, pessoa ou grupos, motivados muitas vezes por sentimentos de vingança. Já na magia negativa emocional, a emissão de energias se processa a partir de emoções desequilibradas. Por exemplo, o ser se utiliza do lado sentimental para dominar o outro e assim procura impor suas vontades, mostrando-se sempre como vítima, despertando sentimento de culpa em outros seres, para melhor manipulá-los. Em outros casos, esse desequilíbrio emocional conduz o ser à realização negativa e possessiva de trabalhos de amarração.

Podemos interpretar como magia negativa ou negra quaisquer formas de manipulação ou imposição para influenciar a vida, os pensamentos e as emoções de outro ser, sem o consentimento do mesmo.

Muitos são os que se utilizam do nome sagrado da Umbanda, para as realizações de magias negativas elementais (ebós, oferendas negativas, vodus, etc.). Oferecem seus "trabalhinhos" de todo gênero e para todos os fins (amarração, morte, destruição, vingança, fechamento de caminhos, etc.), sendo práticas condenáveis por todos os Sagrados Orixás. Sacerdotes e sacerdotisas que se desvirtuaram e se desviaram dos sagrados objetivos da Umbanda utilizam os Mistérios Exu e Pombagira para finalidades negativas, profanas e acertos de contas pessoais, afrontando os princípios regentes da Criação Divina, desencadeando para si dívidas, carmas, que terão de ser liquidados.

Uma demanda é um choque cármico e o Orixá Ogum é a Lei que ordena e vigia a execução dos carmas, tendo sob seu comando os Exus de Lei da Umbanda, que atuam também no plano humano como agentes executores cármicos. Como agentes executores da Lei, os Exus são a força ativa que têm a função direta nas linhas de ações e reações cármicas, executando as Leis Divinas na vida dos seres. Quando o Mistério Exu é ativado pela Lei Maior, os choques de retorno se iniciam, punindo os seres em seus negativismos, esgotando seus emocionais desequilibrados e corrigindo-os até que toda transformação íntima se complete, para, assim, retornarem ao caminho da evolução nas linhas preestabelecidas pelos Sagrados Orixás.

E, de choque em choque, os seres vão mudando suas atitudes e sentimentos, evoluindo e transformando seu carma (débitos) em darma (créditos), harmonizando-se com as Leis Divinas.

Transcrevemos a seguir, como exemplo, o diálogo do Senhor Ogum do Tempo com o Aprendiz Sete, do livro *Guardião do Amor – Aprendiz Sete no Reino das Ninfas,* de Rubens Saraceni:

– Você nunca firmou uma vela preta de Exu contra um inocente, soldado raso Aprendiz Sete?

— Que eu me lembre, não. Mas talvez eu o tenha feito achando que alguém fosse culpado, meu senhor.

— Vou olhar o seu carma e, se eu localizar uma só ação sua contra um inocente, terei de agregá-lo como soldado raso em alguma das legiões à minha esquerda. Mas, se não localizar uma só ação sua que afronte a lei que me rege, então o agregarei a alguma legião à minha direita. E, caso localize muitas dessas ações negativas no seu carma, então o executarei aqui mesmo com minha espada e enviarei seus restos ao meu embaixo, onde irá alimentar as criaturas bestiais, que se servem dos restos dos espíritos inúteis e afrontadores das leis sustentadoras da vida(...)pois fazer uma demanda na força do senhor Orixá Exu contra um inocente é uma afronta imperdoável aos olhos de Ogum.

O Orixá Ogum e os Senhores Guardiões da Lei

Guardiões são aqueles que guardam; são espíritos portadores de um ou de vários mistérios naturais. Uns guardam domínios positivos ou Luz e outros guardam domínios negativos ou Trevas, onde a Lei abriga espíritos afins, magnética e energeticamente. Ninguém é conduzido pela Lei a um domínio onde não existam afinidades mútuas.

O mistério Guardião é regido por Ogum, com Iansã, Orixás aplicadores da Lei, tanto nos polos positivos, quanto nos negativos e neutros, e os dois polos desse mistério estão centralizados no Orixá Ogum e em Exu, os dois "irmãos" das lendas das tradições africanas.

Um Guardião cósmico da Lei não "vive" nas Trevas; apenas, graças aos recursos naturais e mistérios sustentados pelos Sagrados Orixás, dos quais ele é portador, está habilitado a entrar, permanecer e sair dos domínios negativos sem qualquer dano ou alteração magnética em seu corpo energético. Os domínios negativos são prisões degradantes, para espíritos degradados que violaram as Leis Divinas.

As Leis do Criador nos fornecem os limites que não devem ser ultrapassados; elas são um meio para permanecermos na linha do equilíbrio e da evolução. Porém, não nos é negado aquilo que mais desejamos. Se desejamos amor, o amor encontraremos; mas, se desejamos a dor, dor encontraremos. O desejo é o que nos estimula a tomarmos iniciativas, nem sempre as mais corretas ou adequadas. Já a vontade vibrada por Ogum nos induz a fazermos somente o que deve ser feito e procedermos somente como se deve proceder, sem nos desviarmos do caminho reto da nossa evolução.

Entre os Orixás, o Senhor Ogum é o mais "humano" de todos os mistérios, e é no campo dos sentidos humanos que ele começa a agir com sua força cármica. Desejo desvirtuado, inveja, ódio, vingança são sentimentos condenáveis que sempre causam ações negativas por parte de quem os alimenta, e Ogum vai anotando todas as ações, para posterior cobrança e reequilíbrio.

O aguerrido Ogum é a divindade aplicadora das Leis Divinas; a ele é conferida a responsabilidade de empunhar a espada para impor a ordem e a disciplina, para que, sem exceção, os seres assumam as consequências de seus atos e escolhas, colhendo cada um o fruto do que plantou. E, como vigilante da execução dos carmas, Ogum tem sob suas ordens tanto os Guardiões da Luz como os Guardiões nas Trevas.

AS HIERARQUIAS CÓSMICAS DOS GUARDIÕES DA LEI NA UMBANDA SAGRADA

No ritual da Umbanda Sagrada, os dois polos do mistério "Guardião" estão centralizados no Divino Pai Ogum e no mistério Exu, que têm como regente planetário o Orixá Exu; e nela existem hierarquias que abrangem os Guardiões da Lei nas Trevas.

As linhagens de Exu que atuam na Umbanda Sagrada surgem a partir de uma hierarquia da Lei que atua nas Trevas, por meio dos Sete Exus Guardiões originais e naturais, que são seres divinos de natureza cósmica (ativa). Eles ocupam Tronos Cósmicos, assentados nas dimensões naturais à esquerda dos seres e têm ligação direta com os Orixás Ancestrais.

Os Sete Exus Guardiões originais e naturais são os negativos dos Orixás Ancestrais. Como agentes cármicos naturais, são responsáveis pela aplicação dos aspectos negativos e punidores, ativados ou desativados pela Lei Maior, sempre que os seres se desvirtuam em algum dos sete sentidos da vida (Fé, Amor, Conhecimento, Justiça, Lei, Evolução e Geração), vitalizando ou desvitalizando os sentidos dos seres, por meio dos chacras, indiferentemente de religião ou crença.

Esses Sete Exus Guardiões originais e naturais[3] são: o Senhor Exu Guardião dos Cristais (ligado à Fé, Oxalá e Logunan), o Senhor Exu

---

3. Para mais informações, esclarecimentos e como ativar os Sete Exus Guardiões originais e naturais, sugerimos o estudo do *Livro de Exu*, Rubens Saraceni, Madras Editora.)

Guardião dos Minerais (ligado ao Amor, Oxum e Oxumaré), o Senhor Exu Guardião dos Vegetais (ligado ao Conhecimento, Oxóssi e Obá), o Senhor Exu Guardião do Fogo (ligado à Justiça, Xangô e Oroiná), o Senhor Exu Guardião do Ar (ligado à Lei, Ogum e Iansã), o Senhor Exu Guardião da Terra (ligado à Evolução, Obaluaiê e Nanã Buruquê) e o Senhor Exu Guardião da Água (ligado à Geração, Iemanjá e Omolu).

Esses Sete Exus Guardiões originais e naturais são seres planetários responsáveis pelo equilíbrio e a ordem nos três planos: Luz, Meio e Trevas; não incorporam em médium nenhum, regem todas as hierarquias da Lei que atuam nas Trevas e, no ritual de Umbanda Sagrada, coordenam a ação dos Exus Guardiões da Lei, assentados no lado negativo dos pontos de forças da natureza.

De acordo com informações apresentadas no livro *O Código de Umbanda*, existem três categorias, ou níveis ou graus de Exus: os Exus Guardiões, os Exus de Lei e os Exus Iniciantes.

Os Exus Guardiões da Lei estão assentados, são Tronos Cósmicos (Degraus) nos polos negativos (domínios) dos pontos de forças da natureza (mar, cachoeira, encruzilhadas, etc.), onde são responsáveis pela aplicação dos aspectos negativos e punitivos dos Sagrados Orixás Naturais. São portadores de um ou vários mistérios naturais que provêm das divindades; movimentam energias, alteram magnetismos locais ou pessoais, irradiam padrões energéticos próprios de seus mistérios e dominam todos os aspectos mágicos que suas funções exigem para regular o equilíbrio no conflito entre o bem e o mal, caos e ordem, sombra e luz.

Em nível planetário, esses Guardiões são ordenados e sustentados pela divindade cósmica responsável por uma dimensão natural muito afim com a dimensão humana, o Orixá Exu; na Luz, respondem aos Sagrados Orixás e, nas Trevas, aos Sete Exus Guardiões Originais e Naturais, sendo Ogum o ordenador hierárquico.

Esses Exus Guardiões da Lei são a força e a energia executora da Lei nas Trevas; eles representam ordem, disciplina e regulam todos os processos mágico-magnético-energéticos cósmicos, ou magias negativas, realizados no campo de ações e reações de todas as ativações que englobam o Mistério Exu, evitando que excessos sejam cometidos. E todas as magias realizadas pelos encarnados são vigiadas por algum Guardião, pois eles têm por atribuição regular os choques cármicos ou negativos. Atuam no lado cósmico (negativo) dos Regentes da Natureza, os Sagrados Orixás, lutando pela prevalência da ordem e da Lei em todos os domínios e sentidos da evolução dos seres.

As falanges ou Legiões comandadas pelos Exus Guardiões da Lei são formadas a partir do recolhimento de espíritos caídos em seus domínios (polos negativos); esses Guardiões são os hierarcas (líderes de falanges) e comandam as muitas hierarquias negativas das linhas de ação, reação e trabalhos que atuam na Umbanda Sagrada, os chamados Exus de Lei. Como senhores regentes de um Trono Cósmico (Degrau), raramente incorporam em médiuns umbandistas e, quando o fazem, não se identificam como "tal", pois suas passagens são rápidas e silenciosas.

Nos polos negativos (embaixo) dos pontos de forças dos Sagrados Orixás Naturais, os Exus Guardiões da Lei guardam domínios sombrios que recolhem espíritos caídos das religiões naturais, onde permanecem, até que sejam esgotados e purgados na dor de todos os seus desequilíbrios emocionais, até que sejam descarregados os seus racionais negativados e reordenados em suas deficiências conscienciais.

Os Senhores Exus Guardiões da Lei são regidos pelo mistério "Executores da Lei"; não executam espíritos humanos, mas, sim, executam as Leis Divinas nas Trevas e, se seus procedimentos são negativos e violentos, vale enfatizarmos que eles lidam com seres que formam a "escória" da humanidade e das religiões naturais, caídos nas Trevas.

A Lei também possui um recurso para preservar os seres de uma regressão maior em suas evoluções e os senhores Guardiões dos Tronos negativos o executam, impondo formas plasmadas "desumanas" aos espíritos caídos em seus domínios, pela indução mental-hipnotizadora. Essas formas são prisões temporárias que os auxiliarão, até que aptos venham estar, para retornarem "humanizados" ao convívio com espíritos humanos equilibrados.

Os domínios negativos (trevas) não são um fim em si, mas tão somente um meio de esgotar os emocionais desequilibrados e as fontes geradoras de sentimentos viciados dos seres. E os Guardiões da Lei nas Trevas são exímios em lidar com seres de grau consciencial entorpecido, reequilibrando aqueles que, em vida, no desequilíbrio caíram. Trabalham pouco a pouco no aprimoramento de seus sentidos, desenvolvendo uma conscientização de acordo com os ditames das Leis Divinas, harmonizando-os, para que reiniciem suas evoluções como Exus auxiliares (iniciantes) e posteriormente com o grau de Exus de Lei.

A hierarquia dos Guardiões da Lei, tanto da Luz quanto das Trevas, não interfere no livre-arbítrio dos encarnados; sua função é "guardar", proteger os seres, velar pela execução das Leis Divinas e manifestá-las de acordo com o mistério que rege a hierarquia à qual pertencem. Caso ultrapassem seus limites, imediatamente são punidos pelos Guardiões da Lei que atuam em um nível superior dentro das hierarquias.

Para exemplificarmos uma hierarquia dos Senhores Exus Guardiões da Lei, tomemos, por exemplo, a linha de trabalho dos "Exus Tranca-Ruas".

"Laroyê, Senhor Exu Guardião Tranca-Ruas! Saudamos vossa força e pedimos a vossa licença!"

O Senhor Exu Guardião Tranca-Ruas possui seu Trono Cósmico (Degrau) assentado nos pontos de força na natureza regido pelo Orixá Ogum. Como senhor de vários mistérios, ampara mentalmente milhões de espíritos humanos resgatados das trevas que, após serem esgotados de seus negativismos e conscientizados, foram direcionados a atuarem nas linhas de ação, reação e trabalhos, a partir da esquerda dos médiuns, como Exus Iniciantes. De acordo com o desempenho e a obediência, alcançam o grau de Exus de Lei e reiniciam suas evoluções na Lei por meio do comando do Senhor Guardião Tranca-Ruas. Esses Exus de Lei, sim, incorporam em médiuns umbandistas e manifestam-se com o nome "simbólico" Tranca-Ruas. E, se possuem autorização, foi porque a hierarquia regida pelo Exu

Guardião Tranca-Ruas os acolheu, instruiu-os e os preparou para atuarem nos Templos de Umbanda e junto aos médiuns, dentro dos limites da lei que rege e exige o "Mistério Tranca-Ruas". E, onde se manifesta um "Tranca-Ruas", lá estará um campo de ação do Guardião da Lei Maior, o Orixá Ogum.

No ritual de Umbanda Sagrada, esses Exus Guardiões da Lei estão ligados ao Orixá de Frente dos médiuns umbandistas e possuem a função de protetores cósmicos, evitando mostrar-se ou revelar-se, para melhor proteger e resguardar os filhos dos Orixás de possíveis ataques energéticos, emocionais ou espirituais, que possam provocar choques devastadores em suas vidas. Entretanto, agem em conformidade com os limites impostos pela Lei Maior, não podendo impedir que seus protegidos enfrentem, na medida certa, os atos decorrentes de suas escolhas, colhendo na vida os frutos exatos do que semearam.

Na Lei que rege o lado cósmico da vida, os espíritos humanos caídos nos polos negativos, após terem sido esgotados de suas energias negativas e estarem livres de sentimentos viciados, são ordenados por Ogum e integrados às hierarquias que os resgataram, tornando-se Exus Iniciantes. Esse é o primeiro estágio para retornarem às suas evoluções naturais.

Dentro dessas hierarquias cósmicas, aos poucos, os Exus Iniciantes vão evoluindo mental e consciencialmente, e, na medida em que evoluem, são conduzidos aos pontos de forças regidos pelos Sagrados Orixás, onde são marcados com símbolos cósmicos e integrados ao ritual de Umbanda, como Exus de Lei.

"... tão somente são retornos reparadores. Portanto, ao que caiu, as penas da Lei; mas ao que retornou, o amparo da Lei." (R. Saraceni, *O Guardião das Sete Portas*, Ed. Cristális.)

EXUS DE LEI – A HIERARQUIA DOS AGENTES CÓSMICOS DA UMBANDA SAGRADA

No ritual da Umbanda, o Orixá Ogum assumiu a responsabilidade de formar linhas de trabalhos de "Exus de Lei", compostas por espíritos resgatados das faixas vibratórias negativas humanas, que, após serem esgotados de seus negativismos, reequilibrados e conscientizados, foram conduzidos ao grau de Exu para reiniciarem suas evoluções, servindo à Lei Maior, sob as irradiações do Orixá Exu, pois a Lei concede a todos os seres a oportunidade de reajustar-se.

Todos os níveis dos Sagrados Orixás possuem seus opostos negativos que estão centralizados no Mistério Exu, assegurando o equilíbrio de duas forças: positiva e negativa. Todos os Guias Espirituais que se manifestam na Umbanda trazem ao seu lado Exus em evolução, liberados para atuarem junto aos médiuns, sendo Ogum o elo entre eles e quem anota tudo o que essas forças realizam.

Os Sagrados Orixás recorrem aos seus Tronos Cósmicos (Exus) para que atuem no sentido de acelerar ou paralisar a evolução dos seres, atuando como transformadores da vida e do íntimo deles, ativando ou desativando o fator vitalizador e desvitalizador dos sentidos, quando os seres afrontam os princípios da Lei Maior.

Nas hierarquias cósmicas, os Exus de Lei (grau) são comandados pelos Senhores Exus Guardiões da Lei (degrau), assentados nos pontos de forças da natureza, onde vão ascendendo na hierarquia às quais pertencem e obedecem, até alcançarem o sétimo nível, quando assumem condições de chefes de falange e dão início à formação do seu próprio degrau, mas continuam mantendo correspondência com o Exu Guardião da Lei, o hierarca do degrau (Trono) que o rege.

Seguindo o exemplo citado, o Exu Guardião Tranca-Ruas é um só, mas, conforme os Exus de Lei que respondem pelo seu nome simbólico foram ascendendo na sua hierarquia, conquistaram o grau de chefes de falange e novas linhagens dentro do "Mistério Tranca-Ruas" se formaram à esquerda do Ritual da Umbanda Sagrada, surgindo, assim, as linhas de ação, reação e trabalho de Exus Tranca-Ruas das Matas, Exus Tranca-Ruas das Almas, Exus Tranca-Ruas das Encruzilhadas, dos Caminhos e outros.

Os Exus de Lei ou de trabalho estão ligados ao Orixá Adjuntó dos médiuns umbandistas; são os espíritos incorporantes que se manifestam nos Templos em dia de gira, dando atendimento assistencial caritativo às pessoas que lá frequentam e buscam auxílio para superar suas dificuldades materiais e espirituais. Nesse contexto religioso, os Exus de Lei só atendem e realizam pedidos se a pessoa tiver merecimento diante da Lei Maior, pois são regidos por princípios religiosos rigorosíssimos.

Nos trabalhos religiosos que realizam por meio da incorporação mediúnica, os Exus de Lei atuam também no resgate e no recolhimento de espíritos negativos (quiumbas, por exemplo) que estejam acompanhando os consulentes, desde que estes não estejam sendo atuados pela ação divina da Lei de Afinidades, Causa e Efeito, Ação e Reação e da Lei do Retorno, pois os Exus de Lei servem à Lei Maior no lado cósmico da vida, sob as ordens de Ogum. O fato é que eles vão atraindo e recolhendo os espíritos negativos, esgotando seus emocionais e agregando às suas falanges, onde terão futuramente a oportunidade de servir a uma das finalidades da Lei nas Trevas: redirecionar espíritos humanos que caíram ou regrediram.

Não podemos esquecer a ação das Pombagiras de Lei, na irradiação de Ogum, para as quais servem as mesmas explicações anteriores. Elas fazem par energético com os Exus nos rituais da Umbanda.

Há um vasto material nas obras mediúnicas do Sacerdote Rubens Saraceni sobre o "Mistério Exu" e sua função e atuação como agente religioso, magístico e cármico. Aqui, conforme nos foi solicitado, nos limitamos a demonstrar a hierarquia da forma mais simples possível.

Os Fatores Divinos do Trono da Lei

Em sua prática, pense no resultado que busca, concentre-se na ação que deseja da Divindade e verbalize-a, trazendo à tona o fator principal daquela atuação.
R. Saraceni

Anteriormente falamos um pouco sobre os fatores de Deus, que são as energias irradiadas por Ele próprio. Tudo tem início a partir dessas energias sutis geradas e emanadas por Olorum, que desencadeiam os processos de criação, originando os fatores divinos. Cada fator, ou menor partícula divina, tem uma função na Criação.

Cada fator contém em seu núcleo uma ação específica e é por meio deles que alcançamos nossas graças dentro ou fora de um Terreiro de Umbanda. Para tudo que pode ser pedido existe um fator que pode atender; os fatores podem atuar de forma positiva – universal – ou negativa – cósmica.

Já vimos que os fatores são nomeados pelos verbos realizadores que os representam e são um universo grandioso. Quando criamos e damos determinação a eles, fazemo-lo de maneira livre, pois a divindade capta a real intenção do que ali está sendo verbalizado, por meio de seus mensageiros. Em nossa prática, devemos concentrar-nos na ação desejada da Divindade, pensar no resultado que buscamos e verbalizar a ação, trazendo à tona o fator (verbo) principal daquela atuação.

Os fatores do Trono Masculino da Lei, Pai Ogum, são tantos que vamos nomear apenas alguns. Outros poderão ser consultados no final deste livro.

Destacamos os fatores: Acorrentador (prender com correntes, encadear), Agrilhoador (prender com grilhões, encadear), Ajuntador (convocar; reunir), Alertador (que alerta), Amarrador (segurar com amarras; atar; ligar fortemente), Amputador (cortar; restringir; eliminar; amputar), Arrancador (desapegar com força; destruir; extirpar), Caminhador (que faz caminhar), Capacitador (fazer capaz; habilitar; convencer; persuadir), Cortador (que faz cortar), Demolidor (destruir; deitar por terra; arrasar; aniquilar; arruinar), Emparedador (encerrar entre paredes; clausurar), Executador (que faz executar), Ordenador (que põe ordem), etc. A lista seria enorme.

Na Coroa Divina está assentada a Lei, como mais uma das manifestações de Olorum, como uma de Suas essências. Essa essência é movimentada por Ogum-yê, que vibra lei o tempo todo, e suas irradiações fluem em todos os níveis, alcançando tudo e todos o tempo todo, por meio dos fatores divinos.

Os fatores atuam sobre nós, estimulando-nos, energizando-nos e elevando-nos, quando nossos sentimentos são virtuosos, ou nos paralisando, quando os sentimentos íntimos são negativos e estamos em desarmonia com o Criador; nós os absorvemos pelos elementos e energias. Os mistérios dos Orixás são capazes de nos influenciar positiva ou negativamente; são fatores evolutivos em nossas vidas que poderão se tornar fatores regredidores nas vidas dos seres que derem mau uso ao livre-arbítrio.

Nenhum Orixá ou Mistério da Lei Divina é mau ou nocivo, mas visa sempre ao nosso benefício. Os mistérios dos Orixás são responsáveis pelo equilíbrio na Criação, sustentando as faculdades daqueles que dão bom uso a elas e fechando as faculdades daqueles que lhes dão mau uso. Não tem como descrever os mistérios, mas apenas aceitar que eles existem.

Para melhor entendimento, consideramos os fatores do Trono da Lei de duas formas: os fatores evolutivos, ou favorecedores e os fatores regredidores, reativos, ou esgotadores.

FATORES EVOLUTIVOS DO TRONO DA LEI

Estamos chamando de fatores evolutivos de Pai Ogum os fatores que nos favorecem, protegem, beneficiam, ajudam e auxiliam.

Em todos os planos e dimensões da Criação Divina, tudo o que existe tem função e as Leis Divinas atuam permanentemente para o resguardo da ordem e do equilíbrio. São mecanismos divinos que nos protegem, mesmo que desses fatos não tenhamos conhecimento e compreensão.

Dentre os fatores evolutivos de Pai Ogum, destacamos os fatores abridor, desobstruidor, encaminhador, escudador, fortalecedor, ordenador, orientador, potencializador, reformador, regedor e regulador. Vamos comentar apenas alguns.

O FATOR ORDENADOR

Ogum-yê gera e irradia de si, o tempo todo, o fator ordenador, cuja função é regular e tornar ordenada toda a criação e tudo e todos que vivem nela. Ordena, inclusive, a ação dos outros fatores. Esse fator é determinante em todos os sentidos, pois a ordem é imprescindível ao equilíbrio do Universo, do micro ao macrocosmo, e, em Olorum, tudo é rigorosamente ordenado, do primeiro ao sétimo plano da vida, com todas as formas viventes e os meios onde vivem e evoluem.

A ordenação divina é a Lei Maior em ação e atua até no equilíbrio das faixas espirituais, ordenando-as e hierarquizando-as. Nos meios ocupados por muitas formas de vida, é a função ordenadora que impede que o caos se instale.

A onda ordenadora, sempre reta no seu fluir, sobrecarrega-se de energia divina e projeta 21 novas ondas que vão se multiplicando de tal forma que logo serão 441 novas ondas, que se multiplicarão e serão 9.261 ondas ordenadoras. A onda ordenadora, tida como a própria potência do Divino Criador, preenche todo o espectro da criação divina. Dessas 21 ondas, sete são passivas e multicoloridas (transportam todo tipo de fatores), sete são neutras e incolores (absorvem os fatores onde estão em excesso) e sete são ativas e monocromáticas (transportam um só tipo de fator).

A ação do fator ordenador só permite que aconteçam ligações úteis, equilibradas e pertinentes ao todo maior, que é o nosso planeta. Tudo que estiver fora da ordem preestabelecida é inútil, caótico, desequilibrador e nocivo, em todos os níveis. Graças ao fator rastreador de Ogum, ele rastreia tudo e todos, descobre onde acontecem desvios e os corrige, usando seu fator ordenador.

Sempre que os seres se direcionam em uma senda reta, atraem ondas vibratórias eólicas do fator ordenador que os imanta, dotando-os de uma natureza leal, ordenando seus procedimentos, rigorosa e impositivamente. Mas esse fator tanto pode retirar os excessos existentes no ser, como pode esgotá-los, anulando-os. Como aplicador da Lei Maior, Ogum ordena, direciona e impõe, com rigidez, firmeza e inflexibilidade, sempre vigilante, marcial e pronto para agir. Porém, sempre com lealdade, retidão, caráter, tenacidade, rigor e combatividade.

Esse fator ordenador explica, por exemplo, por que Pai Ogum é chamado de "Senhor das Milícias Celestes", "dos Exércitos" ou "da Guerra", pois regula, põe ordem, disciplina, dispõe e determina ações. Se juntarmos com seus fatores dominador, coordenador, hierarquizador, ajuntador, arregimentador, regulador, enfileirador e regedor, vamos ter claro que Ogum tem poder e autoridade para convocar, reunir, organizar em regimentos, enfileirar, arrumar segundo uma ordem hierárquica, alinhar, dirigir, administrar, sujeitar a regras e emitir ordens verbais, conter, reprimir e conquistar. Ogum é o Regente e Comandante dessas Milícias Celestes, sempre vigilante e marcial, pronto a agir, anulando o que for oposto à Lei.

Relato do Aprendiz Sete, ao entrar em uma fortaleza em um dos domínios da Lei: "Espantei-me com o que vi: milhares de falanges ou legiões de soldados do Senhor Ogum do Tempo, todas de prontidão e à espera que fossem designadas para ações nos campos de ação e atuação daquela fortaleza.

O 'Pátio' era imenso, ou melhor, eu não via o outro lado dele, pois estava coalhado de soldados de Ogum, com cada falange ou legião em alerta. Aqueles soldados com seus elmos e suas armaduras prateadas, suas capas azul-escuras, lança, escudo e espada, formavam um exército magnífico de se ver e, creio eu, era o sonho de todo general, de tão organizado que era" (R. Saraceni, *O Guardião do Amor – Aprendiz Sete no Reino das Ninfas*, Madras Editora).

O Aprendiz Sete fala ainda sobre uma "aula prática" de preparação de soldados do Senhor Ogum do Tempo: "Eles aprendiam a irradiar vibrações energéticas com as mãos, com a ponta dos dedos, com suas lanças, com suas espadas, com seus escudos, com seus olhos, seus assopros, etc. Aprendiam como concentrar plasmas energéticos positivos e benéficos e como dispersar os plasmas ou as condensações energéticas negativas prejudiciais aos seres ou aos meios onde a Vida flui".

Neles, é natural a manifestação dos 'mistérios Ogum do Tempo', no entanto precisam aprender a graduar a intensidade dessa manifestação, senão podem piorar as coisas onde o caos e o desequilíbrio se instalar Aqueles jovens espíritos naturais Oguns do Tempo, tal como os cadetes de uma escola militar, recebiam treinamentos específicos e especiais e tinham de passar por provas difíceis e exames rigorosos preparados por seus mestres-instrutores, antes de serem agregados às falanges ou às legiões de ações e reações da Lei no Tempo".

Só quando eram aprovados em todas as provas e exames é que eram graduados como Guardiões manifestadores naturais do mistério Ogum do Tempo e encaminhados aos comandantes das falanges ou das legiões onde começavam a participar de ações, inicialmente brandas. Só com o passar do tempo e com o amadurecimento e a experiência prática é que se habilitavam a ações mais 'perigosas'....

O método de preparação é perfeito e a hierarquia é rigorosa. Inclusive, o símbolo sagrado do Senhor Ogum do Tempo não lhes era dado, e, sim, à medida que iam se habilitando, ele ia surgindo naturalmente em suas capas, em seus escudos e no peitoril de suas armaduras que, se pareciam feitas de prata, no entanto, eram um mistério em si mesmas porque eram vestimentas maleáveis e dobravam-se segundo os movimentos deles".

O FATOR REFORMADOR

Esse é um fator importante gerado pelo Orixá Ogum, pois permite ao ser se reconstruir, reorganizar, corrigir, após passar pelo "reformatório" das esferas negativas. O fator reformador, com o fator endireitador e o capacitador, tem por função recolocar no caminho correto todos os seres que se negativaram em algum sentido.

Um ser nas esferas negativas é alvo fácil para se tornar pior do que foi, mas tem a chance, pela misericórdia divina, de se transformar e ser útil, desde que realmente esteja arrependido. A única chance possível é a saída no caminho do resgate, diante da Lei Maior e da

Justiça Divina. O fator reformador e os demais citados têm por função recolocar no caminho correto todos os seres que se negativaram em algum sentido da vida (Fé, Amor, Conhecimento, Justiça, Lei, Evolução e Geração), mas já se encontram em condições de serem resgatados para faixas menos lúgubres e seguirem suas evoluções.

O FATOR POTENCIALIZADOR

Dentre os muitos fatores de Pai Ogum, destacamos também o fator potencializador, responsável por dar potência a toda a Criação Divina. O que denominamos de nossa força interior se deve ao fator potencializador do Orixá da Lei Maior, que nos envia continuamente essa vibração, potencializando nossa força de vontade, ajudando-nos na superação dos obstáculos que paralisam nossa evolução.

A função desse fator de Pai Ogum é dar potência, poder, força, energia, robustez e vigor aos seres, para a realização de procedimentos corretos. É dar autoridade e capacidade de realização, fornecendo força aos meios disponíveis para certos fins benéficos. Esse fator é responsável por potencializar toda a Criação Divina.

Tudo tem seu potencial, que apenas precisa ser colocado em ação para realizar algo em benefício da Criação. Possuímos nossos potenciais, que nos permitem realizar ações maravilhosas e, quando precisamos aumentar nossa força interior e a potência das nossas iniciativas, é a esse Orixá que devemos nos dirigir. Ele, por ser a própria onipotência divina, manifestada por Olorum na forma de um Orixá, é em si a própria força ou potência divina da Lei Maior. É o Orixá que na Umbanda recebe o nome de Ogum. É o fator potencializador de Pai Ogum que cura nossas "anemias espirituais".

Tudo tem seu potencial, que apenas precisa ser colocado em ação para realizar algo em benefício da Criação. Nossos potenciais nos permitem realizar ações maravilhosas. Se um ser obedece às leis relacionadas aos sentidos que regulam os procedimentos, terá uma evolução estável. Caso isso não ocorra, por desobedecer a essas leis, o ser deixa de evoluir e até regride consciencial, espiritual e moralmente, tendo algumas de suas faculdades mentais fechadas e abertos os recursos dos instintos, rebaixando seu magnetismo mental a graus negativos.

Os mistérios dos Orixás são fatores evolutivos em nossas vidas e só se tornam fatores regredidores na vida dos seres que dão mau uso aos seus conhecimentos e capacidades. Ninguém é o que não plantou para si, pois o Criador é justo em seus desígnios. Nem sempre, em seu processo evolutivo, o ser realiza apenas ações positivas e tem sentimentos e atitudes louváveis; mas vibrar bons sentimentos e realizar boas ações é o que deve ser mais constante em sua vida. Todos devem temer e se afastar dos grandes desvios que levam a grandes quedas conscienciais.

FATORES REATIVOS, REGREDIDORES OU ESGOTADORES DO TRONO DA LEI

As projeções e ações negativas realizadas contra o próximo, quando recolhidas pelas entidades à esquerda, pela Lei da Ação e Reação, são devolvidas aos seus emissores, que colherão o que plantaram. Existe a conscientização ou a regressão, para a preservação de vidas.

"Estamos ligados por fios invisíveis aos Orixás, que são os poderes reguladores dos meios onde os seres vivem e evoluem; toda ação contrária à paz, à harmonia e ao equilíbrio do meio onde vivemos gera uma reação em sentido contrário que, em um primeiro momento, visa a reequilibrar, rearmonizar e neutralizar o negativismo de quem desencadeou a ação negativa.

Mas, se essa ação limitada é insuficiente para que a ação cesse e a pessoa prossegue, agindo em desacordo com as leis preservadoras, ondas contínuas começam a ser enviadas contra ela que, ou cessa sua ação negativa, ou começa a sofrer as consequências da reatividade preservacionista que, antes de começar a afetar o espírito da pessoa em questão, irá desestimulá-la em seu intento destrutivo.

Mas, se a reatividade automática não consegue fazer com que o agente negativo cesse sua destrutividade, mecanismos reativos da Lei Maior são ativados, e aí entram em ação os poderes responsáveis pela aplicação de leis drásticas, que afetarão de forma sensível o causador do desequilíbrio, chegando a afetar seu espírito e posteriormente seu corpo biológico.

Cada Orixá tem sua reatividade natural, que entra em ação sempre que a paz, a harmonia e o equilíbrio em seu domínio na Criação são quebrados ou estão sendo colocados em risco.

A reatividade de um Orixá acontece por meio do cordão mental invisível que o liga a todos os seres, pois é através dele que a pessoa que está agindo negativamente começa a receber as vibrações que a desestimularão justamente em sua ação negativa.

A vibração reativa vai se concentrando no mental e vai imantando-o com fatores com as mais diversas funções, tais como: desestimuladora, redirecionadora, paralisadora, regredidora, revertedora, retornadora, etc." (Rubens Saraceni, *Orixá Exu Mirim*, Madras Editora.)

O ser que na matéria usa mal suas faculdades mentais e sua inteligência sofre uma ação reativa, regride, para recomeçar de uma forma melhor. É retirado do meio onde está sendo um corpo estranho e deixa de ser um problema para a criação. Passa a se interessar por outras coisas, outras atividades, outras religiões, etc. A partir de então, os fatores reativos atuarão como inibidores de outras possíveis ações negativas, quando esse ser pretender dar um passo que o levará ao erro.

Isso não é punição ou castigo; é ajuda, pois faz o ser regredir em seus pensamentos, sentimentos e atitudes, para que não alcance um nível de negativação mental tão profundo que o fará passar por horríveis transformações nas esferas negativas, quando desencarnar. A reatividade é um meio reordenador, reequilibrador e recondutor dos seres às suas vias evolucionistas.

Os Orixás à esquerda do Criador (Exu, Pombagira, Exu Mirim e Pombagira Mirim) aplicam seus fatores regredidores àqueles que se desvirtuaram, que usaram negativamente o seu Livre-Arbítrio. A Lei retira do ser os meios que ele usava para fazer mal aos semelhantes; seus campos são fechados e ele não consegue mais ocupar os espaços que ocupou indevida e erroneamente, senão o espírito não tem mais conserto. Espírito degenerado violenta, mata, etc., e acha que é certo. Os fatores reativos visam a enfraquecer e paralisar as maldades.

A reatividade não existe apenas no princípio da Lei, mas também em cada um dos princípios divinos (Fé, Amor, Conhecimento, Justiça, Lei, Evolução e Criação).

Tudo no mundo gira em torno do equilíbrio entre Luz e Trevas, bem e mal, positivo e negativo, alto e embaixo, direita e esquerda, etc. Nessa função, Pai Ogum abrange todas as pessoas, e tudo que alguém fizer envolvendo magia negativa ou ocultismo será anotado por ele, para posterior julgamento junto ao Senhor Maior da Lei, que é Deus. Todo Ogum é um aplicador natural da Lei e todos agem com a mesma inflexibilidade, rigidez e firmeza, pois não se permitem uma conduta alternativa. Aplicam a Lei Maior aos desvirtuadores dos princípios divinos.

"Todos os Orixás têm os seus opostos negativos, que representam o equilíbrio das duas forças, positiva e negativa, agindo em harmonia quando o médium está equilibrado. O negativo são os Exus de lei ou Exus ligados aos Orixás."(...) "Todos os Guias ou mentores trazem consigo Exus em evolução, liberados para atuarem junto ao médium nos seus trabalhos. Mas quem anota o que essas forças fazem é Ogum, o Guardião da Lei Maior." (R. Saraceni, *Umbanda Sagrada* – Madras Editora.)

Os Exus da Umbanda, portanto, são servidores da Lei nas trevas. São espíritos humanos que caíram, sofreram transformações propiciadas pela via evolucionista das formas e ligaram-se aos servidores da Lei nas trevas, senão ficariam soltos nessa escuridão, que não é o inferno, mas um grau na escala evolucionista.

Dentre os fatores reativos do Trono da Lei, citamos o amarrador, amputador, arrancador, demolidor, devastador, embargador, embarreirador, embatedor, emparedador, encadeador, extinguidor, extirpador, fechador, fracionador, confinador, fragmentador, furador, quebrador, retedor, trancador e rompedor.

Quem cobra nas trevas são os Guardiões dos pontos de forças, com suas legiões e falanges. Os egoístas, falsos, gananciosos, exploradores do próximo, violentos, intimidadores, assassinos, estupradores, e coisas tais, irão para as trevas e lá serão recebidos por seres que se comprazem em torturar e fazer sofrer, aplicando os fatores esgotadores da Lei Maior.

O FATOR TRANCADOR

Na Criação, a função do fator trancador é a de fechar, prender, enclausurar, segurar, travando com trancas todos os merecedores das ações reativas. É o fator que limita, enclausurando aqueles que pecaram, principalmente contra a vida ou que lançaram mão de magias negativas contra os semelhantes, em troca de dinheiro. Matar é algo inconcebível na Lei do Criador.

Nas esferas negativas estão os grandes encarregados de cumprir a Lei Maior. São falanges formadas especialmente para receber, trancar, enclausurar e punir os genocidas, os assassinos frios e calculistas, os matadores que organizam e dirigem gangues exterminadoras, religiosos que dão mau uso aos mistérios divinos e coisas semelhantes. Estão lá aqueles que ceifaram vidas na matéria e, nessas profundezas, assumem formas estranhas e demoníacas.

Funções semelhantes encontramos no fator emparedador, que enclausura, tranca entre paredes e nos fatores confinador, enclausurador e fechador, todos limitadores de ações de espíritos que se desumanizaram.

O ato de matar, ceifar vidas, atenta contra o princípio básico da Lei Maior, o de preservação do bem mais precioso que o Criador dá ao ser espiritual. A vida na carne é tão importante porque é a via de evolução e resgate cármico que acrescenta ao ser o humanismo, que é a capacidade de discernir, de agir com a razão, pautada em valores éticos e morais universais. Ao se tirar uma vida, deixa-se de exercer o Livre-Arbítrio com razão, com discernimento, com escolha iluminada pelo alto.

Tolher a vida é matar algo preciosíssimo para o Divino Criador, pois é a passagem pela dimensão material que Ele criou, para dar continuidade à evolução e agregar novas características e qualidades positivas ao ser.

Nas esferas negativas há um lugar especial para cada ser que fez escolhas muito erradas e vivenciou negativamente a encarnação ou as encarnações, que recebeu para se tornar melhor e aprimorar seu espírito na luz. Não aproveitou corretamente o que lhe foi oferecido e, em alguns casos, até inutilizou a própria vida, suicidando-se.

O suicida é aquele que sucumbe com sua fraqueza, diante das dificuldades, dos tropeços que encontra na vida. Não é capaz de superá-los e desperdiça o dom precioso recebido, tornando-se devedor da Lei Maior. Cava um abismo sem luz e sem fundo para si mesmo, onde permanecerá por centenas de anos.

As dimensões negativas são o melhor que a Lei pode fazer pelos desequilibrados e desregrados, pois seus magnetismos negativos não permitem sua condução para a luz, pois nela não se sustentariam.

Um ser humano só sai da prisão das trevas se muito clamar, de coração e verdadeiramente arrependido, pela ajuda de Deus. Isso é a Lei, e Pai Ogum é a divindade que aplica a Lei Maior em tudo e a todos. Essa sentença se tornou regra da Lei na Criação e todos os seres que clamarem com sinceridade pelo perdão ao Divino Criador Olorum serão perdoados, terão seus corpos regenerados e poderão retornar às suas funções. Caso contrário, serão deixados à míngua, até que tenham purgado na dor todas as afrontas à Lei, à vida e aos princípios que regem o mundo manifestado.

"Não são poucos os seres de natureza divina, natural ou espiritual que vagam no vazio como espectros medonhos, totalmente vazios, e só raramente um ou outro se arrepende e clama com sinceridade pelo Seu perdão divino.... E desde então, sempre que algum ser, [...] excede seus limites e infringe as leis divinas ou desrespeita as ordens e as vontades dos Orixás, imediatamente começa a ser atraído pelo vazio existente no lado de baixo da criação." (R. Saraceni, *Lendas da Criação*, Madras Editora.)

"Todos os Orixás têm seus Exus correspondentes e os Oguns que atuam para equilibrá-los." (R. Saraceni, *Umbanda Sagrada*, Madras Editora.)

Por exemplo: O Guardião à esquerda, que atua a partir do lado negativo do ponto de forças do Senhor Ogum Sete Lanças, é o Exu Tranca-Ruas.

Relato do Exu Tranca-Ruas, no livro *O Guardião dos Caminhos*:

Minha história "é também a história religiosa cósmica e negativa da humanidade, em que o mais forte não titubeia em aniquilar o mais fraco e não se envergonha de tornar as Divindades suas escravas divinas"(...) "É punindo os malditos, que vendem a fé, que me realizo... como Exu Guardião Tranca-Ruas, o fiel executor dos caídos diante da Lei e da Vida, do Amor e da Fé, da Razão e do Saber..."

O FATOR EXECUTADOR

O fator executador é a ação que faz realizar, desempenhar, que executa principalmente o cumprimento da Justiça Divina. É o fator que leva a efeito, efetua, aplica as penalidades e punições, em cumprimento da Lei.

Prêmio e **Punição** são atribuições da Lei no mundo astral, pois é ela que envia cada um à faixa vibratória correspondente às suas vibrações. Pai Ogum é a divindade que aplica a Lei Maior, é sinônimo de Lei e Ordem.

Como ordenador divino, a Divindade Ogum age apenas como energia, tanto atrativa como repulsiva. Se repulsiva, o assistido é amparado pela Lei e é protegido por Ogum, contra o choque das Trevas. Se atrativa, o ser sofre o choque das Trevas em toda a sua força, por um longo período de provação e resgate de dívidas pretéritas.

Uma das atribuições de Ogum é vigiar tudo na morada exterior do nosso Pai e nosso Divino Criador Olorum. Ele é Guardião dos mistérios do Tempo e possui a chave que abre os portais atemporais que ligam uma realidade à outra, sem interferir na cronologia delas. Ogum usa de todo o tempo para reconhecer tudo e todos, sujeitos aos fatores do tempo ou não. Tem a atribuição de atuar sobre tudo e todos, retificando cada coisa ou cada conduta, cada procedimento.

No estágio humano nossa vida precisa ter princípios virtuosos a guiá-la; só podemos fazer o bem, sem desviar nosso potencial humano na busca da satisfação mundana materialista ou daquilo que faz mal aos semelhantes.

Os aplicadores da Lei não se compadecem dos devedores até que tenham purgado todas as suas dívidas. A Lei é implacável e não admite falhas. Ogum é o limitador dos excessos, pois a mesma força que protege pode punir. O fator executador é um dos últimos recursos da Lei Maior, quando um espírito devedor é jogado na sua dor final.

O desejo é o que estimula os seres a tomarem iniciativas, nem sempre as melhores ou as mais corretas. Já a vontade vibrada por Ogum, ela induz o ser a só fazer o que deve ser feito, a só proceder como se deve proceder.

O FATOR ARRANCADOR

A função do fator arrancador é a de extirpar, extrair, desarraigar, arrancar pela raiz, puxando com força e violência.

No devido tempo, a Justiça Divina ocorre; nada fica impune à Lei Maior. É preciso saber que no mundo espiritual não existe um padrão fixo de justiça; cada caso é um caso, pois cada ser é um universo único, indivisível e eterno. Seja no tempo ou forma que for o caminho, deve ser sempre o de fazer o bem, viver no bem e evoluir.

Aquele que por acaso pensar em fazer mal ao semelhante deve lembrar-se sempre de que ódio, inveja, desejo e vingança são sentimentos negativos condenáveis, que sempre causam ações negativas por parte daqueles que os alimentam. É aí que começa a ação da força cármica de Pai Ogum, anotando todas as ações para posterior cobrança e equilíbrio daquele que vibrou e realizou coisas negativas.

O Senhor Ogum também é chamado de "A Ira Divina", porque certas coisas só ele pode e deve fazer. Há casos em que a ira de Ogum é tanta, que o caos à sua volta se incandesce e explode, gerando medo e pavor aos que estão próximos.

Somos intermediários entre a vontade do Divino Criador e a nossa vontade, que nem sempre se pauta em valores condizentes com a Lei Maior do Pai Celestial. Os seres desequilibrados ou desregrados perecem diante da Lei Maior, que age por meio de Pai Ogum; são espíritos que se desvirtuaram ou se viciaram emocionalmente, anulando sua razão e capacidade de raciocínio. Como ninguém se desequilibra por si mesmo, atrás de um desequilibrado estão outros.

Os encarnados, movidos por sentimentos e emoções viciosas, cometem excessos, e a Lei, além de regular esses excessos, também modifica sentimentos. Um espírito que pratica a violência e outros negativismos em várias de suas vidas na matéria é lançado nas trevas, na ocasião de sua morte. Isso é uma reação, resultante de ações afrontosas ao Divino Criador, as quais provocam violentos choques de retorno. No momento da morte, o espírito desvirtuado automaticamente é atraído para as esferas cósmicas negativas, desprovidas de Luz (trevas). Aí, sofre alterações em seu corpo espiritual, tornando-se irreconhecível, com aparência desumana.

Nessas esferas sem luz, seus negativismos vão sendo arrancados, desenraizados, extinguidos e extirpados na dor.

O FATOR QUEBRADOR

O fator quebrador tem a função de arrebentar, reduzir a fragmentos, destruir, despedaçar, quebrar as amarras, retirar os bloqueios dos caminhos, abrindo-os à força. Todo ser que se desviou do seu caminho terá em Ogum a função de reconduzi-lo a ele, corrigindo ações desvirtuadas. A função de refazer o que entrou em degeneração, de refazer algo que se degenerou, implica demoli-lo, quebrá-lo.

Com os graves erros praticados contra os semelhantes ou contra nós mesmos, contraímos dívidas que deverão ser resgatadas no plano material ou no espiritual, não importando o tempo que perdure o erro ou que se possa tirar proveito de qualquer maldade. Tudo é registrado e, seja nesta ou em outras vidas, a dívida terá de ser paga e todo carma, demolido, quebrado, resgatado.

Deus não interfere em nossas ações, pois nos concedeu o Livre-Arbítrio, uma vez que no plano reencarnatório não há padrões estáveis de evolução, mas as leis da vida são as mesmas para todos.

Hierarquias e Entrecruzamentos

O Trono das Sete Encruzilhadas irradia e rege as sete essências básicas fundamentais e tem sua hierarquia de auxiliares, os Sagrados Orixás, regentes dessas sete essências básicas formadoras deste planeta. Esse Trono está assentado no centro do todo planetário multidimensional e os Sagrados Orixás são denominados de Orixás essenciais cristalino, mineral, vegetal, ígneo, eólico, telúrico e aquático.

Esses sete Orixás essenciais originam os Orixás elementais, que pontificam as hierarquias naturais que regem as dimensões da vida, onde os seres evoluem. Os Orixás essenciais irradiam as essências e os Orixás elementais, identificados pelos elementos formadores da natureza terrestre, emprestam suas qualidades a elas. Já os Orixás naturais dão-lhes seus atributos e os Orixás regentes dos níveis vibratórios participam com as atribuições.

A nossa crença umbandista está fundamentada na seguinte ordem de valores:

- **Primeiro Nível – Olorum, nosso Divino Criador**.
- **Segundo Nível – Tronos Fatorais**. Emanações de Olorum, **formadores da Coroa Divina**, que foi desdobrada em vários dos seus aspectos, que vibram em sintonia com as essências. São Tronos que geram e emanam contínua e verticalmente seus fatores e suas essências.
- **Terceiro Nível – Orixás Ancestrais, o setenário sagrado**. Os sete pares de Orixás, emanações diretas do Divino Criador, a

reger todos os seres e todas as dimensões da vida no todo planetário. A qualidade original doada por Deus a uma Divindade é passada a todos os seres fatorados por ela, que assumem as mesmas características e atribuições.

- **Quarto Nível – Tronos Intermediários.** Os 14 Orixás Naturais e suas hierarquias espalhadas por toda a Natureza, abarcando todos os estágios da evolução ou planos da vida e todos os níveis conscienciais, vão se desdobrando e se multiplicando. Uma qualidade de Deus dá origem a muitas classes de divindades, que se multiplicam infinitamente, pois essa qualidade é infinita em si mesma. São esses sete pares de Orixás que pontificam as Sete Linhas de Umbanda.

  Nesse quarto nível, ocorre a projeção dos 14 polos magnéticos, desdobrados em 49 polos positivos e 49 polos negativos, criando os Tronos Intermediários, repetidores e multiplicadores das qualidades originais das Divindades de Deus. Essas irradiações verticais atravessam as correntes eletromagnéticas horizontais, ganhando novos qualificativos.

- **Quinto Nível – Tronos Intermediadores.** Projetados pelos Tronos Intermediários e regidos por eles.

- **Sexto Nível – Tronos Individuais ou pessoais e os espíritos humanos.** É desse sexto nível vibratório, cujo magnetismo é o mais próximo do nosso, que saem os Orixás individuais dos médiuns e as Linhas de Trabalho e Ação.

"Toda a gênese obedece a essa ordem: o magnetismo surge de uma qualidade divina, pois ela flui em um padrão de onda próprio que vai imantando tudo o que toca. Então, a imantação absorve seu fator afim que a qualifica. Essa qualidade absorve uma essência afim que a distingue e densifica até que assuma a condição de elemento. E este começa a gerar energias que alcançam os sentidos, despertando os sentimentos afins com a qualidade divina que iniciou todo o processo.

Com as hierarquias divinas acontece a mesma coisa, e o mesmo se repete na criação, nas criaturas, nos seres e nas espécies." (R. Saraceni, *Gênese Divina de Umbanda Sagrada*, Madras Editora.)

Entre as divindades há uma rígida hierarquia e os graus são respeitadíssimos. O respeito é a base da estabilidade das hierarquias e uma divindade possui sua própria faixa de atuação vibratória, na qual nenhuma outra divindade interfere.

Cada Orixá Maior (Ancestral) comanda sete Orixás Intermediários (médios) e cada um destes comanda mais sete intermediadores (menores), que são os responsáveis pelas linhas de trabalho que atuam nos Templos de Umbanda, por meio das quais se manifestam os Guias Espirituais com seus nomes simbólicos. Esses Orixás Intermediadores estão assentados à direita e à esquerda dos Orixás Intermediários.

AS HIERARQUIAS DO TRONO DA LEI

Para Ogum, Deus doou a qualidade ordenadora da Criação e regente da Lei Maior. Quando o Trono das Sete Encruzilhadas se manifestou em Ogum, foram surgindo as hierarquias do Trono da Lei:

- **No Terceiro Nível – <u>Ogum Ancestral</u> ou Orixá Maior Ogum (linha eólica pura)**. Divindade Única do Mistério da Lei, que realiza suas funções e manifesta seus poderes de maneira pura.
- **No Quarto Nível – <u>Tronos Intermediários</u>, Médios, Mistos ou Combinados**.

O Ogum Natural irradia ordenação o tempo todo, verticalmente, e essa sua irradiação atravessa as correntes eletromagnéticas horizontais. Ogum repete seu aspecto ordenador e se multiplica, dando origem aos Oguns Intermediários, que são os aplicadores de sua qualidade ordenadora, nos campos de atuação das outras divindades do Criador, nas faixas positivas, nas faixas neutras e nas faixas negativas. São qualificadores das qualidades divinas que só atraem seres cujo magnetismo original foi imantado pelo fator ordenador, que o irradia verticalmente e atravessa as correntes horizontais das outras divindades, qualificando a irradiação do Trono Ogum, com o segundo elemento.

São hierarquias formadas por divindades da Lei que manifestam funções e poderes de duas divindades. Por exemplo: Ogum das Matas (Ogum e Oxóssi), Ogum das Cachoeiras (Ogum e Oxum), Ogum da Terra (Ogum e Obaluaiê), e outros. Não importa se uns dizem que Ogum é fogo e outros dizem que é água, ar, terra, pois ele manifesta todas as essências.

Na Umbanda, todas as divindades intermediárias são definidas por nomes simbólicos e ninguém incorpora um Ogum de nível intermediário ou qualquer outro Orixá dessa magnitude. Essas Divindades são regentes de níveis vibratórios e Orixás multidimensionais.

As 13 ondas fatorais magnetizadas que a onda magnética essencial eólica (Ogum) absorve, além de dar origem a hierarquias diferenciadas dos tronos ordenadores, capacitam-na a densificar-se magneticamente. Há 21 hierarquias de tronos ordenadores intermediários, que são projetadas para o terceiro, quarto e quinto planos da vida. O padrão vibratório universal do Divino Trono Ogum gera, em cada um dos subpadrões dos outros Orixás, um "tipo" de Ogum. Faz surgir seus manifestadores divinos nas sete vibrações e nos sete subplanos da criação (natureza) e da vida (seres).

I – OGUNS INTERMEDIÁRIOS NAS FAIXAS POSITIVAS

Essas faixas são chamadas positivas ou passivas porque nelas as ondas transportam todos os tipos de fatores, tornando-as multicoloridas.

- Ogum Cristalino – Ogum da Fé e da Lei, regido por Oxalá.
- Ogum Mineral – Ogum do Amor e da Concepção, regido por Oxum.
- Ogum Vegetal – Ogum do Conhecimento, regido por Oxóssi.
- Ogum do Fogo – Ogum da Justiça, regido por Xangô.
- Ogum Eólico – Ogum do ar, regido pelo Orixá Maior Ogum.
- Ogum Telúrico – Ogum da Evolução, regido por Obaluaiê.
- Ogum Aquático – Ogum da Geração, regido por Iemanjá.

II – OGUNS INTERMEDIÁRIOS NAS FAIXAS NEUTRAS (TRIPOLARES)

Essas faixas são chamadas de neutras porque os seres estacionam nelas por muito tempo e desenvolvem uma natureza positiva (passiva), negativa (ativa) ou neutra (pode se direcionar para onde quiser). São absorvedores de fatores, onde os há em excesso, e irradiadores, onde estão em falta.

Esses sete Oguns Intermediários são denominados com os nomes dos elementos nos quais atuam e, com as sete Iansãs, formam a mais numerosa hierarquia do planeta.

- Ogum Tripolar Cristal – Ogum Matinata (Oxalá).
- Ogum Tripolar Mineral – Ogum das Cachoeiras (Oxum).
- Ogum Tripolar Vegetal – Ogum Rompe Matas (Oxóssi).
- Ogum Tripolar Fogo – Ogum de Lei (Xangô).
- Ogum Tripolar Ar – Ogum Ventania (Ogum).
- Ogum Tripolar Terra – Ogum Megê (Obaluaiê).
- Ogum Tripolar Água – Ogum Marinho (Iemanjá).

Os Oguns Intermediadores que atuam no ritual de Umbanda saem dessa hierarquia, pois os espíritos ou seres humanos são tripolares, ou seja, trazem em seu mental um polo positivo, um negativo e um neutro.

III – OGUNS INTERMEDIÁRIOS CÓSMICOS
(ATUAM NAS FAIXAS NEGATIVAS)

São os que atuam nos polos magnéticos resultantes do entrecruzamento das linhas de forças negativas, em que as ondas são transportadoras de um só tipo de fator.

- Ogum do Tempo – regido pelo Orixá Logunan.
- Ogum Sete Cobras – regido pelo Orixá Oxumarê.
- Ogum Rompe Solo – regido pelo Orixá Obá.
- Ogum Corta Fogo – regido pelo Orixá Oroiná.
- Ogum Rompe Nuvens – regido pelo Orixá Iansã.
- Ogum Sete Lagoas – regido pelo Orixá Nanã.
- Ogum Naruê – regido pelo Orixá Omolu.

No Quinto Nível – Tronos Intermediadores ou Menores. São regidos pelos Orixás Intermediários e lideram os Guias Espirituais. São Linhas Complexas ou Entrecruzadas. Os Oguns Intermediários projetam-se, ativando suas hierarquias intermediadoras, que ativam suas hierarquias elementais, encantadas, naturais e espirituais, fazendo surgir seus manifestadores que usam nomes simbólicos, os quais foram "humanizados" e regem linhas de Trabalhos na Umbanda (Guias). São os aplicadores humanos dos aspectos positivos da Lei Divina.

Os seres encantados manifestam inconscientemente as qualidades "essenciais" dos Orixás regentes e os naturais manifestam as qualidades "elementais".

Esses Oguns Intermediadores também geram em si a ordenação divina e a geram de si, transmitindo-a a todos os seres que forem atraídos por seus magnetismos mentais divinos, ainda inconscientes, amparando-os até tomarem consciência de que são filhos de Ogum e podem desenvolver em si essa qualidade divina.

Para termos uma noção de quanto são gigantescas as hierarquias desses Oguns, vamos exemplificar com um dos fatores – o fator rompedor.

- Ogum Rompe Tudo – Oxalá
- Ogum Rompe Matas – Oxóssi
- Ogum Rompe Nuvens – Iansã
- Ogum Rompe Solo – Obá
- Ogum Rompe Águas – Iemanjá
- Ogum Rompe Ferro – Ogum

No Sexto Nível – **Tronos Intermediadores Individuais e Espíritos Humanos.**

Como Ativar os Orixás Oguns Intermediários das Faixas Positivas

Os sete Orixás Oguns Celestiais Essenciais que atuam nas faixas positivas não têm nomes humanos, mas manifestam-se como vontades divinas.

Os sete Orixás Oguns Celestiais são irradiações divinas mentais dos Orixás naturais e podemos recorrer a eles para nosso benefício, em nossa própria casa, por meio de cultos divinos pessoais. Ao Orixá Ogum de cada essência podemos pedir a ordenação em nossa vida do sentido correspondente (Fé, Amor, Conhecimento, Justiça, Lei, Evolução e Geração), conforme nossa necessidade de auxílio divino, com orações e clamores, realizando uma sintonia mental, para sermos ajudados na solução de alguma dificuldade.

Podemos ativar cada um desses Orixás Oguns com um triângulo feito com três espadas-de-são-jorge, firmando velas nos vértices, para Pai Ogum e para a outra divindade atuante, na sua cor correspondente. Uma vela branca central representará a pessoa solicitante. Antes de ativar o triângulo de força, tomar um banho de alecrim, espada-de-são-jorge e manjericão.

ORIXÁ CELESTIAL OGUM CRISTALINO

É o Ogum da Lei e da Fé, o Orixá Intermediário que atua intensivamente na vida dos seres, vibrando a Lei, irradiando uma essência que estimula a ordenação e a retidão. Porém, por ser cristalino, é regido por Pai Oxalá. Ele tem como qualidades as eólicas (Ordem e

Lei de Ogum), mas tem como atributos as qualidades de Oxalá (Fé) e tem como atribuição atuar na ordenação da Fé, das congregações, da religiosidade. Ele irradia ordem e religiosidade, estimula a fé e atrai os seres movidos pelas coisas religiosas.

Velas: 1 – azulão, 2 – branca, 3 – azul-escura, 4 – branca

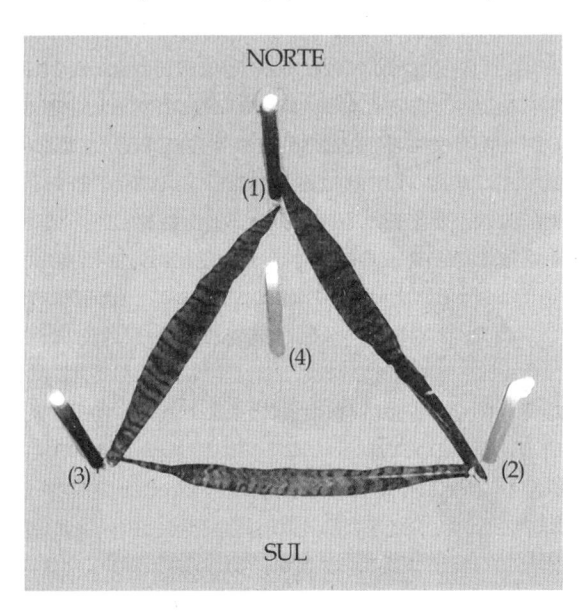

Após elaborar o triângulo de força com as espadas-de-são-jorge e as velas (1- azulão, 2- branca, 3- azul-escura, 4- branca), ajoelhar-se no sul do triângulo, acender as velas, saudar o Orixá Ogum Cristalino e clamar:

"Consagro este triângulo de força ao Divino Pai Ogum Cristalino.

Amado Pai Ogum Cristalino! Peço que vossa luz e vossas irradiações divinas me envolvam completamente, recolhendo toda energia, espíritos e atuações negativas que estejam me desequilibrando no sentido da Fé, descarregando todos os meus campos energéticos e espirituais, bem como os campos energéticos e espirituais do meu lar e dos meus familiares. Que vossas irradiações divinas cristalinas se instalem em mim, fortalecendo e iluminando todos os sentidos da minha vida. Amém!"

Após a oração, permanecer ajoelhado(a), com a cabeça encostada no solo, por aproximadamente cinco minutos, para que o Ogum Cristalino proceda a limpeza energética e espiritual e crie um campo protetor ao seu redor. Em seguida, levantar, saudar o Orixá, agradecer e pedir licença para se retirar.

Após a queima de todas as velas, os restos poderão ser descartados. As espadas poderão ser colocadas em um vaso na casa ou ser usadas em banhos, com outras ervas.

ORIXÁ CELESTIAL OGUM MINERAL

É o Ogum da Lei e do Amor, o Orixá Intermediário que atua intensivamente na vida dos seres, vibrando a Lei, irradiando uma essência que estimula a ordenação e a retidão. Porém, por ser mineral, é regido por Mãe Oxum. Ele tem como qualidades as eólicas (Ordem e Lei), mas tem como atributos as qualidades de Oxum (Amor) e tem como atribuição atuar na ordenação das agregações e das concepções. Ele irradia ordem e harmonia, estimula o amor e atrai os seres movidos pelas coisas agregadoras.

Velas: 1 – azulão, 2 – rosa, 3 – vermelha, 4 – branca

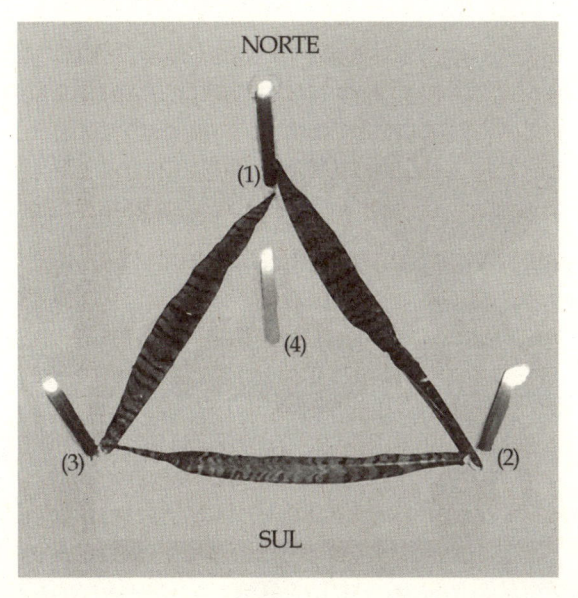

Após elaborar o triângulo de força com as espadas-de-são-jorge e as velas (1- azulão, 2- rosa, 3- vermelha, 4- branca), ajoelhar-se no sul do triângulo, acender as velas, saudar o Orixá Ogum Mineral e clamar:

"Consagro este triângulo de força ao Divino Pai Ogum Mineral. Amado Pai Ogum Mineral! Peço que vossa luz e vossas irradiações divinas me envolvam completamente, recolhendo toda energia, espíritos e atuações negativas que estejam me desequilibrando no sentido do

Amor, descarregando todos os meus campos energéticos e espirituais, bem como os campos energéticos e espirituais do meu lar e dos meus familiares. Que vossas irradiações divinas minerais se instalem em mim, fortalecendo e iluminando todos os sentidos da minha vida. Amém!"

Após a oração, permanecer ajoelhado(a), com a cabeça encostada no solo, por aproximadamente cinco minutos, para que o Ogum Mineral proceda a limpeza energética e espiritual e crie um campo protetor ao seu redor. Em seguida, levantar, saudar o Orixá, agradecer e pedir licença para se retirar.

Após a queima de todas as velas, os restos poderão ser descartados. As espadas poderão ser colocadas em um vaso na casa ou usadas em banhos, com outras ervas.

ORIXÁ CELESTIAL OGUM VEGETAL

É o Ogum da Lei e do Conhecimento, o Orixá Intermediário que atua intensivamente na vida dos seres, vibrando a Lei, irradiando uma essência que estimula a ordenação e a retidão. Porém, por ser vegetal, é regido por Pai Oxóssi. Ele tem como qualidades as eólicas (Ordem e Lei de Ogum), mas tem como atributos as qualidades de Oxóssi (Conhecimento) e como atribuição atuar na ordenação da doutrinação, do aconselhamento, do ensino. Ele irradia ordem e expansão, estimula a aprendizagem e o raciocínio, além de fortalecer a saúde mental, espiritual e física.

Velas: 1 – azulão, 2 – verde, 3 – vermelha, 4 - branca

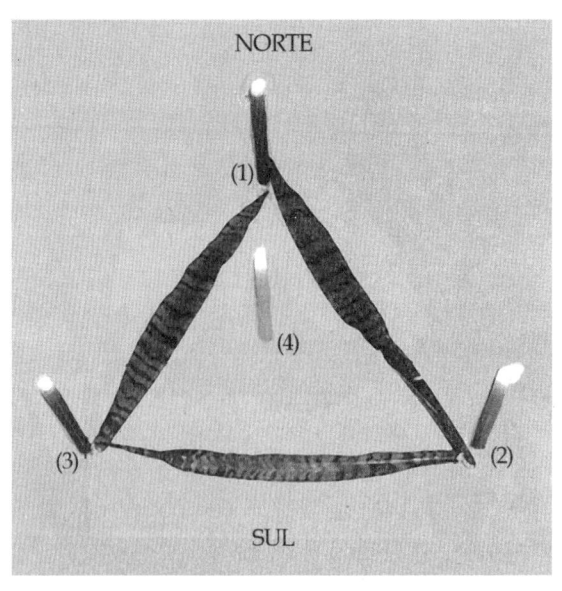

Após elaborar o triângulo de força com as espadas-de-são-jorge e as velas (1- azulão, 2- verde, 3- vermelha, 4- branca), ajoelhar-se no sul, saudar o Orixá e clamar:

"Consagro este triângulo de força ao Divino Pai Ogum Vegetal.

Amado Pai Ogum Vegetal! Peço que vossa luz e vossas irradiações divinas me envolvam completamente, recolhendo toda energia, espíritos e atuações negativas que estejam me desequilibrando no sentido do Conhecimento, descarregando todos os meus campos energéticos e espirituais, bem como os campos energéticos e espirituais do meu lar e dos meus familiares. Que vossas irradiações divinas vegetais se instalem em mim, fortalecendo e iluminando todos os sentidos da minha vida. Amém!"

Após a oração, permanecer ajoelhado(a), com a cabeça encostada no solo, por aproximadamente cinco minutos, para que o Ogum Vegetal proceda a limpeza energética e espiritual e crie um campo protetor ao seu redor. Em seguida, levantar, saudar o Orixá, agradecer e pedir licença para se retirar.

Após a queima de todas as velas, os restos poderão ser descartados. As espadas poderão ser colocadas em um vaso na casa ou usadas em banhos, com outras ervas.

ORIXÁ CELESTIAL OGUM ÍGNEO

É o Ogum da Lei e da Justiça, o Orixá Intermediário que atua intensivamente na vida dos seres, vibrando a Lei, irradiando uma essência que estimula a ordenação e a retidão. Porém, por ser ígneo, é regido pelo Orixá Xangô. Ele tem como qualidades as eólicas (Ordem e Lei de Ogum), e como atributos as qualidades de Xangô (Justiça) e tem como atribuição atuar na ordenação da razão e do equilíbrio. Ele irradia ordem e juízo, estimula a sensatez e atrai os seres movidos pelas coisas da Justiça, nos vários sentidos. Ele irradia ordem e purificação, estimula a razão e atrai os seres movidos pelas coisas justas e sensatas.

Velas: 1 – azulão, 2 – vermelha, 3 – vermelha 4 – branca

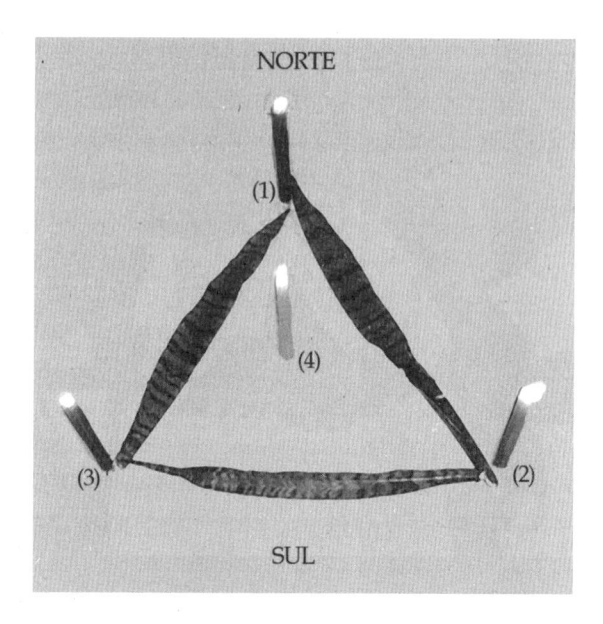

Após elaborar o triângulo de força com as espadas-de-são-jorge e as velas (1- azulão, 2- vermelha, 3- vermelha, 4- branca), ajoelhar-se no sul, saudar o Orixá e clamar:

"Consagro este triângulo de força ao Divino Pai Ogum Ígneo.

Amado Pai Ogum Ígneo! Peço que vossa luz e vossas irradiações divinas me envolvam completamente, recolhendo toda energia, espíritos e atuações negativas que estejam me desequilibrando no sentido da Justiça, descarregando todos os meus campos energéticos e espirituais, bem como os campos energéticos e espirituais do meu lar e dos meus familiares. Que vossas irradiações divinas ígneas se instalem em mim, fortalecendo e iluminando todos os sentidos da minha vida. Amém!"

Após a oração, permanecer ajoelhado(a), com a cabeça encostada no solo, por aproximadamente cinco minutos, para que o Ogum Ígneo proceda a limpeza energética e espiritual e crie um campo protetor ao seu redor. Em seguida, levantar, saudar o Orixá, agradecer e pedir licença para se retirar.

Após a queima de todas as velas, os restos poderão ser descartados. As espadas poderão ser colocadas em um vaso na casa ou usadas em banhos, com outras ervas.

ORIXÁ CELESTIAL OGUM EÓLICO

É o Ogum da Lei e do ar, o Orixá Intermediário que atua intensivamente na vida dos seres, vibrando a Lei, irradiando uma essência que estimula a ordenação e a retidão. Porém, por ser eólico, é regido pelo Orixá Ogum Maior. Ele tem como qualidades as eólicas (Ordem e Lei de Ogum), tem como atributos as qualidades de Ogum (retidão, caráter) e como atribuição atuar na ordenação de tudo e de todos. Ele irradia ordem, estimula o virtuosismo e atrai os seres movidos pelas coisas da proteção.

Velas: 1 – azulão, 2 – branca, 3 – vermelha, 4 - branca

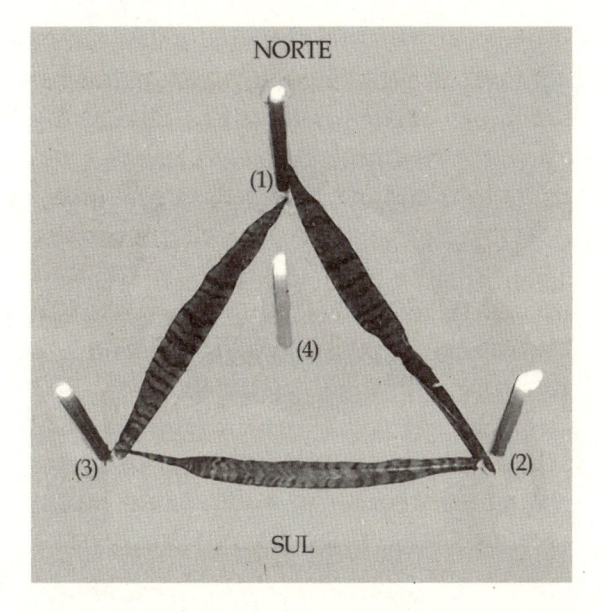

Após elaborar o triângulo de força com as espadas-de-são-jorge e as velas (1- azulão, 2- branca, 3- vermelha, 4- branca), ajoelhar-se no sul, saudar o Orixá e clamar:

"Consagro este triângulo de força ao Divino Pai Ogum Eólico.

Amado Pai Ogum Eólico! Peço que vossa luz e vossas irradiações divinas me envolvam completamente, recolhendo toda energia, espíritos e atuações negativas que estejam me desequilibrando no sentido da Lei, descarregando todos os meus campos energéticos e espirituais, bem como os campos energéticos e espirituais do meu lar e dos meus familiares. Que vossas irradiações divinas eólicas se instalem em mim, fortalecendo e iluminando todos os sentidos da minha vida. Amém!"

Após a oração, permanecer ajoelhado(a), com a cabeça encostada no solo, por aproximadamente cinco minutos, para que o Ogum Eólico proceda a limpeza energética e espiritual e crie um campo protetor ao seu redor. Em seguida, levantar, saudar o Orixá, agradecer e pedir licença para se retirar.

Após a queima de todas as velas, os restos poderão ser descartados. As espadas poderão ser colocadas em um vaso na casa ou usadas em banhos, com outras ervas.

ORIXÁ CELESTIAL OGUM TELÚRICO

É o Ogum da Lei e da Evolução, o Orixá Intermediário que atua intensivamente na vida dos seres, vibrando a Lei, irradiando uma essência que estimula a ordenação e a retidão. Porém, por ser telúrico, é regido por Pai Obaluaiê. Ele tem como qualidades as eólicas (Ordem e Lei de Ogum), mas tem como atributos as qualidades de Obaluaiê (estabilidade e transmutação) e como atribuição atuar na ordenação da evolução, estimulando o saber nos seres. Ele irradia ordem e transmutação, estimula a vontade de seguir em frente e atrai os seres movidos pelas coisas regeneradoras e curadoras.

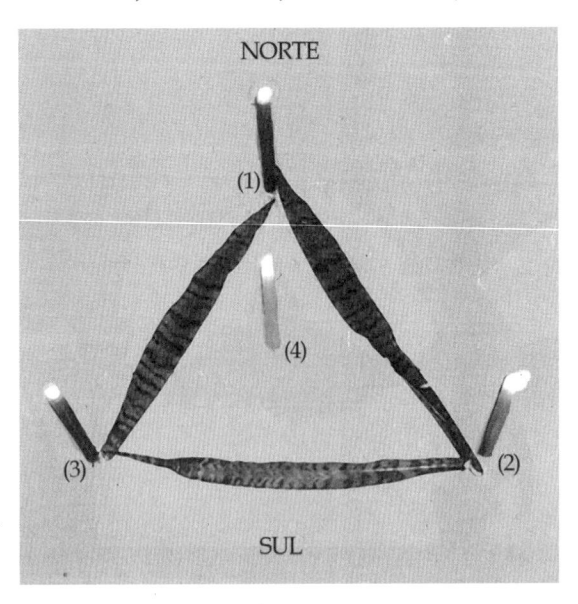

Velas: 1 – azulão, 2 – violeta, 3 – vermelha, 4 - branca

Após elaborar o triângulo de força com as espadas-de-são-jorge e as velas (1- azulão, 2- violeta, 3- vermelha, 4- branca), ajoelhar-se no sul, saudar o Orixá e clamar:

"Consagro este triângulo de força ao Divino Pai Ogum Telúrico.

Amado Pai Ogum Telúrico! Peço que vossa luz e vossas irradiações divinas me envolvam completamente, recolhendo toda energia, espíritos e atuações negativas que estejam me desequilibrando no sentido da Evolução, descarregando todos os meus campos energéticos e espirituais, bem como os campos energéticos e espirituais do meu lar e dos meus familiares. Que vossas irradiações divinas telúricas se instalem em mim, fortalecendo e iluminando todos os sentidos da minha vida. Amém!"

Após a oração, permanecer ajoelhado(a), com a cabeça encostada no solo, por aproximadamente cinco minutos, para que o Ogum Telúrico proceda a limpeza energética e espiritual e crie um campo protetor ao seu redor. Em seguida, levantar, saudar o Orixá, agradecer e pedir licença para se retirar.

Após a queima de todas as velas, os restos poderão ser descartados. As espadas poderão ser colocadas em um vaso na casa ou usadas em banhos, com outras ervas.

ORIXÁ CELESTIAL OGUM AQUÁTICO

É o Ogum da Lei e da Geração, o Orixá Intermediário que atua intensivamente na vida dos seres, vibrando a Lei, irradiando uma essência que estimula a ordenação e a retidão. Porém, por ser aquático é regido por Mãe Iemanjá. Ele tem como qualidades as eólicas (Ordem e Lei de Ogum), mas tem como atributos as qualidades de Iemanjá (Geração) e como atribuição atuar na ordenação da Vida, das gerações, da criatividade. Ele irradia a ordenação da vida, estimula a geração e a proteção e atrai os seres movidos pela criatividade.

Velas: 1 – azulão, 2 – azul-clara, 3 – vermelha, 4 - branca

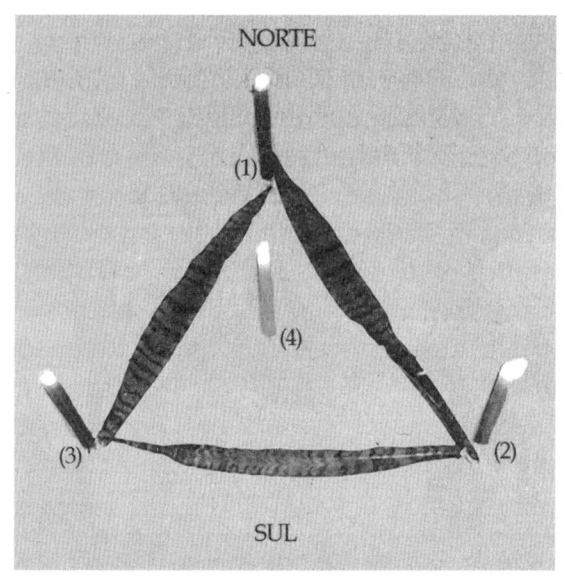

Após elaborar o triângulo de força com as espadas-de-são-jorge e as velas (1- azulão, 2- azul-clara, 3- vermelha, 4- branca), ajoelhar-se no sul, saudar o Orixá e clamar:

"Consagro este triângulo de força ao Divino Pai Ogum Aquático.

Amado Pai Ogum Aquático! Peço que vossa luz e vossas irradiações divinas me envolvam completamente, recolhendo toda energia, espíritos e atuações negativas que estejam me desequilibrando no sentido da Geração, descarregando todos os meus campos energéticos e espirituais, bem como os campos energéticos e espirituais do meu lar e dos meus familiares. Que vossas irradiações divinas aquáticas se instalem em mim, fortalecendo e iluminando todos os sentidos da minha vida. Amém!"

Após a oração, permanecer ajoelhado(a), com a cabeça encostada no solo, por aproximadamente cinco minutos, para que o Ogum Aquático proceda a limpeza energética e espiritual e crie um campo protetor ao seu redor. Em seguida, levantar, saudar o Orixá, agradecer e pedir licença para se retirar.

Após a queima de todas as velas, os restos poderão ser descartados. As espadas poderão ser colocadas em um vaso na casa ou usadas em banhos, com outras ervas.

Exemplos de Oguns Intermediários nas Faixas Neutras e Cósmicas

Há Ogum e há Oguns com outras qualidades de Olorum, herdadas dos demais Tronos, nos entrecruzamentos e nas projeções para os planos da vida.
R. Saraceni

O Orixá Ogum se irradia verticalmente, por meio de sua onda magnética essencial eólica e, nos entrecruzamentos horizontais, surgem suas hierarquias nos diversos planos da vida.

Cada Ogum Intermediário tripolar, assentado na faixa neutra, direciona os seres elementais encantados e naturais e até mesmo os espíritos da dimensão humana. São multidimensionais e projetam-se em todas as faixas neutras, sejam elas puras, bi, tri, tetra ou pentaelementais, compondo gigantescas hierarquias incontáveis.

ALGUNS OGUNS CRISTALINOS

TRONOS INTERMEDIÁRIOS OGUNS MATINATA

O Trono Intermediário Ogum Matinata, na faixa neutra ou tripolar, é um Ogum Cristalino, resultante do entrecruzamento da onda magnética vertical eólica essencial (Ogum) com a onda fatoral cristalina horizontal magnetizada (Oxalá). Matinata vem de Matina, que, popularmente, significa manhã; das 9 às 12 horas é o horário vibratório de Oxalá.

A onda essencial eólica, ao absorver a onda fatoral cristalina, energiza-se e se magnetiza com o fator congregador de Oxalá, criando um poderoso eletromagnetismo que, ao alcançar seu limite congregador, explode e projeta a onda eletromagnética eólica elemental cristalina ao terceiro plano da vida, dando origem à hierarquia de Tronos Ordenadores das Congregações ou Oguns Ordenadores da Fé (Tronos eólico-cristalinos ou Tronos das Divindades elementais, ordenadoras das congregações), nas faixas positivas.

TRONOS INTERMEDIÁRIOS OGUNS DO TEMPO

O Trono Ogum do Tempo, ou Trono Ordenador do Tempo, resulta do entrecruzamento da Onda Vertical Magnética Essencial Eólica (Ogum) com a Onda Horizontal Fatoral Temporal-Cristalina Magnetizada, regida por Logunan, na sua parte feminina, positiva e ativa. É a ordenação de Ogum juntando-se ao Trono essencial da Fé, que rege a religiosidade dos seres.

Essa onda temporal cria as condições ideais para a cristalização e magnetização do local onde a onda eólica parou, formando um polo eletromagnético, que é uma passagem para outros planos da vida. Ao criar um polo eletromagnético, essa onda vai magnetizando-o e puxando todas as ondas essenciais eólicas próximas, agrupando-as em uma poderosíssima e hipermagnetizada corrente eletromagnética. Sintetizando: a onda magnética essencial eólica, após incorporar a onda fatoral temporal cristalina magnetizada, projeta uma onda para a dimensão atemporal da vida, ou dimensão do tempo, e surge a hierarquia do Divino Trono Ordenador do Tempo ou Ogum do Tempo ou Ogum Ordenador da Lei Maior na dimensão atemporal do Tempo, regida por Logunan, no Terceiro Plano da Vida.

Logunan rege a parte feminina, negativa e ativa do fator temporal; Oxalá rege a parte masculina, positiva e passiva; Oxumaré rege a parte masculina, negativa e passiva; e a parte feminina, negativa e ativa é regida por um trono cósmico, cuja divindade é desconhecida na dimensão humana.

Essas passagens temporal-cristalinas interligam o Segundo e o Terceiro Plano da Vida e parecem redemoinhos gigantes, com suas espirais duplas, que giram o tempo todo, uma no sentido horário e outra no sentido anti-horário. Uma delas vem do Segundo Plano, trazendo ondas magnéticas essenciais eólicas carregadas de ondas fatorais magnetizadas, fundindo-as e criando ondas eletromagnéticas elementais. A outra retorna ao Segundo Plano da Vida, devolvendo ondas elementais deseletrizadas.

Os Tronos Oguns do Tempo regem, com rigor, a Ordenação da Religiosidade dos Seres.

Nas faixas positivas dos Tronos Oguns Cristalinos, estão os Tronos Ordenadores das Congregações ou Oguns Ordenadores da Fé (Tronos eólico-cristalinos ou Tronos das Divindades elementais, ordenadoras das congregações). Nas faixas neutras surge a hierarquia dos Tronos Duais da Ordenação das Congregações, conhecidos como Oguns Matinata, que atuam ordenando a fé e a religiosidade dos seres, congregando os seres e as coisas criadas por Deus. No lado divino, Ogum é poder; no lado natural, Ogum Matinata é ação. Nas faixas cósmicas atua o Ogum do Tempo, regido pela Orixá Logunan.

ALGUNS OGUNS MINERAIS

TRONOS INTERMEDIÁRIOS OGUNS IARA

O Trono Ogum Iara, na faixa neutra ou tripolar, é o trono projetado para o quinto plano da vida, a partir do entrecruzamento da onda magnética vertical eólica essencial (Ogum) com a onda fatoral mineral aquática horizontal magnetizada (Oxum), após criar um poderoso eletromagnetismo que, ao explodir, projetou suas ondas.

A Hierarquia dos Tronos Oguns Iara ou Tronos Ordenadores das Agregações Minerais Aquáticas ou Oguns das Águas Minerais ordena as uniões, as ligações, as concepções, etc., pois se assentou na corrente mineral, onde se qualificou a atuar como ordenador das agregações minerais aquáticas, no quinto plano da vida. São chamados Oguns Encantados Ordenadores das Agregações ou encantados Oguns Iara.

No terceiro plano da vida, as ondas projetadas originaram os Tronos Elementais Ordenadores das Agregações ou Oguns Minerais e, no quarto plano da vida, os Tronos Ordenadores da Cristalização das Agregações ou Oguns das Pedras.

TRONOS INTERMEDIÁRIOS OGUNS DO FERRO

A origem do Trono Intermediário Ogum do Ferro ocorreu quando a projeção vertical da onda magnética essencial eólica de Ogum se entrecruzou e se fundiu com a onda fatoral temporal aquática mineral de Oxumarê, que rege sobre a parte ativa do fator aquático e sobre a parte passiva do fator mineral. Ele ordena a agregação energética ou fusão dos elementos minerais e energiza a onda magnética irradiadora de essências eólicas.

"Observação: a onda natural aquática, em seu polo universal ou positivo, é regida por Iemanjá na parte positiva passiva do fator aquático e é regida por Oxumarê na sua parte positiva ativa. Na água, ambos são tronos da geração." (R. Saraceni, *Gênese de Umbanda*, Madras Editora.)

Essa onda ar (Ogum) mineral (Oxumarê) é uma onda energética mista ou dual eólico-mineral, projetada para o quarto plano da vida. Assim, os Tronos Oguns do Ferro são Oguns duais eólico-minerais; são Tronos Ordenadores Divinos das Agregações, das Concepções e das Uniões, no quarto plano da vida ou plano dual da evolução.

Esses Tronos Duais ou Bienergéticos, que na Umbanda chamamos de Oguns do Ferro, incorporam no Candomblé (encantados naturais) e se apresentam como "Oguns Já". São regidos por Oguns Intermediadores do trono dual ou bienergético.

Os duais Oguns do Ferro são rigorosíssimos; os mais rigorosos dos Oguns, pois não admitem nenhum desvio de conduta ou de postura dos seres, diante dos Orixás. Os seres naturais chegam até a evitá-los.

Nas faixas positivas dos Oguns Minerais atua o Ogum do Amor e da Concepção, regido por Oxum; nas faixas neutras surge a hierarquia dos Tronos Duais Minerais Ogum das Cachoeiras, regido por Oxum; e nas faixas cósmicas atua o Trono Ogum Sete Cobras, regido pelo Orixá Oxumaré.

ALGUNS OGUNS VEGETAIS

TRONOS INTERMEDIÁRIOS OGUNS ROMPE MATAS

No terceiro plano da vida, a onda vegetal magnetizada horizontal (Oxóssi), quando incorporada pela onda magnética eólica essencial (Ogum), faz surgir a hierarquia dos Tronos Elementais Ordenadores do Conhecimento, os Oguns Rompe Matas. A onda fatoral vegetal magnetizada, transportadora do fator expansor, expande a onda magnética eólica essencial, tornando-a um gigantesco fluxo de essências, projetada para o terceiro plano da vida.

Os Tronos Oguns Rompe Matas, assim chamados no nível natural, são tronos eólico-vegetais ou Oguns Elementais Ordenadores do Conhecimento, nas faixas neutras. Nas faixas positivas atua o Ogum do Conhecimento, regido por Oxóssi, e nas faixas cósmicas atua o Ogum Rompe Solo, regido pela Orixá Obá.

ALGUNS OGUNS ÍGNEOS

TRONOS INTERMEDIÁRIOS OGUNS DOS RAIOS

Esse Trono Ogum dos Raios surge quando a onda magnética vertical eólica essencial (de Ogum) absorve a onda fatoral ígnea magnetizada (Xangô), onda transportadora do fator ígneo, equilibrador por excelência, que a equilibrará e equilibrará o seu fluir natural. Ocorre a projeção de três ondas, que dão origem a três hierarquias de Tronos Oguns Ígneos ou Tronos Ordenadores da Razão.

No Terceiro Plano da Vida, ou plano elemental, surge a hierarquia dos Tronos Oguns Elementais do Fogo; no Quarto Plano da Vida, ou plano dual, surge a Hierarquia dos Tronos Duais dos Raios, ou Ogum dos Raios; e, no Quinto Plano da Vida, ou Plano Encantado, surge a hierarquia dos Tronos Oguns Ordenadores da Justiça Divina ou Ogum das Pedreiras.

Nos Tronos Intermediários Oguns Ígneos, nas faixas positivas, atua o Ogum da Justiça, regido por Xangô; nas faixas neutras, atua a hierarquia dos Tronos Ígneos Ogum de Lei; e nas faixas cósmicas atua o Ogum Corta Fogo, regido pela Orixá Oroiná.

ALGUNS OGUNS EÓLICOS

TRONOS INTERMEDIÁRIOS OGUNS DE LEI

Os Tronos Oguns de Lei são ordenadores da Lei. Na vertical, são regidos pela irradiação ordenadora do Orixá Ogum, parte masculina e passiva do fator eólico, e, na horizontal, são qualificados pela onda fatoral eólica magnetizada da Orixá Iansã, regente natural da parte feminina ativa do fator eólico.

A onda magnética eólica essencial de Ogum, ao projetar-se verticalmente, encontra-se com a onda fatoral eólica magnetizada de Iansã, projetada horizontalmente. Incorporando-a e direcionando-a até o local onde deixará de fluir, criará uma estática eletromagnética que, quando explodir, projetará ondas eólicas puras para a Dimensão do Tempo e ao terceiro e quarto planos da vida.

A onda Temporal, projetada para a dimensão do Tempo (ou meio atemporal da vida) dá origem aos Oguns Eólicos puros ou Oguns de Lei-Temporais ou Tronos Ordenadores dos Procedimentos.

O Mistério e Senhor Ogum de Lei rege hierarquias de Guardiões e cada uma delas é identificada por uma das 77 espadas simbólicas pertencentes a esse mistério.

No terceiro plano da vida, originam-se os Oguns Eólicos Elementais, ordenadores-direcionadores da Lei ou Oguns do Ar. No Quarto Plano da Vida, surgem os Oguns Duais do Ar, Ordenadores das Movimentações, conhecidos também como Oguns de Ronda.

TRONOS INTERMEDIÁRIOS OGUNS DE RONDA

Conforme explicado nos Tronos Intermediários Oguns de Lei, o entrecruzamento da onda magnética eólica essencial de Ogum com a onda fatoral eólica magnetizada de Iansã projeta três ondas eólicas para três planos diferentes. No Quarto Plano da Vida, faz surgir as hierarquias dos Tronos Oguns de Ronda, Oguns Duais do Ar, ordenadores de movimentações nesse plano.

Pelo fato de serem ordenadores dos movimentos, a eles coube guardarem e protegerem todos os domínios e mistérios. Por isso, vivem a rondar tudo e todos, reordenando o caos estabelecido onde a Lei e a Vida deixaram de ser o bem maior dos seres. Na irradiação de Pai Ogum, são tripolares, regendo o alto, o embaixo e o meio, guardando todos os domínios e os mistérios.

Nas faixas positivas dos Oguns Eólicos, atua o Ogum do Ar ou Ogum Eólico, regido pelo Orixá Ogum Maior. Nas faixas neutras, surge a hierarquia dos Tronos Ígneos Oguns Ventania, regidos por Ogum. Nas faixas cósmicas, atua o Ogum Rompe Nuvens, regido pela Orixá Iansã.

ALGUNS OGUNS TELÚRICOS

O fator telúrico ou fator evolutivo é regido, em sua parte masculina, positiva, pelo Orixá Obaluaiê (terra-água); em sua parte feminina, positiva, por Nanã Buruquê (água-terra); em sua parte feminina negativa, por Obá (terra pura); e, em sua parte masculina negativa, por Omolu (terra seca).

A onda ordenadora eólica vertical do Orixá Ogum cruza na horizontal com a onda telúrico-aquática de Obaluaiê. Quando essa onda magnetizada eólica recebe a onda fatoral telúrica em sua parte paralisante, cuja função é fazer a onda eólica perder a fluidez, ela para e abre uma passagem para outro plano da vida e se projeta para o Terceiro Plano da Vida, criando a hierarquia dos Tronos Ordenadores da Evolução nesse plano elemental ou Oguns da Terra. Obaluaiê é conhecido como o senhor das passagens ou senhor dos portais.

No quarto plano da vida, faz surgir a hierarquia dos Tronos Ordenadores da Lei, os Tronos Encantados trienergéticos, ar-terra-água, Oguns duais da Evolução ou Tronos Divinos Ordenadores da Evolução ou Oguns das Passagens de níveis vibratórios (Obaluaiê).

Quando a onda vertical eólica de Ogum recebe, na horizontal, a onda telúrica magnetizada de Omolu (regente da parte masculina negativa e paralisante desse fator), transportadora do fator telúrico puro, fica paralisada. No local onde essa onda telúrica pura parar, abre-se uma passagem para outro plano da vida, pois esta também é uma das funções de Omolu. O maior simbolismo de Omolu é o cemitério, local onde o corpo é devolvido à terra e o espírito é encaminhado ao mundo espiritual.

TRONOS INTERMEDIÁRIOS OGUNS MEGÊ SETE ESPADAS

A onda essencial eólica se projeta para o quinto plano da vida, originando as Hierarquias dos Tronos Trienergéticos Ordenadores da Evolução ou Oguns Encantados das Passagens, Tronos Intermediadores do Senhor Ogum Megê ou Ogum das Sete Espadas.

Ogum Megê, trienergético, na vertical é regido pela irradiação ordenadora do Orixá Natural Ogum, que lhe deu sua qualidade de ordenador da Lei. Na horizontal, cuja corrente eletromagnética qualifica sua qualidade original, ele é ordenador nos campos da evolução e é o Ogum das Passagens de níveis vibratórios.

O campo específico de atuação de Ogum Megê é o de ordenador da Lei Maior nos cemitérios, regidos por Omolu e Obaluaiê, em que Obaluaiê estimula a evolução dos seres equilibrados e Omolu paralisa a evolução dos seres viciados. Obaluaiê, polo positivo e Omolu, polo negativo, são opostos entre si, mas afins ou complementares nos processos evolutivos.

A onda fatoral telúrica magnetizada, transportadora do fator telúrico puro, que tanto dá forma quanto paralisa, é regida pelo trono essencial telúrico, conhecido como Orixá Omolu. Esse Orixá telúrico é o regente da parte masculina negativa, cósmica e paralisante, desse fator telúrico puro. Ogum Megê paralisa as gerações desequilibradas e a criatividade desvirtuadora dos princípios divinos de vida.

O Ogum Megê Sete Espadas já foi descrito como um esqueleto de uniforme, montado em um cavalo branco, rondando os cemitérios. Essa imagem é correta como alegoria e analogia simplista, pois as caveiras habitam o embaixo dos cemitérios, onde estão os caídos, os "mortos" para a vida.

A espada, símbolo sagrado da Lei, é atributo do Orixá Ogum, assentado no lado divino da criação e regente do mistério Sete Espadas. O Orixá Ogum Sete Espadas, assentado no lado natural da criação, é o seu regente natural. No embaixo está o Senhor Ogum Megê Sete Espadas, assentado nos domínios do Trono Cósmico Omolu, Guardião dos Mortos. Megê significa sete, e Ogum Megê Sete Espadas da Lei e da Vida é um trono elemental de nível médio, cuja hierarquia presta contas ao regente celestial Ogum Sete Espadas. Ogum é poder e Ogum Sete Espadas, ação.

Esse trono é intermediário para as outras seis irradiações, vibrações e magnetismos (Fé, Amor, Conhecimento, Justiça, Evolução e Geração). Ogum Megê Sete Espadas é a espada da Lei a punir os excessos cometidos tanto nas trevas como pelos espíritos encarnados. Ele é o único filho de Ogum que pode entrar em todas as realidades da criação sem nunca ser afetado pelos seus fatores. É o Orixá Redentor Divino, porque traz em si a remissão dos nossos erros, falhas e pecados; é redentor de todas as fêmeas impuras e maculadas, redentor que redime os erros, as falhas e os pecados de todas as filhas de Olorum, divinas ou espirituais.

A Umbanda é regida pelo Setenário Sagrado no Alto e o Orixá Ogum é uma de suas essências, o Trono Eólico da Lei. Em sua hierarquia, Ogum das Sete Espadas é o regente celestial a quem os membros do degrau das Sete Espadas prestam conta de seus atos. O Senhor Ogum Megê das Sete Espadas da Lei e da Vida é o senhor de um degrau, um Trono Intermediário, regido, no alto, pelo Orixá Ogum Sete Espadas e, no embaixo, está assentado nos domínios do cemitério, regido pelo Orixá Omolu, o Guardião dos "mortos", onde estão os caídos ou os "mortos" para a vida.

No embaixo, no cemitério, esse trono atrai os seres desequilibrados, desvirtuados e negativados no sétimo sentido da vida e os ampara, até esgotarem seus negativismos e despertarem sua consciência para seus erros, falhas e pecados, arrependendo-se e desenvolvendo sentimentos positivos e virtuosos. Esse é o principal objetivo da Lei e da Vida. Mas, como Ogum Megê Sete Espadas é um Ogum "Sete", recolhe em seus domínios espíritos caídos em todos os sentidos da vida: Fé, Amor, Conhecimento, etc. Ogum é Lei e, onde excessos estão sendo cometidos em nome de Deus, lá está sua Espada Guardiã dos Mistérios Divinos, impondo a Lei e ordenando o caos. O campo-santo é regido, no alto, por Obaluaiê e, no embaixo, por Omolu, e Ogum Megê Sete Espadas é o braço direito de Obaluaiê e o braço esquerdo de Omolu.

Ele é o ordenador ético e moral dos procedimentos, nos domínios de Obaluaiê e de Omolu.

TRONOS INTERMEDIÁRIOS OGUNS BEIRA-MAR

O Trono Ogum Beira-Mar se formou quando, no terceiro plano da vida, o Ogum Eólico, projetando-se verticalmente pela onda magnética eólica, entrecruzou-se com a corrente horizontal telúrica (de Obaluaiê). Ali, Ogum atuou até esgotar o que precisava vivenciar como ordenador da evolução e continuou a irradiar-se verticalmente. Então, projetou-se e, no quinto plano da vida, entrecruzou-se com a onda fatoral horizontal temporal mista aquático-mineral (Iemanjá-Oxumarê), tornando-se Ordenador (Ogum) da Evolução (Obaluaiê) no campo da Geração (Iemanjá). Todo fator original com dupla qualidade é misto ou temporal.

A absorção da onda aquático-mineral tem a função de dar maleabilidade à onda magnética eólica, para que a parte telúrica da onda anterior não a torne muito rígida. Dessa fusão do fator evolutivo (Obaluaiê) e do fator renovador (Oxumaré) com os fatores da onda fatoral magnetizada eólica, surge a onda trienergética, que se projeta e alcança o quinto plano da vida (água-Iemanjá). Dessa onda trienergética projetada para o quinto plano da vida originou-se a Hierarquia dos Tronos Encantados Oguns Beira-Mar. São Oguns (ar) Beira (terra) Mar (água), tronos trienergéticos ou mistos, Ordenadores da Evolução no campo da Geração ou Ordenadores da Terra e da Água ou Oguns Telúrico-Aquáticos ou Oguns de Obaluaiê (Evolução) e de Iemanjá (Geração).

Esses Tronos Beira-Mar são Tronos Intermediários do mistério Ogum, assentados à beira-mar, ou seja, nos limites dos domínios de Obaluaiê (terra) e de Iemanjá (água). O mistério Ogum Beira-Mar rege uma hierarquia divina que interpenetra 49 dimensões diferentes, todas paralelas entre si e tanto ordena a evolução como gera nos seres novas condições e recursos, para que retomem suas evoluções. Além disso, paralisa as evoluções degeneradas, pois tem níveis positivos e negativos, ocupados por Tronos cósmicos, regidos por Omolu.

Nos Tronos Intermediários nas faixas positivas dos Oguns Telúricos atua o Ogum da Evolução, regido por Obaluaiê. Nas faixas neutras, surge a hierarquia dos Tronos Telúricos Ogum Megê, regidos por Omolu. Nas faixas cósmicas atua o Ogum Sete Lagoas, regido pela Orixá Nanã.

ALGUNS OGUNS AQUÁTICOS

TRONOS INTERMEDIÁRIOS OGUNS MARINHOS

Esse Trono Ogum Marinho ou Oguns Marinho Encantados surge no quarto plano da vida, quando a onda magnética vertical eólica essencial (de Ogum) absorve a onda horizontal fatoral aquática magnetizada (de Iemanjá), transportadora do fator aquático gerador e se projeta para o quinto plano da vida.

No nível terra, Iemanjá, a Mãe da Vida, é a regente natural da parte positiva e passiva desse fator gerador. Essa onda fatoral aquática dá maleabilidade à onda magnética essencial eólica, pois só o fator aquático gerador magnetizado tem essa capacidade. A junção dessas duas ondas projeta duas ondas, originando duas hierarquias de Tronos Intermediários Eólicos Aquáticos, no quinto plano da vida:

• Os Tronos Ordenadores da Geração ou Oguns da Água ou Oguns Marinhos.

• Os Tronos Ordenadores da Criatividade ou Oguns Sete Ondas.

Mar é sinônimo de geração. Então, Ogum Marinho, ou Trono Encantado Ogum do Mar, ordena toda a geração nesse quinto plano da vida, o plano encantado.

O Trono Divino Ordenador da Geração Encantado é um só, mas a hierarquia divina resultante (todos encantados) é muito numerosa. O campo de ação desse trono Oguns do Mar é tão amplo, que chega à casa dos 70 bilhões de seres manifestadores desse mistério ordenador da geração, pois esse trono projeta suas ondas mentais ordenadoras da geração a todas as 77 dimensões planetárias da vida.

O ser divino regido pelo Orixá Ogum, que o qualifica como um "Ogum" e aplicador do mistério da Lei no campo da Orixá Iemanjá, é o Senhor Ogum Marinho.

TRONOS INTERMEDIÁRIOS OGUNS SETE ONDAS

É o Trono projetado para o quinto plano da vida pela onda magnética essencial eólica (Ogum), quando incorpora a onda fatoral aquática magnetizada criativa (Iemanjá ou Mãe da Vida). A função dessa onda fatoral aquática é saturar e dar maleabilidade à onda magnética essencial eólica, para criar as condições ideais de transformá-la em onda eletromagnética. Quando isso acontece, a onda eólica projeta duas ondas para o quinto plano da vida, originando suas hierarquias de tronos eólico-aquáticos:

• Os Tronos Ordenadores da Geração ou Oguns da Água ou Marinhos, encantados do mar.

- Os Tronos Ordenadores da Criatividade ou Oguns da Criatividade ou Oguns Sete Ondas ou Oguns Ordenadores das Sete Ondas, geradoras e criativas.

Nos Oguns Sete Ondas, as "sete ondas" são as sete ondas geradoras ou irradiações geradoras, projetadas pela onda viva divina e não sete ondas do mar, como interpretado por muitos. São emanadas sete ondas de filhos de Ogum, que se sucedem umas às outras e, na sétima onda, apenas um Ogum é portador do fator ordenador do Criador e traz em si todas as qualidades, atributos e atribuições do Pai Fatoral Ogum Ordenador. É um herdeiro divino que absorve a onda viva geradora, incorpora-a à sua estrela da vida e, no devido tempo, recepcionará sete novas ondas de filhos de Ogum, seus iguais que lhe chegarem nas ondas de filhos de Ogum, que adotarão. Os filhos, quando se habilitam, assumem o grau de seus pais, e estes ascendem, ocupando o grau de seus pais, que também ascendem.

Um filho que traz em si um mistério original, herdado porque veio em uma dessas sétimas ondas, carrega consigo uma semente viva, uma herança genética divina igual à de seu pai, divindade original de Deus que o fatorou para ser uma extensão do Divino Trono da Ordenação, em uma multiplicação contínua.

Essas ondas geradoras dão aos Orixás encantados a possibilidade de se multiplicarem nos seus filhos e filhas ou nos seres regidos por eles nas dimensões da vida, paralelas à dimensão humana.

O simbolismo "Sete Ondas do Mar" é na verdade a repetição das sete ondas geradoras vivas de Deus, que dão às ondas fatorais a capacidade de se multiplicar e se repetir continuamente. Essa repetição acontece no quinto plano da vida ou Plano Encantado e nele surge uma hierarquia de tronos ordenadores dessas ondas, Tronos conhecidos como Oguns Sete Ondas do ritual de Umbanda Sagrada.

O termo Sete Ondas também é sinônimo de sete irradiações e um Ogum Sete Ondas tanto pode potencializá-las como, caso estejam sendo utilizadas pelos médiuns de forma distorcida ou incorreta em um templo de Umbanda, pode retirar-lhes a capacidade de se irradiar e gerar religiosidade.

Nas faixas positivas dos Tronos Oguns Intermediários da Vida, atua o Ogum da Geração, regido por Iemanjá. Nas faixas neutras, surge a hierarquia dos Tronos Aquáticos Ogum Marinho, regido por Iemanjá, e nas faixas cósmicas atua o Ogum Naruê, regido pelo Orixá Omolu.

Oferendas Sagradas para os Divinos Pais Oguns

O ato sagrado de oferendar as divindades é uma prática milenar e os praticantes de diversas religiões elaboraram e fundamentaram seus ritos ofertatórios, orientados ou inspirados pelos mensageiros espirituais responsáveis pelas sustentações divinas de cada uma delas.

A Umbanda é uma religião que tem seu fundamento assentado nas potências divinas da natureza, os Sagrados Orixás. O Divino Criador, no seu infinito amor e bondade, concedeu aos seres o direito de acessarem e se dirigirem às Suas divindades, por meio de Oferendas Sagradas, realizadas nos Santuários Naturais de cada Orixá, localizados nos pontos de força na natureza (mar, cachoeira, matas, estradas, etc.) e também nos Templos.

No Ritual da Umbanda Sagrada, os Orixás Naturais são os manifestadores dos Orixás Celestiais e estão assentados no lado natural da Criação, ou seja, na natureza. Eles são as divindades mais próximas de nós e os poderes divinos e sublimes disponíveis a todos os seres.

O PODER DIVINO E AS FORÇAS DA NATUREZA NA VIDA DOS SERES

Os Sagrados Orixás são essências vivas da natureza e o fundamento do Mistério das Oferendas Sagradas encontra-se nos princípios (Leis) divinos das sete essências originais. Esses princípios pertencem à ciência divina, que é um estudo formado a partir das energias, dos magnetismos, das irradiações e das vibrações dos elementos da natureza, correspondentes a cada Orixá, permitindo a compreensão dos fundamentos (princípios) que regem essas forças espirituais e poderes naturais ativados nos pontos de forças da natureza. Os Sagrados Orixás e os Guias Espirituais "não comem ou bebem", pois não vivem no plano humano; eles pertencem ao plano divino, natural e espiritual.

Uma oferenda não é um instrumento de "barganha" com os Sagrados Orixás e com os Guias Espirituais de Lei, tanto da direita quanto da esquerda. Uma oferenda é um ato sagrado e de fé, que nos coloca em sintonia vibratória, mental e emocional com as forças espirituais e com os poderes divinos da natureza. É uma prova material da nossa fé e amor, na qual os elementos oferendados são manipulados energeticamente e seus princípios mágicos ativados em nosso próprio benefício, de acordo com o merecimento e necessidade evolucionista, diante da Lei Maior.

Os elementos naturais ofertados possuem seus princípios mágicos ativos extraídos pelo poder ou força invocados. No lado material, as plantas e demais elementos da natureza têm seus princípios ativos medicinais terapêuticos, elaborados pelos laboratórios e usados no tratamento de doenças. No lado espiritual, princípio mágico ativo é a capacidade de os elementos naturais atuarem energeticamente sobre o nosso corpo astral. No estado neutro, esses elementos não têm atividade, mas, quando colocados em uma oferenda e devidamente programados com clamores, pedidos, orações, etc., chegam ao poder invocado e retornam ao ofertante ou para quem foi pedida a ajuda, beneficiando-o, conforme suas necessidades e merecimentos. Instalam-se no seu corpo energético e realizam ampla ação de limpeza, purificação, cura, reenergização e regeneração. Removem os negativismos, projetam-se para a fonte emissora deles, podem virá-las, revertê-las, neutralizá-las, recolhê-las e anulá-las.

OS ELEMENTOS (AR, ÁGUA, MINERAIS, CRISTAIS, VEGETAIS, FOGO E TERRA)

Como a Umbanda é uma religião ligada essencialmente à natureza, os elementos, por seus princípios ativos terapêuticos e medicinais, são fundamentais para a concretização das várias ações magísticas das oferendas. As Divindades utilizam ativa e potencialmente o "Éter vital" ou "Prana" e as relações energéticas, magnéticas e vibracionais dos elementos, para transformar, transmutar, potencializar, curar e equilibrar qualquer energia, pois são o meio sólido ou material que permite a atuação em nosso benefício das vibrações, fatores e energias irradiados pelas divindades regentes de outras realidades de Deus. Os Princípios Mágicos Ativos dos elementos são ativados magisticamente e manipulados nas suas ações beneméritas.

O ar, a terra, o fogo, a água, o vegetal, o cristal e o mineral são importantíssimos para os trabalhos na Umbanda, tanto nos rituais e nos atos magísticos como nas manifestações das forças naturais dos Orixás, nos assentamentos e outros, mesmo que pouco saibamos sobre o seu funcionamento. Os elementos podem ser higienizadores, energizadores e fortalecedores do espírito das pessoas, descarregadores de energias negativas, regeneradores do corpo plasmático e curadores do corpo físico.

Os Mistérios Sagrados dos elementos são utilizados para facilitar os trabalhos de descarga energética, para harmonizar ambientes e para o equilíbrio e a cura do corpo astral dos espíritos encarnados e desencarnados, desde o nascimento da Umbanda. Todos os elementos são condensadores de vibrações divinas. Entender um pouco os trabalhos realizados com eles é importantíssimo e de fundamental importância, para diluir os preconceitos e discriminações com as religiões magísticas naturais, como a Umbanda.

Podemos interpretar os Orixás a partir dos elementos básicos que formaram a matéria, ou seja, o ar, a terra, a água e o fogo, e dos que a concretizaram, como os minerais, cristais e vegetais. Os elementos são fontes naturais inesgotáveis emanadoras de energias naturais elementais e dão permanência à magia, pois são fatores fixadores e mantenedores dela.

PRINCÍPIOS MÁGICOS E ENERGÉTICOS DAS OFERENDAS SAGRADAS

No Ritual de Umbanda Sagrada existe uma ciência divina sustentadora de seus procedimentos e o ato Sagrado das Oferendas obedece à Lei do Equilíbrio na Criação. Muitos são os elementos naturais neutros, mas assim que um ou mais são consagrados a um Orixá ou a um Guia Espiritual, de forma sagrada, princípios mágicos e energéticos deles são ativados, tornando-os irradiadores de energias elementais (divinas, naturais e espirituais).

Uma oferenda sagrada é um portal multidimensional, para que as forças e os poderes da natureza se manifestem para nos auxiliar. Ao realizar uma oferenda, uma ligação mental se estabelece entre o eixo magnético do ofertante e a divindade oferendada. Esse "cordão" transportará os princípios energéticos dos elementos que serão ativados no etérico e potencializados, para retornarem por meio do seu eixo, serem absorvidos pelos chacras e internalizados pelos corpos energéticos. Esses princípios vão purificando e neutralizando o que estiver negativo, reequilibrando e energizando todo o ser, para em seguida irradiar as energias elementarizadas a todos os outros sentidos da vida.

Tudo pode ser explicado sob a luz da ciência divina! Conhecer os fundamentos por trás de cada prática e ato ritualístico trará cada vez mais confiança e segurança, para que os umbandistas recorram às forças da natureza e aos seus poderes divinos.

PRINCÍPIOS MÁGICOS E ENERGÉTICOS DE ALGUNS ELEMENTOS DE OGUM

- **Espadas-de-são-jorge** – Ao serem consagradas ao Divino Pai Ogum, abre-se um portal vegetal da Lei e essas espadas vegetais são plasmadas no etérico e ativadas ao redor da pessoa, cortando cordões negativos e se projetando para o que está agindo negativamente em sua vida, ceifando, anulando, purificando e recolhendo tudo, de acordo com a Lei Maior.

- **Cerveja** – Ao ser consagrada ao Divino Pai Ogum, abre-se um portal aquático da Lei, no qual o líquido da cerveja age limpando, purificando e reequilibrando os corpos energéticos, condensando as vibrações energéticas eólicas de Ogum, para que fluam ordenando todos os sentidos da vida da pessoa. A espuma da cerveja no etérico torna-se espessa e é aprisionadora de seres, magias e energias negativos, mesmo que a cerveja ofertada não tenha espuma.

Em uma oferenda, não podem ser colocadas bebidas com teores alcoólicos diferentes, como vinho, cerveja e aguardente; se colocar uma bebida, não acrescentar outra.

- **Charuto** – Elemento trienergético que, ao ser consagrado ao Divino Pai Ogum ativa no etérico, simultaneamente, três energias: a vegetal (fumo), a ígnea (brasa) e a eólica (fumaça). Cada elemento atua em sua função específica: a fumaça envolve e busca o que está negativo, a brasa purifica e o vegetal regenera tudo o que foi recolhido, para não mais atuar negativamente na vida da pessoa, realizando uma limpeza energética profunda em seus corpos e caminhos.

- **Vela Azul-escura** – Ao ser consagrada ao Divino Pai Ogum, a chama da vela projeta vibrações ígneas potencializadoras, que absorvem e purificam energias negativas eólicas existentes no éter e nos campos energéticos dos seres (formas-pensamento plasmadas, vibrações negativas mentais e verbais).
- **Vela Vermelha** – Associada diretamente ao elemento fogo, ao ser consagrada ao Divino Pai Ogum, a chama da vela vermelha irradia energias purificadoras, que consomem todo negativismo e todas as energias desordenadas e desequilibradas existentes, queimando larvas, miasmas astrais e cordões energéticos.
- **Vela Branca** – Ao ser consagrada ao Divino Pai Ogum, suas irradiações retas fortalecedoras envolvem todo o ser, energizando e estabilizando os seus campos energético, mental e emocional, direcionando-o de forma luminosa nos caminhos que deve percorrer.
- **Inhame** – Ao ser consagrado ao Divino Pai Ogum, primeiramente libera no etérico uma energia vegetal purificadora, que remove e absorve as impurezas, vibrações, seres e energias negativos instalados no corpo energético, que estejam enfraquecendo a pessoa (anemia espiritual). Após a limpeza, uma energia vegetal potencializadora irá inundá-la, vitalizando seu corpo energético e fortalecendo todo o seu "sistema imunológico espiritual", gerando defesa energética, disposição e força de vontade, graças ao elemento ferro presente no inhame.
- **Inhame com mel** – Ao serem consagrados ao Divino Pai Ogum, abrem-se, simultaneamente, portais propiciatórios da Lei. Nos corpos energéticos do ofertante, enquanto o inhame remove as impurezas, o mel cauteriza os corpos energéticos e, juntos, inhame e mel, fortalecem e reequilibram o emocional da pessoa. Após o processo de purificação e reequilíbrio, energias potencializadoras e renovadoras se irradiam, criando

um campo energético da Lei, atrator de acontecimentos positivos, abrindo caminhos e novas possibilidades, de acordo com a Lei Maior e o merecimento do ser.

- **Inhame com azeite de dendê** – Ao serem consagrados ao Divino Pai Ogum, abre-se um portal da Lei ígneo-vegetal que, no etérico, cria um campo energético concentrador, atrator e retentor de magias, seres e elementos negativos. Sua energia penetra nos corpos, absorve e puxa para o campo energético, já purificado, tudo que foi projetado e ainda esteja atuando contra o ser. Após recolher o que está negativo, uma energia regeneradora e potencializadora envolve o ofertante, ordenando, estimulando e fortalecendo todos os seus sentidos, infundindo-lhe determinação, otimismo e coragem.

- **Inhame com azeite de oliva** – Ao serem consagrados ao Divino Pai Ogum, no etérico se abre um portal vegetal purificador, para onde as energias desagregadoras e despotencializadoras são projetadas, sendo anuladas todas as atuações, magias, seres, vibrações e elementos negativos que estejam desequilibrando o ser, emocional, espiritual e mentalmente. Nos campos energéticos, as energias do inhame e do azeite limpam, alinham e desbloqueiam o fluxo energético, fortificando o mental e permitindo melhor afinizar-se com o plano astral.

- **Inhame com 21 palitos** – Ao serem consagrados ao Divino Pai Ogum, no etérico, os elementos energéticos vulnerantes crescem e se projetam, trabalhando no macro, desfazendo trabalhos de vodus, alfinetes em velas e outros. Os 21 palitos, devidamente programados, ativam os 21 Oguns Intermediários (sete das faixas positivas, sete das faixas neutras e sete das faixas cósmicas) e cada um aplica sua qualidade ordenadora específica. Potencializados com a energia vegetal do inhame e, acrescidos das propriedades elementais do mel, azeite ou dendê, adentram e se instalam no eixo magnético do ofertante e vão desbloqueando os eixos mais finos, limpando e desobstruindo seu mental, campos e corpos energéticos, das formas-pensamentos, larvas, miasmas astrais e cordões negativos, provenientes de magias negativas, desbloqueando e regenerando. Em seguida, projetam-se para onde estão as ofertas, trabalhos negativos e seres trevosos que sustentam toda a ação, anulando e recolhendo tudo e todos.

• **Frutas** - De uma forma geral, no etérico, cada fruta abre uma fonte geradora de energias elementais vegetais e cada Orixá possui seu elemento natural. As frutas são em si portais naturais e, em oferendas, muitas delas são compartilhadas por diversos Orixás e Guias Espirituais. No astral, o que diferencia uma fruta da outra são os princípios mágicos e energéticos ativados por aquele que recebe. Ao serem consagradas ao Divino Pai Ogum, os princípios ativados nas frutas oferendadas terão a correspondência vibracional e energética de Ogum.

Ao serem ativadas no etérico, primeiramente as energias vegetais condensadas absorverão, neutralizarão e higienizarão os campos energéticos do ofertante contra as irradiações negativas vegetais provenientes, por exemplo, de oferendas e trabalhos negativos, em que frutas e outros elementos vegetais foram utilizados. Em seguida, serão irradiadas energias elementais vegetais curadoras, energizadoras, vigoradoras e fertilizadoras dos seus campos energético, mental, emocional e espiritual, repondo perdas energéticas e devolvendo ao ofertante o que lhe foi tirado em algum processo negativo ativado contra ele, retificando seus caminhos.

Frutas doces e frutas ácidas ou azedas só podem ser oferendadas juntas se não estiverem cortadas. Caso estejam cortadas, colocar só as doces ou só as azedas.

• **Feijoada** – Tradicional alimento sagrado, a feijoada está presente em homenagens e celebrações coletivas em honra ao Divino Pai Ogum, sendo também utilizada em sua oferenda ritualística. De acordo com os princípios (Leis) que regem a Umbanda Sagrada, elementos de origem animal não são utilizados para oferendar os Divinos Orixás, pois a natureza fornece "axés" em abundância para seus fiéis se beneficiarem, tais como o axé cristalino, o mineral, o vegetal, o ígneo, o eólico, o telúrico e o aquático. Os axés animais, como a carne bovina e suína, miúdos de frango, bife de fígado (sangue concentrado) e similares, são utilizados pelos senhores Exus, somente em casos raros e específicos.

Em se tratando da feijoada, de acordo com Pai Rubens Saraceni, os ingredientes animais já passaram por processo de curtição ou de resfriamento, estando decantadas as suas energias animais vitais (sangue). Esse Pai também nos orienta a somente oferendarmos feijoada para Ogum, na natureza, em casos de extrema necessidade, como, por exemplo, para cortar e anular magias negativas que foram ativadas com "comidas de Egum" ou com sacrifícios de animais.

Outros elementos

• **Feijão-preto** – é um dos elementos naturais de Ogum, com a função específica de cortar demandas, anular magias negativas, realizadas para atingir forças espirituais, saúde, fechamento de caminhos, etc. O feijão pode ser levemente cozido e misturado com farinha de mandioca, que também é um elemento de Ogum, adicionando-se dendê, azeite ou mel, de acordo com a finalidade da oferenda.

Ao consagrarmos o feijão-preto ao Divino Pai Ogum, no etérico é ativada uma energia vegetal densa que envolve todo o ser, penetrando em seus campos energéticos, absorvendo miasmas, larvas astrais, fontes vivas e criaturas elementais. Em seguida, projetam-se para as esferas negativas, recolhendo os seres responsáveis por essa atuação. Depois de realizada a limpeza, é gerada uma essência vegetal fortalecedora, energizadora e vigorizadora, que se projetará para todos os sentidos da vida do ofertante, potencializando-os.

• Todos os elementos, quando colocados dentro desse espaço sagrado, adquirem poderes magísticos. O próprio **alguidar** também tem sua função no ato sagrado de oferendar, pois é um recipiente feito de barro (argila) e traz em sua composição os elementos naturais terra e água. É um instrumento sagrado, responsável pela fixação e concentração (terra) dos princípios energéticos dos elementos depositados em seu interior, no qual serão ativados. O teor de água que ele recebeu em seu preparo permitirá o fluir das energias, que serão manipuladas por quem receber a oferenda.

• Em se tratando das **flores**, abre-se uma fonte geradora de energia essencial. Seus princípios mágicos e energéticos encontram-se em sua fragrância. No entanto, os pigmentos que as distinguem são condutores de energias minerais e, ao serem ativados no etérico, criam um campo energético vegetal-mineral que se projeta, descarregando, curando e higienizando os campos energéticos, sutilizando e tornando-os receptivos às energias positivas, para todos os sentidos da vida do ofertante.

Outros elementos utilizados nas oferendas sagradas, como toalhas, fitas, pembas, raízes, ferraduras, sementes, miniaturas de ferramentas, etc., também têm funções mágicas, quando depositados dentro dos espaços sagrados.

• As **pembas**, elementos mágicos minerais, muito utilizados pelos Guias Espirituais na Umbanda para riscarem seus pontos e escritas mágicas, ao serem depositadas em uma oferenda sagrada, realizam trabalhos específicos, como, por exemplo, a dissolução de condensações energéticas negativas, de acordo com a vibração e a função da força e do poder que as receberem no plano natural.

• As **fitas** se projetam como feixes luminosos para os corpos energéticos e trabalham o emocional desequilibrado, em virtude de alguma magia negativa, ou proveniente dos próprios sentimentos negativos, que desarmonizaram o ofertante em algum sentido da vida.

• A **toalha** abre o portal para a realidade (dimensão) natural dos Sagrados Orixás e cada cor irradia um tipo de energia correspondente à força ou poder invocado. O solo também pode ser forrado com folhas, como as de bananeira, de couve, de mamona e outras.

Uma oferenda é a criação no lado humano da vida de um espaço mágico (portal), onde se depositam dentro dele os elementos afins com as forças e os poderes espirituais, naturais e divinos, para que possam auxiliar os seres, nos mais diversos aspectos de suas vidas. Por isso, é fundamental que o ofertante delimite a oferenda com elementos ritualísticos: velas, ervas, flores, fitas, cristais, tecidos, pós, raízes, folhas, sementes, líquidos, pembas, pedras, carvão e outros, que devem ser distribuídos ao redor do alguidar, geometricamente, ou seja, em círculos, triângulos, cruz, quadrado, losango, etc., criando o espaço sagrado, dentro do qual toda a ação magística acontecerá. Cada oferenda é um espaço mágico que, ao ser delimitado por uma figura geométrica feita com um dos vários elementos, torna-se um portal de passagem de mão dupla, pelo qual interagem os três estados da criação.

Na natureza, tudo é energia e vibração divina, desde que seja colocado em ação em um ato ofertatório, de forma sagrada, e o que comentamos a respeito dos princípios energéticos de alguns elementos oferendados ao Divino Pai Ogum pertence a uma ciência espiritual que obedece à determinação do Senhor de todos os mistérios, Deus!

No Ritual da Umbanda Sagrada, existe uma ciência energética e divina por trás de cada prática e ato ritualístico. Conhecer como as forças da natureza e os poderes divinos atuam em nosso benefício proporcionará ao ofertante maior segurança e confiança, ao realizar oferendas nos santuários naturais regidos pelos Sagrados Orixás, já que é neles que as energias elementais chegam até nós.

Se procedermos de uma forma sagrada, com fé, amor, reverência e muito bom senso, como exige a Lei Regente do Mistério das Oferendas Sagradas, os lados divino, natural, espiritual, e suas forças e poderes, irão atuar acelerando nossa evolução em todos os sentidos da vida.

PROCEDIMENTOS SAGRADOS NOS SANTUÁRIOS NATURAIS

A Umbanda não é uma religião de dogmas, mas de procedimentos religiosos. O ato sagrado de oferendar na natureza os Divinos Orixás e os Guias Espirituais, da direita e da esquerda, obedece a um ritual magístico. Proceder de modo sagrado nos santuários naturais é dever de todo umbandista, pois a natureza é o Templo Sagrado da Umbanda.

O umbandista deve ter consciência de que a natureza é sagrada e de que os Orixás, com certeza, não aprovam a poluição ambiental que determinadas oferendas provocam nos seus pontos de forças, dando margem a críticas que se estendem a todos os umbandistas.

É dever de todos os praticantes da Umbanda adotarem práticas religiosas conscientes, alinhadas com a necessidade urgente de conservação do meio ambiente. Objetos plásticos e de vidro precisam ser substituídos por materiais biodegradáveis, como, por exemplo, coités de cascas de coco ou de cabaças. É dever não usar pratos, copos, garrafas e outros materiais não degradáveis e sempre levar sacolas para recolher de volta o que não pode ser deixado na natureza. O alguidar, quando usado, deve ser recolhido e reutilizado. Além disso, é necessário extremo cuidado para não provocar queimadas. Ao oferendar cigarros, charutos e velas, procurar espaços abertos nas matas e jardins e nunca colocar velas junto a árvores.

Sugerimos que, ao oferendar na natureza, tudo seja recolhido após 30 minutos. A oferenda não perderá a eficácia, pois esse é o tempo ritualístico necessário para que os elementos sejam plasmados e ativados no astral, pelos poderes e forças que os recebem.

Verdadeiros umbandistas não prescrevem oferendas em esquinas urbanas e, se as prescreverem na natureza, os ofertantes deverão ser muito bem orientados quanto à preservação ambiental e aos locais apropriados para as mesmas. Hoje, especialmente na Grande São Paulo, há locais, como o Santuário Nacional de Umbanda, o Vale dos Orixás e o Cantinho dos Orixás, apropriados, amplos e organizados para essa finalidade.

Pai Rubens Saraceni nos diz: "As forças e os poderes naturais estão assentados no plano natural da criação e muito podem fazer por nós se soubermos nos dirigir até seus santuários naturais, se soubermos como interagir espiritualmente com as forças espirituais, constituídas por seres da natureza, e se soubermos como nos servir dos seus poderes, irradiados o tempo todo por seus manifestadores naturais e condensáveis em determinados elementos denominados como elementos mágicos ou possuidores do axé das Divindades Naturais." (*Fundamentos Doutrinários de Umbanda*, Madras Editora.)

Sabemos que há várias vertentes na Umbanda e que cada uma pratica sua forma de cultuar os Sagrados Orixás e Guias Espirituais de acordo com a doutrina e conhecimento adquiridos. Vamos descrever os procedimentos básicos, para aqueles que queiram, já que as forças e os poderes da natureza estão disponíveis a todos, umbandistas ou não e, assim, possam com segurança se beneficiar das Oferendas Sagradas aos Divinos Pais Oguns, que apresentaremos posteriormente.

PROCEDIMENTOS BÁSICOS

Pelo menos, nas 24 horas anteriores ao dia da oferenda, abster-se de bebida alcoólica, contato sexual e alimento animal (carnes). Esse procedimento visa a um isolamento energético, para que o ofertante não esteja impregnado com outros tipos de energia e possa mais facilmente sintonizar-se e absorver vibratoriamente as irradiações divinas, naturais e espirituais no ato de oferenda.

No dia reservado, antes de ir à natureza, tomar um banho de ervas consagrado ao Divino Pai Ogum (vide capítulo XII). Após o banho, e de preferência com uma vestimenta branca e cabeça coberta com lenço branco ou filá, firmar uma vela branca ao Anjo da Guarda e uma vela azul-escura para o divino Pai Ogum, pedindo-lhes bênçãos e proteção. Caso seja sacerdote ou médium umbandista, recomenda-se que firme também uma vela para o Guia Espiritual Chefe e outra para o Senhor Exu Guardião ou Exu de Lei, a fim de que nenhuma interferência negativa impeça o ato ofertório.

Ao chegar ao ponto de forças escolhido, ajoelhe-se e cruze o solo por três vezes, reverenciando, saudando e pedindo licença para todos os poderes divinos, naturais e espirituais que regem e guardam aquele domínio, para ali permanecer e trabalhar. Em seguida, no lado esquerdo do local, abrir uma oferenda simbólica ao Senhor Exu Guardião ou à Pombagira, Exu Mirim ou Pombagira Mirim, daquele local, saudando suas forças, pedindo licença, força e proteção para oferendar e ativar os poderes do Orixá Ogum. Essa oferenda simbólica poderá conter uma vela na cor do Guardião ou Guardiã, sete moedas e uma garrafa de sua bebida, que deverá ser derramada, com a mão esquerda, um pouco em círculo à esquerda e à direita ao redor do círculo de moedas. Bater palmas por três vezes (paô), cruzar o solo com a mão esquerda, saudando, e deslocar-se a seguir para o local da oferenda.[4]

A oferenda simbólica aos Guardiões dos pontos de força da natureza é Lei no mistério que rege as Oferendas Sagradas. Só após certificarem-se de que a finalidade da oferenda é sagrada e de acordo com a Lei Maior é que os Guardiões liberam a passagem para o lado divino, natural e espiritual, onde os poderes e as forças irão receber e manipular os elementos ofertados.

Caso contrário, a oferenda permanece no lado material da criação, onde eguns, quiumbas e espíritos negativos de todo gênero alimentam-se de emanações etéricas dos elementos provenientes de oferendas profanas.

No local das oferendas, ajoelhe-se e cruze por três vezes o solo, pedindo licença para ali abrir o portal sagrado ao Orixá Ogum e, ordenadamente, com a mão direita, vá depositando cada elemento, sucessivamente.

Após tudo devidamente arriado, toalha, alguidar delimitado com velas ou outros elementos, eleve o pensamento a Deus e ao Orixá invocado e faça seus pedidos e a oração sugerida ou a que fluir em seus sentimentos.

---

4. Aos interessados em procedimentos mais específicos, sugerimos a leitura do livro *Formulário de Consagrações Umbandistas*, de Rubens Saraceni, Madras Editora.

Terminado o ato sagrado, cruze o solo por três vezes diante da oferenda, agradecendo a todos os poderes divinos, naturais e espirituais que regem e guardam aquele domínio e peça licença para se retirar.

Afaste-se, reverencie novamente, agradeça e retire-se do local.

Oferenda Sagrada ao Divino Pai Ogum Maior

Ogum é Lei, ordem, retidão e determinação, portanto, oferendemos Ogum para receber em nosso íntimo esses atributos e para manifestá-los em todos os sentidos das nossas vidas, seja profissional, material, emocional ou espiritual.

Pai Rubens Saraceni

Em campo aberto, à beira de um caminho – estrada ou linha férrea:

- Faça uma oferenda simbólica ao Senhor Exu Guardião da Lei, com quatro velas pretas e três azul-escuras, intercaladas, uma garrafa de aguardente, um charuto e sete moedas.
- Estenda uma toalha branca, vermelha ou azul-escura.
- Firme sete velas brancas, sete velas azul-escuras e sete velas vermelhas, amarradas juntas, com fitas de cetim, nas respectivas cores.
- Forme um triângulo por fora da toalha, com as sete velas brancas no vértice superior, as sete velas vermelhas no vértice inferior esquerdo e, no direito, as sete velas azul-escuras.
- Sobre a toalha, coloque, em círculo, sete copos com cerveja branca, intercalando com sete cravos, ou palmas vermelhas, ou espadas-de-são-jorge.
- No centro do triângulo, coloque o alguidar com os elementos: inhame, levemente cozido ou assado, para inserir os palitos, regado com azeite de oliva, mel ou azeite de dendê, ou inhame cortado ao meio, uma parte regada com mel e outra com azeite de oliva ou dendê, ou frutas (goiaba vermelha, ameixa-preta, abacaxi, mamão, etc.) ou inhame e alguma fruta ao redor, pois todos os elementos serão ativados e desenvolverão suas funções.

- Ao redor do alguidar, distribua a pemba branca ou vermelha, o charuto aceso em cima de uma caixa de fósforos e outros elementos que tenha levado.
- Com tudo devidamente pronto, acenda as velas, elevando o pensamento a Deus e calmamente faça esta oração:

"Senhor Deus, nosso Divino Criador Olorum! Eu O reverencio com todo meu amor e gratidão e saúdo respeitosamente os poderes e as forças divinas, naturais e espirituais deste Santuário Sagrado. Peço-lhe bênçãos e licença para evocar e oferendar o divino Orixá Maior Ogum-yê, Senhor da Lei e de todos os Caminhos. Amém!

Divino Pai Ogum-yê! Eu o saúdo e reverencio respeitosamente e peço que receba esta minha oferenda sagrada, como prova da minha fé e amor em seu poder divino. Amém!

Pai Ogum-yê! Rogo que suas irradiações divinas e ordenadoras ativem os princípios mágicos e naturais destes elementos consagrados e me envolvam completamente, purificando, descarregando, neutralizando e anulando todas as vibrações elementais, elementares, espirituais, mentais e emocionais negativas que estejam ativadas contra mim, minhas forças espirituais, naturais e divinas, contra minha harmonia e meu equilíbrio emocional e mental, anulando e livrando-me de todas as magias, ligações negativas e seres que as sustentam. Amado Pai Ogum! Atue em minha defesa e proteção!

Peço-lhe, Pai Ogum, que me auxilie a renunciar aos hábitos negativos que atrasam minha evolução em todos os sentidos da vida. Ensine-me a enfrentar de frente meus problemas íntimos e a me modificar. Dê-me determinação, para que, quando surgirem dificuldades, eu não me desequilibre, mas mantenha otimismo e coragem para seguir adiante. Abra meus caminhos, Divino Pai, e me impulsione a agir com tenacidade para atingir os meus objetivos.

Que sua força guerreira e seu fogo renovador potencializem, energizem, fortaleçam e regenerem todos os meus campos vibratórios, o meu Ogum Pessoal e todas as minhas ligações e proteções espirituais, naturais e divinas e meus caminhos evolutivos, reordenando tudo e todos.

Divino Pai Ogum-yê! Que seu poder divino esteja atuando de forma permanente em todos os sentidos da minha vida, positivando e conduzindo meu crescimento espiritual e material, de acordo com meu merecimento e minhas necessidades.

Agradeço infinitamente, Divino Pai Ogum, a sua bênção e amparo em minha trajetória evolucionista. Amém!
Saravá Ogum! Ogum-yê, meu Pai!
Patacori Ogum!"

- Afaste-se um pouco, reverencie novamente, agradeça e retire-se do local.

OFERENDA SAGRADA PARA O DIVINO PAI OGUM DO FOGO

Na entrada de uma pedreira, em uma pedra-mesa:

- Faça uma oferenda simbólica ao Senhor Exu Guardião do Fogo, com quatro velas vermelhas e três velas pretas intercaladas, uma garrafa de aguardente, um charuto, sete pimentas dedo de moça e sete moedas.
- Estenda uma toalha vermelha. Ao redor dela, firme sete velas vermelhas em círculos, intercalando com sete copos de cerveja branca.
- No centro, coloque o alguidar com inhame levemente cozido. Reque com azeite de dendê.
- Distribua ao redor do alguidar, pemba vermelha, charuto aceso em cima de uma caixa de fósforos e outros elementos à escolha do ofertante.
- Enfeite com cravos ou palmas vermelhas.
- Com tudo devidamente pronto, acenda as velas, elevando o pensamento a Deus e calmamente faça esta oração:

"Senhor Deus, nosso Divino Criador Olorum! Eu O reverencio com todo meu amor e gratidão e saúdo respeitosamente o Divino Orixá da Justiça Divina, o Senhor Xangô-yê, e o Divino Pai Ogum-yê e lhes peço bênçaos e licença para oferendar e evocar o Divino Pai Ogum do Fogo. Amém!

Divino Pai Ogum do Fogo! Eu o saúdo e reverencio respeitosamente e lhe peço que receba esta oferenda sagrada, como prova da minha fé e amor em seu poder divino. Amém!

Pai Ogum! Que seu fogo divino me envolva completamente e purifique todas as energias, vibrações, cordões, magias e seres negativos que estejam ativados e atuando contra mim, minhas forças espirituais, meus caminhos, meus familiares e contra meu equilíbrio mental, emocional e físico. Que todo o negativismo e desequilíbrio sejam consumidos e purificados em todos os sentidos da minha vida.

Peço-lhe, amado Pai, que seu fogo sagrado ordene, energize, fortaleça e ilumine todo meu ser, minhas forças espirituais e divinas, meus caminhos e os de todos que estejam ligados a mim.

Que seu fogo renovador potencialize meu caráter e ordene minha trajetória evolucionista, dando resistência, coragem e força de vontade, para vencer a mim mesmo e os desafios que surgirem, para meu crescimento.

Agradeço Divino Pai Ogum do Fogo, por sua intervenção, proteção e amparo divino. Salve nosso Divino Pai Ogum! Ogum-yê, meu Pai!

Salve o Senhor Ogum do Fogo! Patacori, Senhor Ogum do fogo!"

- Afaste-se, reverencie novamente, agradeça e retire-se do local.

OFERENDA SAGRADA AO PAI OGUM ROMPE MATAS

Em uma entrada de mata:

- Faça uma oferenda simbólica ao Exu Guardião das Matas, com quatro velas pretas e três velas verdes intercaladas, uma garrafa de aguardente, um charuto e sete moedas.
- Estenda uma toalha azul-escura; ao redor, firme duas a duas, amarradas com fitas de cetim brancas, sete velas azul-escuras e sete velas verdes, intercalando-as com sete copos de cerveja.
- No centro, coloque um alguidar com frutas (abacaxi, laranja, pera, goiaba vermelha, ameixa-preta, melancia, uvas, etc.) ou com inhame, levemente cozido, ou assado, partido ao meio, uma parte regada com mel e outra com azeite de dendê, ou azeite de oliva, ou com inhame e algumas frutas ao redor, regados com mel.

- Distribua ao redor do alguidar cravos ou palmas vermelhas, pemba branca, o charuto aceso em cima de uma caixa de fósforos e outros elementos à escolha do ofertante.
- Com tudo devidamente pronto, acenda as velas, eleve o pensamento a Deus e calmamente faça esta oração:

"Senhor Deus, nosso Divino Olorum! Eu O reverencio com todo meu amor e gratidão e saúdo respeitosamente o Divino Pai Ogum-yê e o Divino Pai Oxóssi-yê e peço bênçãos e licença para evocar e oferendar o Divino Senhor Ogum Rompe Matas! Amém!

Divino Pai Ogum Rompe Matas! Eu o saúdo e reverencio respeitosamente e peço que receba esta oferenda sagrada como prova da minha fé e amor em seu poder divino. Amém!

Pai Ogum Rompe Matas! Que suas irradiações ordenadoras da Lei e do Conhecimento me envolvam completamente, purificando, descarregando, desintegrando e limpando os meus campos vibratórios, espirituais, emocionais, mentais e físicos das energias, vibrações, magias e seres negativos ativados e atuantes contra meu equilíbrio e que estejam me desestabilizando, enfraquecendo, adoecendo e desequilibrando, bem como a todos aqueles ligados a mim. Que tudo e todos sejam envolvidos e recolhidos em seu mistério divino! Amém!

Peço-lhe, amado Pai, que sua espada sagrada rompa, corte, elimine, destrua todas as "matas fechadas" dos meus caminhos, abrindo-os para novas oportunidades de crescimento e prosperidade, em todos os sentidos da vida. Peço-lhe também que ilumine e fortaleça meu mental, ordenando os conhecimentos divinos para que eu possa sempre tomar decisões corretas, para trilhar meu caminho na senda da luz e da evolução.

Potencialize e ilumine com sua luz as minhas forças e ligações espirituais, minha família e todos os nossos caminhos, harmonizando-nos.

Agradeço, Divino Pai Ogum Rompe Matas, por sua intervenção, proteção e amparo divino em minha trajetória evolucionista.

Salve nosso Divino Pai Ogum-yê! Ogum-yê, meu Pai!

Salve o Senhor Ogum Rompe Matas! Patacori, Senhor Ogum Rompe Matas!"

- Afaste-se, reverencie novamente, agradeça e retire-se do local.

OFERENDA SAGRADA AO DIVINO PAI OGUM YARA

Na entrada da cachoeira:

- Faça uma oferenda simbólica aoSenhor Exu Guardião das Cachoeiras, com sete velas pretas, uma garrafa de aguardente, um charuto e sete moedas.
- Estenda uma toalha azul-escura e, ao redor, firme duas a duas sete velas azul-escuras e sete velas brancas, amarradas com fitas de cetim brancas, intercalando-as com sete copos de cerveja.
- No centro, coloque um alguidar com frutas (abacaxi, laranja, pera, goiaba vermelha, ameixa-preta, melancia, uvas, etc.), ou inhame, levemente cozido ou assado, partido ao meio, uma parte regada com mel e outra com azeite de oliva ou inhame e algumas frutas ao redor, regados com mel.
- Distribua ao redor do alguidar cravos ou palmas vermelhas, pemba branca, o charuto aceso, em cima de uma caixa de fósforo, e outros elementos à escolha do ofertante.
- Com tudo devidamente pronto, acenda as velas, eleve o pensamento a Deus e calmamente faça esta oração:

"Senhor Deus, nosso Divino Criador Olorum! Eu O reverencio com todo meu amor e gratidão e saúdo respeitosamente o Divino Pai Ogum-yê e a Amada e Divina Mãe Oxum-yê e peço-lhes bênçãos e licença para evocar e oferendar o Divino Pai Ogum Yara! Amém!

Divino Pai Ogum Yara! Eu o saúdo e reverencio respeitosamente e peço que receba esta oferenda sagrada, como prova da minha fé e amor em seu poder divino. Amém!

Pai Ogum Yara! Que suas irradiações ordenadoras da Lei e do Amor me envolvam completamente, anulando, cortando, dissolvendo, desagregando e purificando-me de todas as energias, vibrações, cordões, magias e seres desequilibrados e negativos que estejam ativos e atuando contra meu equilíbrio e minha saúde mental, emocional e física, e contra minhas forças espirituais, naturais e divinas, meu lar, minha prosperidade e de todos aqueles que estejam ligados a mim.

Peço-lhe, Divino Pai, que reordene todos os sentidos da minha vida, fortalecendo e iluminando minhas forças e ligações espirituais.

Equilibre e realinhe meu íntimo, modificando e renovando meus sentimentos, abrindo meus caminhos e acelerando minha evolução em todos os aspectos, concedendo-me paz, amor e segurança para trilhar meus caminhos evolutivos.

Que sua espada do amor divino me auxilie no reequilíbrio dos meus relacionamentos em todos os sentidos. Que todos os seres, os quais, por razão justa ou não, estejam vibrando mágoa, desamor, vingança ou qualquer outro sentimento negativo contra mim, sejam alcançados por sua espada sagrada da Lei e do Amor, para anular, reordenar, transmutar e positivar tudo, harmonizando-nos.

Agradeço, Divino Pai Ogum Yara, por sua intervenção, proteção e amparo divinos.

Salve nosso Divino Pai Ogum-yê! Ogum-yê, meu Pai!
Salve o Senhor Ogum Yara! Patacori, Senhor Ogum Yara!"

- Afaste-se, reverencie novamente, agradeça e retire-se do local.

OFERENDA SAGRADA AO DIVINO PAI OGUM DO TEMPO

Em lugar aberto (descampado), na natureza, quintal de um Templo, casa ou comércio, com a cabeça coberta com lenço branco (mulher) ou filá branco (homem):

- Peça licença para o Senhor Exu Guardião do Tempo, ofertando sete velas pretas, uma vela branca, sete moedas e um charuto...

- Risque uma espiral, no sentido horário, com pemba branca e um círculo ao seu redor. Firme sobre a espiral, em sequência, 14 velas, sendo sete brancas e sete azul-escuras. Intercale-as, iniciando com a vela branca, no centro.

- No círculo ao redor da espiral, distribua sete copos de cerveja e sete cravos brancos, intercalando-os. Acenda um charuto em cima de uma caixa de fósforos.

- Com tudo devidamente pronto, acenda as velas, iniciando pela vela branca central da espiral.

- Eleve o pensamento a Deus e calmamente faça esta oração:

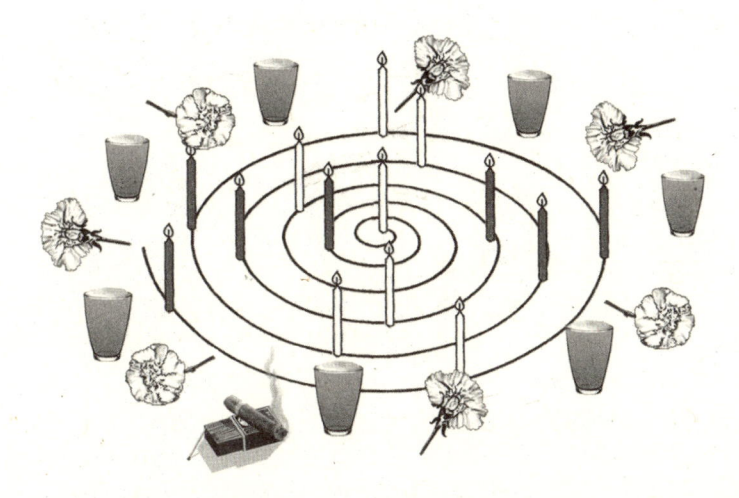

"Senhor Deus, nosso Divino Criador Olorum! Eu O reverencio com todo meu amor e gratidão e saúdo respeitosamente o Divino Pai Ogum-yê e a Divina Mãe Logunan e peço bênçãos e licença para evocar o Divino Pai Ogum do Tempo. Amém!

Divino Pai Ogum do Tempo! Eu o saúdo e reverencio seu poder divino respeitosamente e peço que suas irradiações ordenadoras e divinas ativem este círculo sagrado. Amém!

Amado Pai Ogum do Tempo! Que suas irradiações ordenadoras temporais e atemporais envolvam-me completamente, recolhendo e absorvendo, em seu mistério sagrado, todas as energias, vibrações mentais e emocionais, magias, seres negativos, eguns soltos no tempo e foras da lei, que estejam ativados e atuando negativamente contra mim, meus familiares, nossas forças espirituais, naturais e divinas e contra este local.

Peço-lhe que todas as determinações negativas, sejam elas mentais, verbais, emocionais ou elementais, que recorreram ao tempo para me prejudicar nesta vida, em encarnações anteriores ou futuras, sejam anuladas, purificadas, descarregadas, transmutadas e reordenadas em sua Espiral do Tempo da Lei Maior, para não mais atuarem contra mim.

Pai ordenador do Tempo! Que todo o meu ser e os meus caminhos sejam envolvidos pela luminosidade do seu mistério sagrado, auxiliando, conduzindo, capacitando e me fortificando, para solucionar e vencer as dificuldades atuais e as que vierem a surgir no decorrer do tempo, em minha caminhada evolucionista.

Clamo, Divino Pai, que tudo de positivo que me foi tirado por eventuais atuações ou por atos e atitudes negativos de minha parte seja devolvido, de acordo com a sua Lei do Tempo, segundo meu merecimento e minhas necessidades.

Agradeço, Divino Pai Ogum do Tempo, por sua intervenção, proteção e amparo divino. Saravá, meu Pai Ogum! Ogum-yê, meu Pai!

Salve o Senhor Ogum do Tempo! Patacori-yê, Senhor Ogum do Tempo!"

- Afaste-se, reverencie novamente, agradeça. Após a queima das velas, descarte o que restou e apague a espiral.

ATIVAÇÃO MAGÍSTICA PARA PROTEÇÃO DE AMBIENTES, NA IRRADIAÇÃO DO PAI OGUM SETE ESCUDOS

- Dentro de um Templo, residência ou casa comercial, no chão, acenda sete velas azul-escuras em círculo, no sentido horário, iniciando pela vela ao norte do seu espaço mágico. Coloque dentro do círculo sete pedras de hematita, diante de cada vela, e acenda uma vela vermelha no centro do círculo.
- Ajoelhe-se diante o círculo firmado, eleve seu pensamento a Deus e ao Divino Pai Ogum Sete Escudos e faça esta oração:

"Senhor Deus, nosso Divino Criador Olorum! Eu O reverencio com todo meu amor e gratidão e saúdo respeitosamente o Divino Orixá Ogum-yê. Peço bênçãos e licença para evocar o Divino Senhor Ogum Sete Escudos. Amém!

Divino Pai Ogum Sete Escudos! Eu reverencio respeitosamente o seu poder divino e peço que suas irradiações ordenadoras ativem este círculo sagrado consagrado ao Senhor e as propriedades divinas, energéticas, magnéticas, vibracionais e espirituais destes elementos. Amém!

Senhor Ogum Sete Escudos! Que, a partir deste momento, este ambiente seja envolvido por suas irradiações ordenadoras e potencializadoras divinas. Que toda atuação, energia, seres e vibrações negativas que estejam ativados contra este local e contra as pessoas que nele vivem sejam purificados, descarregados e anulados pelo poder protetor do seu mistério divino.

Peço também, Divino Pai Ogum, que seu escudo sagrado seja projetado a partir destas hematitas consagradas, isolando e fechando todos os pontos cardeais, formando uma cúpula energética e protetora contra todos os tipos de atuações negativas, segundo meu merecimento e minhas necessidades, bem como das pessoas que aqui vivem ou que aqui adentrarem.

Agradeço, Divino Pai Ogum Sete Escudos, por sua intervenção, proteção e amparos divinos. Amém!

Salve nosso Divino Pai Ogum! Ogum-yê, meu Pai!

Salve o Senhor Ogum Sete Escudos! Patacori, Senhor Ogum Sete Escudos!"

- Após a queima de todas as velas, descarte o que restou. As hematitas poderão ser distribuídas no ambiente ou guardadas envolvidas em um tecido azul-escuro, para serem reutilizadas em uma próxima ativação.

- Afaste-se, reverencie novamente, agradeça e retire-se do local.

ATIVAÇÃO MAGÍSTICA PARA LIMPEZA ENERGÉTICA E ESPIRITUAL NA IRRADIAÇÃO DO PAI OGUM MARINHO

- Dentro de um Templo, residência ou casa comercial, faça um círculo, no chão, com sal grosso. Sobre o sal grosso, firme sete velas intercaladas, sendo três brancas e quatro velas azul-escuras e coloque sete copos com água entre as velas.

- Dentro do círculo coloque em triângulo, no vértice superior, um copo de cerveja; no vértice do lado esquerdo, um copinho com azeite de oliva; e no vértice direito, um copinho com anil líquido ou em pedra dissolvida.

- De joelhos, acenda as velas, em sentido horário, iniciando pela vela ao norte. Eleve o pensamento e faça esta oração:

"Senhor Deus, nosso Divino Criador Olorum! Eu O reverencio com todo meu amor e gratidão e saúdo respeitosamente o Divino Pai Ogum-yê e a Divina Mãe Iemanjá e peço suas licenças e bênçãos para evocar o Divino Pai Ogum Marinho. Amém!

Divino Pai Ogum Marinho! Eu o saúdo e reverencio respeitosamente seu poder divino e peço que suas irradiações ordenadoras da Lei e da Vida ativem este círculo sagrado e as propriedades divinas, naturais, energéticas, vibracionais e espirituais desses elementos. Amém!

Pai Ogum Marinho! Peço que abra neste espaço mágico, consagrado ao senhor, um ponto irradiador de energias purificadoras, decantadoras, descarregadoras, desagregadoras e diluidoras de toda energia negativa, vibração mental e emocional, magias, fluidos mórbidos e enfermiços, seres negativos e desequilibrados, espíritos sofredores e formas-pensamento negativas que estiverem ativados e atuando contra mim, contra este local, meus familiares, nossas forças e proteções espirituais, nossa saúde emocional, mental e física, contra nossa prosperidade, crescimento e harmonia. Que tudo e todos sejam recolhidos, anulados, transmutados, encaminhados e reordenados em seu poder Divino da Lei e da Vida. Amém!

Clamo, Divino Pai Ogum Marinho, que me envolva completamente com a luz do seu sagrado mistério e que se estenda para todos os sentidos da minha vida, abrindo meus caminhos e devolvendo-me a paz, a harmonia, o equilíbrio e a prosperidade. Conduza-me a partir deste momento na senda da Luz da Lei e da Vida. Agradeço, Divino Pai Ogum Marinho, por sua intervenção, proteção e amparo divinos.

Salve nosso Divino Pai Ogum! Ogum-yê, meu Pai!

Salve o Senhor Ogum Marinho! Patacori-yê, senhor Ogum Marinho!

- Após a queima de todas as velas, recolha tudo e descarte na terra.
- Afaste-se, reverencie novamente, agradeça e retire-se do local.

OFERENDA SAGRADA AO DIVINO PAI OGUM NARUÊ

Dentro de um cemitério. Chegando ao cemitério, pare no portão, saúde os Guardiões da porteira e de peça licença e proteção para entrar naquele domínio e trabalhar.

- Faça uma oferenda simbólica ao senhor Exu Guardião do Cemitério, com sete velas pretas, uma garrafa de aguardente, um charuto e sete moedas.

- Estenda uma toalha azul-escura ou vermelha; ao redor, firme duas a duas, amarradas com fitas de cetim roxas, sete velas azul-escuras e sete velas vermelhas, intercalando-as com sete espadas-de-são-jorge, com as pontas para fora.
- No centro, sete copos de cerveja branca em círculo e um alguidar, contendo uma farofa de feijão-preto levemente cozido, farinha de mandioca e azeite de dendê.
- Distribua, ao redor do alguidar, pemba vermelha, charuto aceso em cima de uma caixa de fósforos, cravos vermelhos e outros elementos à escolha do ofertante.
- Com tudo devidamente pronto, acenda as velas, elevando o pensamento a Deus e calmamente faça esta oração:

"Senhor Deus, nosso Divino Criador! Eu O reverencio com todo meu amor e gratidão e saúdo respeitosamente o Divino Pai Ogum-yê e o Divino Pai Omolu-yê e lhes peço bênçãos e licença para oferendar e evocar o Divino Pai Ogum Naruê. Amém!

Divino Pai Ogum Naruê! Eu o saúdo e reverencio respeitosamente e peço que receba esta oferenda sagrada, como prova da minha fé e amor em seu poder divino. Amém!

Pai Ogum! Que suas irradiações ordenadoras da Lei e da Vida me envolvam completamente, paralisando, neutralizando, ceifando, estagnando e anulando toda magia negativa e os seres trevosos, desvitalizadores, desequilibradores, vampirizadores, obsessores e assediadores que estiverem ligados a todas as ordens, oferendas negativas, projeções mentais e emocionais que estejam projetadas e atuando contra mim e minhas forças espirituais, naturais e divinas, saúde mental, emocional e física, meus familiares e contra minha evolução espiritual e crescimento material.

Que sua espada da Lei, consagrada ao Divino Pai Omolu-yê, se projete para todos os seres encarnados envolvidos nessas ações negativas e que tudo e todos sejam purificados e esgotados em seus negativismos, para não atuarem mais negativamente contra mim e mais ninguém na criação, de acordo com o merecimento de cada um e aos olhos de sua Lei, Senhor Ogum Naruê!

Peço também, Divino Pai, que ordene todos os sentidos da minha vida, abra meus caminhos, fortaleça meus campos vibratórios,

minhas proteções espirituais, naturais e divinas, revigorando meu mental e emocional, para que, a partir deste momento, amparado com o seu poder divino, eu possa vencer, conduzindo minha vida e meus caminhos, com força, determinação, capacidade e caráter. Clamo, Pai Ogum Naruê, a sua proteção divina e a proteção dos senhores guardiões da Lei em meus caminhos evolutivos. Agradeço infinitamente, Divino Pai Ogum Naruê, sua intervenção, proteção e amparo divinos.
Salve nosso Divino Pai Ogum! Ogum-yê, meu Pai!
Salve o Senhor Ogum Naruê! Patacori, Senhor Ogum Naruê!

- Afaste-se, reverencie novamente, agradeça e retire-se do local.
- Ao sair do cemitério, pare de frente ao portão, saúde os Guardiões da porteira e agradeça pela permissão e proteção.

OFERENDA SAGRADA AO DIVINO PAI OGUM MATINATA

Conta a lenda que, quando na matinata surgem os primeiros raios de sol, vê-se em todas as direções e horizontes da Terra a magnífica, telúrica e resplandecente imagem de Ogum, montado em seu fogoso corcel, a insuflar muita coragem e ânimo para a batalha do dia a dia, pois o que importa é seguir sempre em frente e vencer! Omolubá

Entre as 6 e as 12 horas, em um campo aberto ou em uma colina:

- Faça uma oferenda simbólica ao senhor Exu Guardião da Lei e da Fé, com quatro velas pretas, três velas brancas, uma garrafa de aguardente, um charuto e sete moedas.
- Estenda uma toalha azul-escura, cortada em forma de triângulo. No norte do vértice, firmar, uma ao lado da outra, uma vela branca e uma vela azul-escura. Firme seis velas brancas no lado direito, seis velas azuis-escuras no lado esquerdo e, na base inferior do triângulo, coloque sete copos de cerveja.
- No centro, faça um círculo com sete cravos brancos, coloque o alguidar com frutas (abacaxi, laranja, pera, goiaba branca, fruta-do-conde, uvas, etc.) ou inhame, levemente cozido ou assado, partido ao meio, uma parte regada com mel e outra com azeite de oliva ou inhame e algumas frutas ao redor, regados com mel. Em cima, coloque fitas de cetim azul-escura.

- Distribua ao redor do alguidar, pemba branca, charuto aceso em cima de uma caixa de fósforos e outros elementos à escolha do ofertante.
- Com tudo devidamente pronto, acenda as velas, elevando o pensamento a Deus e calmamente faça esta oração:

"Senhor Deus, nosso Divino Criador! Eu O reverencio com todo meu amor e gratidão e saúdo respeitosamente o Divino Pai Ogum-yê e o Divino Pai Oxalá-yê e lhes peço bênçãos e licença para oferendar e evocar o Divino Pai Ogum Matinata. Amém!

Divino Pai Ogum Matinata! Eu o saúdo e reverencio respeitosamente e peço que receba esta oferenda sagrada, como prova da minha fé e amor em seu poder divino. Amém!

Pai Ogum! Que suas irradiações ordenadoras cristalinas me envolvam completamente, descarregando, desenergizando, desmagnetizando e descristalizando todas as magias, energias, seres, vibrações elementais e elementares negativos, desbloqueando e diluindo todas as fontes geradoras negativas acumuladas em meu campo energético, bem como as suas causas e seres sustentadores de projeções mentais e sentimentos negativos, que estejam ligados a mim, meus familiares e minhas proteções espirituais. Que em sua espada da Lei, o negativismo seja anulado e consumido. Reordene, Pai, tudo e todos de acordo com o merecimento de cada um e com a Lei que rege seu mistério divino.

Peço-lhe, amado Pai, que a sua irradiação potencializadora inunde todo o meu ser, fortificando e iluminando minhas ligações espirituais, naturais e divinas, meus campos energéticos, mental e emocional Que na luz cristalina de sua espada sagrada, minha Fé no Criador, nos Sagrados Orixás, na vida e no meu semelhante, seja renovada. Auxilie-me, divino Pai, a superar meus conflitos, fraquezas e indecisões que paralisam minha evolução e crescimento. Que a partir deste sagrado momento, no raiar de cada dia, sua luz divina esteja resplandecendo em meu íntimo e em todos os sentidos da minha vida, tornando-me capaz e digno aos olhos da Lei Maior.

Agradeço infinitamente, Divino Pai Ogum Matinata, por sua intervenção, proteção e amparo divino. Salve nosso Divino Pai Ogum! Ogum-yê, meu Pai! Salve o Senhor Ogum Matinata! Patacori, Senhor Ogum Matinata!

- Afaste-se, reverencie novamente, agradeça e retire-se do local.

OFERENDA SAGRADA AO DIVINO PAI OGUM BEIRA-MAR

Na beira e de frente para o mar:

- Faça uma oferenda simbólica ao Exu Guardião da Beira do Mar, com uma garrafa de aguardente. Ajoelhe-se na areia umedecida, com a garrafa na mão esquerda, ofereça ao senhor Exu Guardião, pedindo licença e proteção para oferendar o Divino Pai Ogum Beira-Mar. Despeje a aguardente dando sete voltas em sentido anti-horário e sete voltas em sentido horário. Agradeça e descarte a garrafa vazia no lixo reciclável (não deixar no local).
- Próximo ao local, ajoelhe-se na areia umedecida e ofereça uma cerveja, com a mão direita, ao Divino Pai Ogum Beira-Mar. Despeje a cerveja de forma circular, no sentido horário. Descarte a embalagem em um lixo reciclável.
- Sobre o círculo demarcado com a cerveja, firme, em triângulo, sete velas azul-escuras, com vértice norte voltado para o mar; sete velas azul-claras no vértice direito e sete velas brancas no vértice esquerdo. As velas poderão estar amarradas sete a sete, com fitas de cetim azul escura ou enterradas na areia. Coloque um copo de cerveja branca ao lado de todos os vértices de velas (três copos).
- No centro, coloque o alguidar com frutas inteiras (abacaxi, laranja, pera, goiaba vermelha, ameixa-preta, uvas, etc.) ou inhame, levemente cozido ou assado, partido ao meio, uma parte regada com mel e outra com azeite de oliva ou inhame e algumas frutas ao redor, regados com mel.
- Distribua, ao redor do alguidar, cravos brancos, pemba branca, charuto aceso em cima de uma caixa de fósforos e outros elementos à escolha do ofertante.
- Com tudo devidamente pronto, acenda as velas, elevando o pensamento a Deus e calmamente faça esta oração:

"Senhor Deus, nosso Divino Criador! Eu O reverencio com todo meu amor e gratidão e saúdo respeitosamente o Divino Pai Ogum-yê, o Divino Pai Obaluayê e a Divina Mãe Iemanjá-yê e lhes peço bênçãos e licença para oferendar e evocar o Divino Pai Ogum Beira-Mar. Amém!

Divino Pai Ogum Beira-Mar! Eu o saúdo e reverencio respeitosamente e lhe peço que receba esta oferenda sagrada, como prova da minha fé e amor em seu poder divino. Amém!

Pai Ogum Beira-Mar! Que suas irradiações ordenadoras da Lei, da Evolução e da Vida me envolvam completamente, paralisando, purificando e neutralizando todas as atuações mágicas, vibrações mentais e emocionais, cordões energéticos, energias elementais e elementares negativos, que estejam ativados contra mim, minhas forças espirituais, naturais e divinas, minha família e contra minha evolução em todos os sentidos da vida.

Que todas as ligações e seres desvirtuados e desequilibrados, emocional e racionalmente, sejam recolhidos, purificados, reordenados e transmutados para não agirem mais negativamente contra si nem contra outros seres. Ordene, Divino Pai, a evolução de todos os envolvidos nessas desordens e anule possíveis demandas cármicas. Que, de acordo com a Lei Maior, todos possam retornar conscientizados, modificados e positivados para o caminho evolutivo sob seu amparo divino. Amém!

Peço-lhe, Senhor Ogum, que sua espada sagrada da Lei e da Vida fortifique e ilumine minhas forças espirituais, naturais e divinas. Ordene e estabilize, amado Pai, minha evolução espiritual e material, gerando novos caminhos, recursos e condições para meu crescimento em todos os sentidos da vida. Permita, Senhor Beira-Mar, que as vibrações aquáticas cristalinas da Senhora da Estrela da Vida, inundem e banhem todo meu ser, renovando-me integralmente.

Agradeço infinitamente, Divino Pai Ogum Beira-Mar, por sua intervenção, proteção e amparo divinos. Salve nosso Divino Pai Ogum! Ogum-yê, meu Pai! Salve o Senhor Ogum Beira-mar! Patacori, Senhor Ogum Beira-Mar!

- Afaste-se, reverencie novamente, agradeça e retire-se do local.

Os Guias Espirituais na Irradiação de Pai Ogum[5]

Na Umbanda, tudo é hierarquizado e muito bem definido, tendo na origem e acima de tudo e de todos Olorum, o Divino Criador, o poder supremo. Os três pilares de sustentação da Umbanda são as hierarquias divinas, naturais e espirituais.

As **hierarquias divinas** são seres de natureza divina (Orixás), que não vivem no mesmo plano dos espíritos ou dos seres da natureza, pois vivem no lado divino da criação e não são incorporados por ninguém. Essas hierarquias se iniciam com os Orixás que regem o primeiro plano da vida, o plano fatoral, e em suas telas refletoras mentais ouvem e anotam nossos atos e palavras.

O Orixá Ogum é uma qualidade de Deus, a qualidade ordenadora, e gera uma infinidade de hierarquias divinas, naturais e espirituais.

As **hierarquias naturais** começam a ser formadas no terceiro plano da criação ou plano elemental e os Orixás Naturais são identificados pelos elementos formadores da natureza terrestre. Exemplo: Ogum do Fogo, Ogum das Pedreiras, Ogum da Terra, e outros.

No sexto plano, os seres naturais ou encantados, membros dessa hierarquia, são entidades que incorporam nos trabalhos espirituais; estão ligados aos seus médiuns, não costumam falar e se comunicam com sons monossilábicos e gestos, como os Senhores Ogum Beira-Mar, Ogum Sete Espadas, Ogum Rompe Matas e outros.

---

5. Sobre esse assunto, sugerimos a leitura do livro *Os Guias Espirituais da Umbanda e Seus Atendimentos*, de Lurdes de Campos Vieira, publicado pela Madras Editora.

Ninguém incorpora o Orixá Ogum, mas tão somente seus encantados ou naturais individualizados. Como os Oguns são ordenadores e ligados ao elemento ar, suas danças são marciais, com seus ritmos característicos, movimentando-se, agitando suas espadas, lanças e escudos e direcionando a energia etérica.

Tudo no "Orixá" é simbólico: o elemento, a vestimenta, as ferramentas, as "armas", a cor, a dança, os pontos cantados, os pontos riscados. Esse simbolismo mostra o campo de atuação da divindade na criação; é a exteriorização do poder e do mistério que traz em si e que realiza no seu campo de ação.

As **hierarquias espirituais** fundamentam-se tanto nas hierarquias divinas quanto nas naturais, e sem elas não haveria o trabalho mediúnico na Umbanda. São as chamadas Linhas de Caboclos, de Pretos-Velhos, de Baianos, de Boiadeiros, e outras. Caboclo é grau, Preto-Velho é grau, Exu é grau, e assim por diante.

Um Guia Espiritual é regido pelo mistério ou Trono Orixá Intermediário, que sustenta em si mesmo todos os Orixás Intermediadores e todas as linhas de ação e trabalho do ritual da Umbanda.

Muitos dos Guias Espirituais da Umbanda já são portadores de atribuições e de muitos dos campos de ação dos Orixás Intermediários, mas não gostam de ostentar seus graus e continuam se apresentando como simples Caboclos, Pretos-Velhos e outros.

Ogum assumiu sua condição de aplicador da Lei na Umbanda e sua natureza reta e justiceira amoldou linhas de trabalhos espirituais com guias de caráter justo e rigoroso. Os responsáveis por essas imensas linhas de trabalhos, ação e reação, são os Oguns Intermediadores e as linhas são definidas por nomes simbólicos. Em Ogum Beira-Mar, por exemplo, temos os Caboclos Beira-Mar e as Caboclas Janaína; em Ogum Rompe Solo, os Caboclos Rompe Solo (Ogum e Obá), em Ogum Rompe Matas os Caboclos Rompe Matas (Ogum e Oxóssi) e muitos outros.

É preciso entender que "quando temos a manifestação em terra de um Caboclo que se identifica como Caboclo de Ogum, temos um manifestador espiritual e humano do mistério Ogum, pois ele é um guia aplicador da Lei, é um guia que combate os procedimentos errôneos e contrários à Lei Divina. Com isso, a divindade chega até nós e fica à nossa frente por meio de sua hierarquia, que atua desde o Alto até o Embaixo e no nível terra". (R. Saraceni, *Fundamentos Doutrinários de Umbanda*, Madras Editora.)

Já os Oguns Cósmicos Intermediadores assumiram na Umbanda a missão de formar linhas de Exus de Lei, como, por exemplo, as linhas dos Exus Rompe Solo, Exus Corta-Fogo e outros.

Nas Linhas de Lei mistas, cujos Caboclos e Exus respondem pelos mesmos nomes simbólicos dos Oguns Intermediários regentes de polos magnéticos negativos, todos eles são regidos por Oguns intermediadores cósmicos, que respondem pelos mesmos nomes, são bipolares e atuam tanto na Direita (Caboclos) quanto na Esquerda (Exus). Mas esses Oguns Cósmicos Intermediadores só atuam nas linhas horizontais (Direita e Esquerda) e nunca nas linhas verticais (alto e embaixo). Exemplificamos com os Caboclos Arranca Toco e os Exus Arranca Toco, os Caboclos Sete Espadas e os Exus Sete Espadas, os Marinheiros Quebra Ondas e os Exus Quebra Ondas.

Nas Linhas de Ação e Trabalhos, todos os Guias Espirituais que têm o número sete em seus nomes simbólicos são regidos também por Pai Oxalá, como os Caboclos Sete Espadas, ordenadores em todos os sentidos: Fé, Amor, Conhecimento, Justiça, Lei, Evolução e Geração. À direita do Senhor Ogum Sete Espadas, no seu polo positivo, estão assentados os Caboclos Sete Espadas e, à esquerda dele, no seu polo negativo, atuam os Exus Sete Espadas.

Além desses Guias citados, ainda há as linhas de trabalho e ação formadas por espíritos regidos por Ogum em sua segunda qualificação, com outro Orixá em sua ancestralidade. Servem de exemplos os Caboclos Penas Vermelhas (Oxóssi e Ogum), os Caboclos Estrela Vermelha (Oxalá e Ogum), Caboclos Sete Escudos (Oxalá e Ogum), os Exus Sete Correntes (Oxalá, Ogum e Oxum), e muitos outros.

Todos os Guias de Trabalho umbandistas se organizam no astral em Linhas de Trabalho, Legiões e falanges, sob a irradiação e regência dos Orixás, divindades de Olorum (Deus único). Esses são os principais fundamentos que sustentam a religião Umbanda: Olorum, o Divino Criador, os Sagrados Orixás, os espíritos desencarnados, que se manifestam como Guias Espirituais incorporados nos médiuns, sua ligação com os pontos de força da natureza e a comunicação com os encarnados.

Nessas Linhas de Ação e Trabalho da Umbanda, Guias Espirituais com formações em diferentes culturas, religiões, economias e sociedades estão reunidos por afinidades mentais, conscienciais e espirituais. "Uma 'Linha' na Umbanda é uma organização de espíritos que se unem por afinidades energéticas, vibratórias e conscienciais, em torno de uma missão, e atuam nas esferas espirituais e materiais como uma corrente de trabalho." (Flávio de Oxóssi, *Umbanda sem Medo e sem Preconceitos*, Madras Editora.)

OS GUIAS ESPIRITUAIS E SEUS HIERARCAS

Cada nome coletivo dos Guias Espirituais é um mistério da Sagrada Umbanda! Cada agrupamento de Guias Espirituais sempre tem um espírito iniciador, como as correntes dos Caboclos Rompe Matas, dos Pretos-Velhos Pai Joaquim de Angola, dos Baianos Zé da Estrada, dos Exus Quebra Pedras e outras. São os Hierarcas ou Cabeças de Falanges, espíritos que ganharam o plano superior, que começaram a atrair outros espíritos afins e prepará-los para socorrer os encarnados; eles não incorporam, estão na sexta e sétima Esfera Positiva e são apenas Luz, pois não têm mais um corpo plasmado.

Na quarta e quinta Esfera Positiva, encontram-se espíritos com diferentes graus, que se integram às falanges e subfalanges e manifestam-se entre nós, no arquétipo que escolheram por afinidade, nas incorporações nos Templos de Umbanda. Esses Guias Espirituais que trabalham na Umbanda têm origens religiosas e culturais diversas e também diferentes graus de elevação ante as Leis do Criador, compondo uma hierarquia de profunda fraternidade e irmandade para com a criação divina.

Os Tronos são ocupados pelos Orixás Menores, que regem e sustentam os degraus, os quais são ocupados por hierarcas detentores de graus e portadores de mistérios ligados aos seus tronos regentes e que, por sua vez, sustentam os Guias Espirituais.

Os polos das Linhas de Trabalho são imanentes e todos os espíritos ligados aos seus regentes ou hierarcas recebem deles, por osmose ou imanência, tudo de que precisam para manifestar suas qualidades magnéticas, energéticas e magísticas. Esses regentes são chefes de linhas, senhores de domínios e guardiões de mistérios assentados junto aos Orixás que lhes dão amparo, proteção e orientação religiosa e magística, também por osmose ou imanência. Esse processo tem início no Divino Criador, desdobra-se de grau em grau vibratório até chegar aos consulentes dos Templos de Umbanda. São linhas de ação nas esferas espirituais e trabalhos no plano material.

Os Guias de Lei são espíritos já assentados à direita ou à esquerda dos senhores Orixás e equivalem ao grau de Orixás Intermediadores. Os demais guias assentam-se à direita ou à esquerda de um Guia de Lei e incorporam usando o nome simbólico que os distingue e que individualiza a legião ou falange.

Os Guias Espirituais e todos os demais espíritos, desencarnados ou não, e nós, espíritos encarnados, estamos em processo evolutivo. É a ocorrência dessa oportunidade que mais distingue a Umbanda como religião, em que os espíritos poderão evoluir e ascender em suas Linhas de Ação e Trabalhos Espirituais.

Um Guia de Umbanda, para ampliar a abrangência de suas ações religiosas e mágicas e auxiliar ainda mais aqueles que necessitam, precisa iniciar-se e consagrar-se em outros mistérios, além daqueles que já domina. Mas isso só ocorrerá se ele estiver dando o uso correto e caritativo ao mistério no qual se iniciou. Faz parte do seu processo evolutivo, pois a evolução é um princípio com o qual Deus dotou tudo o que criou, do universo aos espíritos, consciências em constante evolução.

OS ARQUÉTIPOS DAS LINHAS DE TRABALHO

Caboclo e Preto-Velho foram as primeiras Linhas fundamentadas e organizadas para atuar na Umbanda, nas quais figuras míticas já presentes na cultura brasileira foram utilizadas: o índio destemido e forte e o ancião sábio e experiente, homenageando os negros escravizados.

Nas Linhas de Trabalho e Ação da Umbanda, manifestam-se heróis desconhecidos, arquétipos fortes e geralmente relacionados às populações pobres, excluídas e discriminadas socialmente: os caboclos índios, os pretos-velhos, os baianos mulatos, os boiadeiros mamelucos ou cafuzos, os ciganos, e outros. É um vasto repertório de tipos brasileiros populares, que expressa a nossa diversidade cultural. São modelos de conduta e estilos de vida, resultantes da origem plural do nosso povo.

Os Guias Espirituais ligados a Ogum estão, em sua maioria, atuando nos arquétipos de Caboclos e de Exus.

"Ser um espírito Guia, na Umbanda, significa ser iniciado em um ou vários mistérios, guardados em seu íntimo e manifestados apenas quando preciso, prestando a caridade espiritual, para, só assim, ascender hierarquicamente e iniciar-se em outros mistérios. O arquétipo, além de um modo para identificação da Linha de trabalho, foi uma maneira de aproximar a população da religião nascente, de homenagear, organizar e hierarquizar as entidades da Umbanda." (Lurdes de Campos Vieira, *Os Guias Espirituais da Umbanda e Seus Atendimentos*, Madras Editora).

Para trabalhar como Guia de Umbanda em uma Linha de Trabalho e Ação, o espírito precisa ter conquistado todos os atributos e qualidades relacionados a ela; só se habilitou a manifestar tal mistério com muito esforço, dedicação, perseverança, humildade, fé e resignação e precisa ter em suas atitudes as qualidades que o arquétipo implanta no coração e no imaginário das pessoas. Essa é a melhor maneira de se chegar ao interior dos consulentes e dos médiuns, nas personificações das qualidades humanas nas figuras dos Caboclos, dos Pretos-Velhos, dos Baianos, dos Marinheiros, dos Exus, e outros.

CHAVES DE ACESSO AOS MISTÉRIOS DOS GUIAS DE TRABALHO

"Em cada linha de ação e trabalho, todos os seus representantes se expressam, verbal e gestualisticamente, com características similares. Cada entidade da Umbanda apresenta aspectos intersemióticos, trazendo em seu sistema de significação algumas chaves de acesso ao mistério que representa. Destacamos três dessas chaves: o aspecto visual, demonstrado na forma plasmada da falange; o aspecto sonoro, expresso no nome simbólico e nos pontos cantados; e o aspecto escrito, apresentado no ponto riscado. Esse último aspecto também é visual, porém simbólico e não icônico. Essas chaves funcionam por correspondência vibratória ou magnetismo, por sintonia, por afinidade com a egrégora espiritual, pois são polos irradiadores ou manifestadores dessas frequências."

Num Templo, os Guias Espirituais projetam vibrações intensas e poderosas, estabelecendo uma ponte de ligação com as suas comunidades espirituais do Alto, fazendo vibrar o ambiente astralino do local, que repercute e atrai os riquíssimos elementos de energia condensados pelos elementais e dispersos na natureza... As linhas de trabalhos espirituais da Umbanda são grandes egrégoras, vibrações formadas por espíritos incorporadores que se identificam por nomes simbólicos, indicadores de seus trabalhos e das forças que os regem e se manifestam com passos e gestos próprios, característicos." (Lurdes de Campos Vieira, *Os Guias Espirituais da Umbanda e Seus Atendimentos*, Madras Editora).

O ASPECTO VISUAL - A FORMA PLASMADA

Todos os espíritos de uma falange adotam a aparência do arquétipo representativo dessa falange e assim se mostram aos videntes, pois nas linhas de ação e trabalho da Umbanda não há individualização de espíritos e, sim, coletivização. As identidades pessoais cedem lugar à hierarquia que os acolheu e lhes abriu um meio para se manifestarem. Cada entidade guia se reporta à sua falange, à egrégora que lhe dá identidade, apresentando, então, as formas características próprias dessa falange. Como exemplo, citamos as falanges dos

Caboclos Rompe Matas, dos Pretos-Velhos Joaquim de Angola, dos Baianos Quebra Cocos, dos Exus Tranca-Ruas e outros.

É por essa razão que várias entidades podem se apresentar nos trabalhos, e até no mesmo terreiro, com o mesmo nome e aparência similar, pois "vestem" a aparência da falange e, por sintonia, vibração e estímulo mental, ligam-se à hierarquia, que, por sua vez, é amparada pelos Orixás que regem a respectiva falange e a Linha de Trabalho.

Baiano Quebra Cocos

Exu Tranca-Ruas das Almas

Os espíritos agregados a uma determinada falange assumem a aparência do hierarca, chefe ou cabeça de falange, guardião de um mistério mágico único, que atua mentalmente sobre todos, não incorpora, e do qual se servem todos os membros da hierarquia na realização de seus trabalhos espirituais e por ele são amparados. Essa é uma identificação despersonalizada de ego, com desprendimento, grandeza e humildade das entidades que, ao assumirem um grau, deixam de lado a sua identidade própria para assumir a identidade sagrada coletiva da falange.

Para o trabalho na Umbanda não importa quem os espíritos foram em outras encarnações; se reis, rainhas, cientistas, sacerdotes, agricultores; nas falanges assumidas, são apenas nobres espíritos que se consagraram a Deus, para servi-Lo, e aos Sagrados Orixás, guiando e servindo a seus semelhantes.

O aspecto visual aparente da entidade nos mostra que, em uma corrente de trabalhos espirituais, ou falange, todos, do mais ao menos evoluído, apresentam-se com a mesma aparência, trejeitos, modo de falar e características similares. Eles possuem suas aparências individuais, mas, atuando espiritualmente, incorporados ou não, plasmam a vestimenta da falange. Essa é uma identificação acima da identidade pessoal, individual, pois as entidades não usam seus nomes de batismo de quando estavam encarnados. As "armas simbólicas" pessoais e a luz própria irradiada por cada espírito, que são conquistas individuais em seu processo evolutivo, são as únicas diferenças entre os membros de uma hierarquia.

A forma plasmada também é um meio de anular vaidades pessoais de médiuns que queiram buscar comunicação com entidades que tiveram importância quando encarnadas. Não importa se o guia é uma pessoa conhecida e que teve destaque na matéria, se o guia é altamente evoluído ou se ainda está iniciando sua evolução na linha de trabalho; o que vale é a sua vontade de ajudar os semelhantes, utilizando os recursos dos mistérios que guarda em seu íntimo e que manifesta magística e religiosamente.

A CHAVE SONORA – OS NOMES SIMBÓLICOS E OS PONTOS CANTADOS

A **chave sonora,** o nome do Guia Espiritual, pontos cantados especiais e até orações passados por ele dão acesso ao mistério, à sua vibração, ligada ao verbo e que fundamenta os pontos cantados de determinadas falanges e a mentalização dos nomes dos Guias. A verbalização ou mentalização de um nome reverbera no astral e se interliga à grande egrégora trabalhadora daquela falange e às características do trabalho que o nome representa.

A Umbanda é simbólica e está assentada em hierarquias de trabalho e ação, cujos nomes simbólicos dos Guias Espirituais da Direita ou da Esquerda estão relacionados com o Mistério Divino Orixá que os rege e geralmente associados aos fatores e aos elementos da natureza. Há nomes simbólicos reveladores e nomes ocultadores. A chave-mestra para chegarmos ao âmago desse mistério dos nomes simbólicos se chama "Fatores de Deus". Para estudos mais específicos, indicamos as obras de Pai Rubens Saraceni: *O Código de Umbanda, Tratado Geral de Umbanda, Fundamentos Doutrinários de Umbanda,** *e outras.*

---

*N.E.: Obras publicadas pela Madras Editora.

Os Guias Espirituais de Ogum, em geral, apresentam-se com nomes ligados aos fatores trancador, rompedor, quebrador, arrancador, e outros. É possível, pelos fatores e elementos, identificarmos o Orixá regente de um Guia Espiritual e em que irradiações ele atua e está evoluindo. Porém, é comum a entidade revelar apenas parte de seu nome. Por exemplo, um Exu Tranca-Ruas (vibração de Ogum) pode ser um Exu Tranca-Ruas das Almas, um Exu Tranca-Ruas das Almas da Calunga, um Exu Tranca-Ruas das Almas das Porteiras, e assim por diante.

Trancar significa prender, e o fator trancador é o meio pelo qual ele se realiza como ação, por isso, todo Exu, cujo nome simbólico tem a palavra tranca, gera e irradia esse fator, trancando alguma coisa.

Alguns umbandistas interpretam os Caboclos Rompe Matas como Caboclos de Oxóssi, mas eles têm nas matas o seu segundo elemento. Seu elemento original é o ar ou o vento que verga as árvores. Com o fator rompedor de Ogum, esses Caboclos rompem as matas fechadas, para que o ar penetre nelas mais facilmente. Eles são Caboclos de Ogum (ar) que atuam na irradiação de Oxóssi (vegetal), abrindo os caminhos, rompendo (Ogum) nas matas (Oxóssi).

Caboclo Rompe Matas

Tomando como exemplo o fator arrancador, os Guias Espirituais que atendem pelo nome Arranca Toco atuam arrancando os tocos ou restos de árvores que foram cortadas, secaram, tornaram-se infrutíferas, morreram. Sua função divina é arrancar tudo o que se tornou estéril, infrutífero, improdutivo; é arrancar algo ou alguém do meio em que se tornou um perturbador da evolução. Esses Guias têm "auxiliares que arrancam tudo o que estiver em desacordo com os 'meios de vida' e com a evolução natural e contínua dos seres. Arrancam de um meio até os seres que estão atrapalhando a evolução dos seus pares", (Rubens Saraceni, *Tratado da Escrita Mágica Sagrada*, Madras Editora.)

Caboclo Arranca Toco

A palavra "toco" nos remete à ideia de madeira, de vegetal, aos campos do Orixá Oxóssi; mas o infértil, o infrutífero e o estéril estão nos campos do Orixá Omolu e o Trono Arrancador está na irradiação da Lei Maior (Ogum). Portanto, um Caboclo Arranca Tocos é um Caboclo de Ogum, que atua na irradiação das Matas (Oxóssi) e age nos campos de Omolu. O mesmo para os Exus Arranca Tocos.

Dentre os simbolismos ligados às entidades de Ogum estão as espadas, objetos cortantes, ligados ao fator cortador. Em um Caboclo Sete Espadas a referência é aos sete poderes da Lei, que cortam os males, porém, tal como um exímio cirurgião, só cortam as partes necrosadas e nunca as sadias.

O Trono Sete Espadas rege as linhas de Caboclos e Exus Sete Espadas, que são espíritos humanos atuando nas sete linhas (Fé, Amor, Conhecimento, Justiça, Lei, Evolução e Geração), mas regidos pelo mistério Ogum, começando no alto com o Senhor Ogum Sete Espadas e fechando no "embaixo" com o Senhor Ogum Megê Sete Espadas. Esse Trono celestial Ogum Sete Espadas possui em sua direita "humana" sete degraus masculinos (ativos), os Caboclos Sete Espadas, incorporantes, e sete degraus femininos (passivos), as Caboclas Sete Espadas, que não incorporam.

Um Caboclo Sete Espadas está assentado à direita do Intermediário Ogum Sete Espadas e um Exu Sete Espadas está assentado à esquerda dele. Ogum Sete Espadas é o regente celestial a quem os membros do degrau das Sete Espadas da Coroa Divina prestam contas de seus atos.

No simbolismo da Umbanda muitos Caboclos respondem por nomes simbólicos em que a espada está presente; há espadas brancas, amarelas, vermelhas, douradas, etc. e os Caboclos correspondentes a elas. Mas há também os Caboclos Espada Cristalina, Mineral, Vegetal, do Fogo, do Ar, da Terra e da Água e os Caboclos Espada da Fé, do Amor, do Conhecimento, da Justiça, da Lei, da Evolução e da Geração.

Muitos são os espíritos regidos por Ogum, como as Caboclas Janaína (Ogum, Obaluaiê, Iemanjá), os Caboclos Beira-Mar (Ogum, Obaluaiê e Iemanjá), Rompe Terras (Ogum e Omolu), Quebra Toco (Ogum e Omolu), Tira Teima (Ogum), Lajedo (Ogum, Omolu e Oxum), Rompe Tudo (Ogum e Oxalá), Rompe Ferro (Ogum), Rompe Matas (Ogum e Oxóssi), Rompe Águas (Ogum e Iemanjá), Rompe Nuvens (Ogum e Iansã), Caboclo Ferro (Ogum), Caboclo Sete Lanças (Ogum e Oxalá – analogia com os sete caminhos ou sendas), Caboclo Escudo (Ogum), e muitos outros.

Muitos, também, são os Exus, como Escudo (Ogum), Espada (Ogum), Tranca-Ruas (Ogum), Sete Correntes (Ogum e Oxalá), Sete Espadas (Ogum e Oxalá), Arranca Tocos (Ogum e Omolu), Corta Ferro (Ogum e Iansã), Ferrolho (Ogum e Oxum), Ferro (Ogum), Tira Teima (Ogum), Sete Ferraduras (Ogum e Oxalá), Abre Caminhos (Ogum), Quebra Ossos (Ogum e Omolu), e muitos outros.

Caboclo Sete Espadas   Caboclo Rompe Ferro

Os nomes dos Guias Espirituais de Ogum e dos demais Orixás podem variar desde os nomes indígenas (Ubirajara, Ubiratã, etc.), até astros (Lua, estrela, Sol), fenômenos naturais (vento, raio, trovão), acidentes geográficos (cachoeira, praia, mar), minerais e rochas (cristal, pedra), plantas (mato), e outros. Cada nome iniciático simboliza um campo de ação, está ligado a um Trono, é um Mistério em si mesmo e sustenta totalmente as hierarquias ligadas a ele; tem correspondência com um dos princípios sagrados da Umbanda e vibra a partir de fundamento assentado no plano astral, onde todo Guia faz seu juramento consagratório.

O ASPECTO ESCRITO – OS PONTOS RISCADOS

Ao riscar um ponto cabalístico, o Guia está estabelecendo um ponto de forças eletromagnético, que tanto pode girar para a direita como para a esquerda, pode direcionar as irradiações ou algum tipo de energia para um dos pontos cardeais ou colaterais. Esses pontos demonstram as forças e campos de trabalho das entidades, mas são, principalmente, espaços mágicos que beneficiam os atendidos; são vórtices de energia e campos de vibração que podem descarregar, limpar, quebrar demandas, recolher seres e criaturas, potencializar, irradiar, imantar; enfim, curar.

Os Pontos Riscados ou espaços mágicos são verdadeiros portais, passagens de mão dupla, de evocação e recebimento de forças, poderes e mistérios existentes na dimensão das divindades e de recolhimento de espíritos e energias negativos que nos incomodam. Esses portais são delimitados; geralmente são espaços mágicos fechados em círculos, para não interferirem nas demais atividades do Templo.

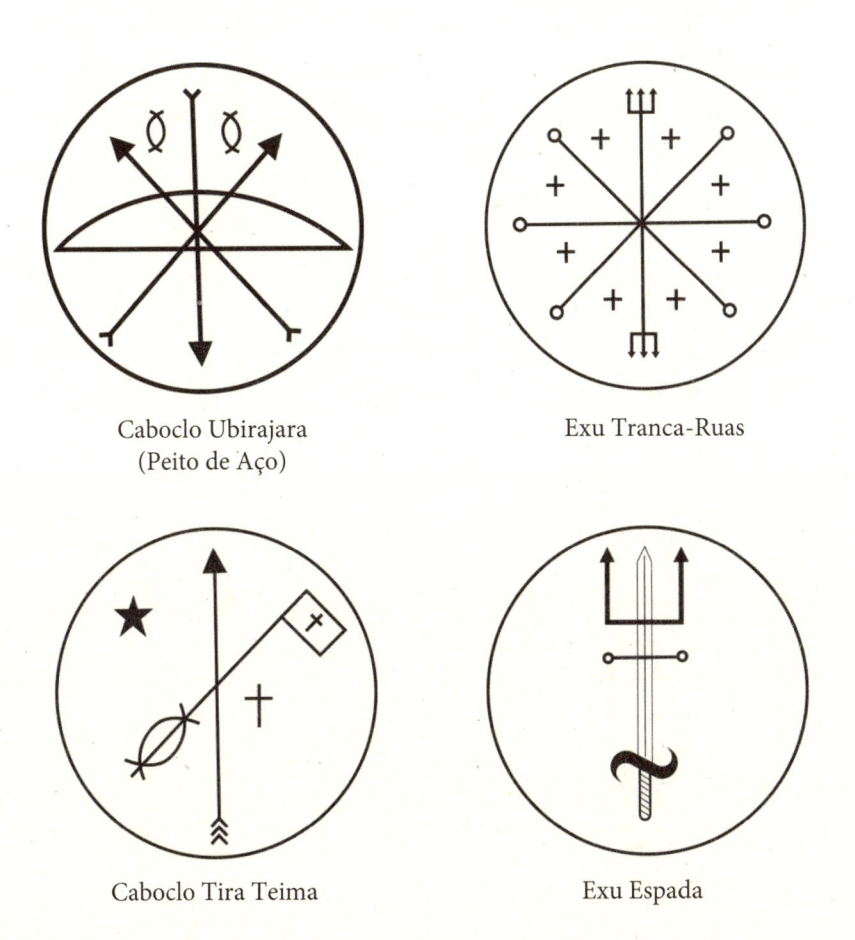

Caboclo Ubirajara
(Peito de Aço)

Exu Tranca-Ruas

Caboclo Tira Teima

Exu Espada

Assim, as irradiações ficam contidas no círculo sem interferir nos pontos riscados dos demais guias. Na maioria dos casos, quando é riscado um ponto, a entidade põe a pessoa que está sendo atendida dentro e, se for um consulente com boa sensibilidade, o mesmo poderá sentir as vibrações emitidas. Esses pontos riscados criam uma espécie de campo energético movimentador de energias, com uma grande variedade de funções, que vão do descarrego à limpeza, firmeza, energização e outras.

Os espaços mágicos, ligados aos Tronos Sagrados, interligam-se ao ponto de forças do Orixá na natureza, trazendo o poder do Orixá para dentro do Templo, desencadeando um processo de benefício aos encarnados e desencarnados, vibrando concomitantemente com Olorum.

Pontos riscados de Guias Espirituais ligados ao Orixá Ogum

O Ponto riscado é a identidade do Guia e é por meio dele que ele será identificado e confirmado. Cada risco, cada signo e cada símbolo tem o seu porquê e informa, dentre outras coisas, qual é a entidade, na força de quem ela atua e que trabalhos está realizando, desde que saibamos interpretá-los.

Na irradiação da Lei, regida por Ogum, os espaços circulares são divididos em raios, cujos ângulos de abertura são de 45 graus. Nas linhas que cruzam esses espaços, os Guias riscam flechas, lanças, espadas, tridentes e outros símbolos. Os Guias Espirituais na irradiação de Pai Ogum, geralmente, traçam em seus pontos os símbolos, formando ângulos de 45 graus.

Por trás dos pontos riscados, há uma ciência divina e uma geometria sagrada magníficas, cujas explicações se encontram nas obras de Pai Rubens Saraceni. Aqueles que riscam os símbolos sagrados a esmo e a torto e à direita, segundo esse Pai, estão condenados pela Lei que rege a ativação dos poderes e forças celestiais.

Hereditariedade Divina de Ogum[6]

As energias e forças da natureza, ou Orixás, presentes em todas as dimensões do Universo, formam impressões nos corpos espirituais desde o momento em que somos criados. Nesse instante, eles vibram e demarcam, para a eternidade, suas polaridades em nós.

A nossa hereditariedade divina é incrivelmente complexa, pois, além da fatoração original ancestral (origem do, hoje, espírito humano), ligada ao chacra coronário, temos uma sequência de Orixás secundários ao redor dele e isso se repete nos demais chacras, formando uma coroa em volta de cada um, regida por um Orixá e circundada pelos demais. Acrescente-se a isso nossa passagem por diferentes planos, incalculáveis reinos e domínios e pelo plano material. A cada reencarnação, em geral, temos novos Orixás de Frente (regente da encarnação) e Orixás Adjuntos, além de vários outros mistérios, mas o Ancestre nunca muda. Já vivemos como espírito original no interior do nosso Criador e d'Ele trazemos armazenado em nosso mental, centro vital do espírito humano, um código genético energético, vibratório, colorido e magnético original e único. Se Deus é único, Sua criação também o é. Podemos ser parecidos com nossos irmãos, mas não somos iguais. A aparência humana do espírito é apenas um desdobramento dessa semente original.

---

6. Com base no livro *O Poder Terapêutico dos Orixás e a Filiação Divina*, Lurdes de Campos Vieira e Alberto Marsicano, Madras Editora.

A diferença entre os seres divinos e os seres espirituais é que os primeiros são sempre o que são, não mudam, e os seres espirituais estão em contínua evolução e desenvolvimento de novos dons. Os seres divinos vivem no lado divino da criação e nós, no lado espiritual, separados por uma vibração.

Cada Orixá Ancestral magnetiza seus filhos com sua qualidade predominante, fatorando-os de forma marcante. O Orixá Ancestral é aquela divindade que nos atraiu pelo seu magnetismo divino, quando Deus nos gerou, e nos recepcionou, imantou e distinguiu com sua qualidade divina. O Orixá Recessivo que o secunda só participa de forma apassivadora de sua natureza primordial. Essa irradiação do Orixá Ancestral jamais cessa. Porém, quando o filho adentra o ciclo reencarnacionista, há um adormecimento mental e o enfraquecimento de seu magnetismo mental de ligação com o ancestral. Isso ocorre para que ele possa ser atraído e irradiado pelos magnetismos dos outros Orixás e desenvolva novas faculdades, sentidos, dons e padrões magnéticos.

É possível visualizarmos diferenciadores que permitem a classificação dos Orixás e de seus filhos, mas, por serem parâmetros humanos, a classificação é sempre limitada.

O Código Genético Divino do ser é formado por uma cadeia de fatores, recebidos em sua origem, que, tal qual o código genético humano, não é igual a nenhum outro. "O genoma divino de uma mesma espécie de seres é o mesmo para todos, mas a distribuição dos fatores obedece à individualidade do ser, tal como os genes no genoma humano." (R. Saraceni, *Livro das Energias e da Criação*, Madras Editora.)

OS ORIXÁS NATURAIS

Todos os filhos de um determinado Orixá Natural são sustentados pelo mesmo Orixá e cada um tem seu Orixá Individual que se diferencia dos outros. Como divindade, o Orixá Natural rege tudo e não é pessoal; é o mesmo para todos os filhos. Porém, como divindades pessoais, os Orixás são individuais e se diferenciam uns dos outros nos seus elementos (água, fogo, ar, etc.).

Uma das atribuições dos Orixás Naturais, que atuam mental, energética e conscienciamente, é despertar nos seres a consciência de si mesmos e do Universo onde vivem e evoluem. São Naturais, pois atuam tanto sobre a Natureza Física, como sobre a Natureza Energética e a Natureza Íntima dos seres, que é a sua consciência individualizada. Essa consciência vai individualizando o ser, pouco a pouco, e distinguindo-o entre os seus semelhantes.

Ogum, mesmo sendo em si a qualidade ordenadora de Deus, traz em si suas outras qualidades divinas e, ao manifestá-las, gera uma infinidade de hierarquias divinas, naturais e espirituais, todas classificadas pelas qualidades divinas contidas na qualidade ordenadora de Ogum, que só nele é uma qualidade original.

A qualidade ordenadora, nos "Oguns" qualificados pelas outras qualidades de Olorum, é uma herança divina herdada de Ogum, o que os qualifica como "Oguns".

OS "ORIXÁS" ENCANTADOS

As Divindades Naturais têm para si uma classe de seres divinos, denominados **encantados**, que mantêm seu mistério, aplicam seus poderes na vida dos seres que aí evoluem e formam sua complexa hierarquia, em um número incalculável de Reinos e Domínios. Todos os encantados naturais trazem em si os encantos da Divindade regente e são amparados por uma "consciência coletiva".

O Orixá Ancestral nos rege; porém, na encarnação, somos guiados pelo Orixá Natural, por meio de um de seus Orixás Naturais de níveis intermediários. Eles enviam aos médiuns seus Orixás Naturais individualizados ou Orixás Encantados, que são seres capazes de manifestar todas as qualidades do Orixá que os rege. São eles que incorporam nas giras de Umbanda, quando cantamos para os Orixás.

O regente do ori da cabeça do médium, conforme os ensinamentos de Pai Benedito de Aruanda, pela psicografia de Pai Rubens Saraceni, é o Orixá que o fatorou e rege sua ancestralidade, no chacra coronário, como sua qualidade principal, juntamente com o Orixá recessivo, formando o casal ancestral, os únicos que se mantêm em todas as encarnações. Os outros Orixás se fazem presentes ao redor desse chacra como qualidades secundárias, formando a chamada "coroa do médium".

O Orixá de Frente atua no chacra frontal, em sua parte da frente, e o Orixá Adjuntó atua no mesmo chacra, em sua parte de trás.

O TRIÂNGULO DE FORÇA

A cada encarnação temos um Triângulo de Força, onde estão assentados o Orixá Ancestral, o Orixá de Frente e o Orixá Adjuntó. Esse triângulo de força rege a vida de todos, médiuns ou não, pois isso é comum a todos os seres humanos. O Ancestral rege o Alto, o de Frente rege a Direita e o Adjuntó rege a Esquerda. O Alto é a imanência Divina, a Direita é a Onipotência e a Esquerda é a Onipresença. Do Alto Ele nos chega imperceptível, da Direita Ele nos chega como um poder, da Esquerda pela força.

A posição ocupada pelos Orixás na coroa de um médium (do primeiro plano da vida até o sétimo, do Orixá Ancestral até os Orixás Naturais) cria uma estrutura de poder, uma distribuição que varia de uma pessoa para outra. O Triângulo de Forças e poderes do médium, formado pelo Orixá Ancestral, o Orixá de Frente e o Orixá Adjuntó, é o que ele precisa conhecer melhor. A distribuição dos outros Orixás no restante da estrutura (em cruz, em pentagrama, em hexagrama, em heptagrama e em octagrama) não precisa ser conhecida pelo médium, além do fato de que nem sempre as leituras são corretas. Basta a ele, de tempos em tempos, ir à natureza e fazer uma oferenda de afirmação de forças e poderes para um Orixá, firmando, a longo prazo, todos eles, para que tenha força e firmeza nos trabalhos espirituais.

ORIXÁS ESSENCIAIS OU ANCESTRAIS

Logo que o ser é gerado por Deus no útero da "mãe geradora da vida", recebe o magnetismo de um dos Orixás, que o distingue com sua qualidade, sua natureza íntima, imutável e eterna. Esse será seu Orixá Ancestral, e o ser passa a evoluir por meio de um dos elementos, nos diferentes planos divinos. Se recebe o magnetismo de Ogum, evoluirá no elemento eólico.

Portanto, desde nossas gerações, temos as qualidades divinas em nós, mas ainda adormecidas, em estado potencial, só precisando que criemos as condições ideais para que se desdobrem e aflorem por meio dos nossos sentidos. Esse fator que nos marcou em nossa origem irá definir nossa herança genética divina e formará nossa natureza individual, a característica marcante de nossa personalidade.

Os Tronos não dão o sexo do ser, mas definem sua natureza masculina ou feminina. Na ancestralidade, todo Orixá feminino só fatora seres de natureza feminina e todo Orixá masculino só fatora seres de natureza masculina. O ser original gestado, maturado e imantado, por exemplo, pela Matriz Geradora do Mistério Ogum, que o acolheu em seu "berçário divino", jamais deixará de receber sua influência, pois aí obteve seu símbolo mental imutável e eterno. Em sua evolução, receberá influências de outros mistérios que acrescentarão a ele novas funções ou qualidades, mas sempre conservará em seu íntimo sua originalidade, sua natureza marcante ordenadora.

A atuação invisível dos Orixás Ancestrais ocorre por meio das telas essenciais planetárias e multidimensionais que estão em tudo e em todos, gravando todos os acontecimentos refletidos nelas. Nossos Pais e Mães Ancestrais alcançam diretamente as consciências dos filhos, elevando ou rebaixando os seus níveis vibratórios. Quando querem nos estimular, ativam-nos mentalmente e, quando não, paralisam-nos ou nos anulam e neutralizam em alguns dos sentidos.

O Orixá Ancestral, ligado ao mental do ser pela tela vibratória, age estimulando e expandindo seu campo de ação, tornando-o cada vez mais abrangente, se suas atuações foram positivas, equilibradas e harmoniosas. Emanam e irradiam para ele mais essências que o fortalecerão naquilo que está desenvolvendo. Em caso contrário, se o reflexo na tela for negativo, mostrando atuações que provocaram desequilíbrios e desarmonias, o retorno será anulador das ações iniciadas.

FILHOS ANCESTRES DE PAI OGUM

Os filhos ancestrais de Pai Ogum, sempre masculinos, têm como personalidade ancestral básica ou natureza íntima marcante a extroversão e a determinação. São diretos, vigorosos e competitivos. Costumam ser líderes corajosos natos, capazes de enfrentar qualquer missão, sendo leais, idealistas, agradáveis, verbais, responsáveis, entusiasmados, enérgicos e expressivos, vivendo em um mundo cheio de ação e defendendo a ordem e a segurança.

Quando se diz a alguém: "você é filho ancestral de Ogum", significa que esse ser é regido pelo elemento ar, que seu Orixá Ancestre é Ogum, cujo sentimento é ordenador e sua estrela mental é a seguinte:

A retidão de caráter, qual a espada de Ogum, tem de ser uma de suas características mais marcantes, jamais deixando para outros as decisões que julga serem problemas seus. Além disso, não admite traições, injustiças ou dissimulações e nunca fala de alguém sem sua presença.

O elemento eólico faz de seus filhos pessoas alegres e expansivas, ativas, idealistas e exageradamente otimistas. Têm o sistema nervoso delicado e temperamento móvel, impositivo, tenaz, rígido e combativo, apresentando rapidez mental. Contudo, podem ser instáveis.

Naturalmente hábeis em perceber as atitudes e motivações das pessoas, os filhos de Ogum captam pequenos detalhes, como expressões faciais e posturas que passariam despercebidas para outras pessoas, e usam essa habilidade para conseguir o que querem. Transmitem coragem, franqueza e sinceridade. São decididos, mas também sabem ser dóceis e amáveis, alegres e expansivos. Seguem seus princípios determinantemente, pois têm fortes crenças quanto ao que é correto e errado e, por suas próprias integridades, em nenhuma circunstância fazem o que acham errado.

Se um ser é filho ancestre de Ogum e na encarnação tem Ogum de frente é porque está precisando potencializar e reafirmar as qualidades desse pai que provavelmente negativou nas outras vidas. As características físicas da encarnação estão relacionadas à hereditariedade material e, mais nitidamente, ao Orixá de Frente e ao Juntó.

ORIXÁ DE FRENTE

Nas diferentes encarnações, transpomos de uma natureza a outra, pois ocorre a troca do Orixá regente da encarnação. Mesmo que um ser espiritual reencarne mil vezes, e sob as mais diversas irradiações, sua natureza íntima, recebida do Ancestre, nunca mudará, pois resulta da ligação com seu Orixá Ancestral.

Porém, a cada nova encarnação esse ser será regido pelo Orixá de Frente, que o guiará em sua vida na carne e do qual absorverá e desenvolverá algumas das faculdades regidas por ele. Esse Orixá, regente da encarnação, atua com a finalidade de abrir as faculdades mentais do ser, atraindo-o para o seu campo vibratório, amparando-o no despertar de uma consciência afim com suas necessidades ou deficiências conscienciais. Também, essas divindades que nos amparam na encarnação criam em nós condições para a transmutação dos nossos sentidos, transpondo nossas tendências negativas para positivas. Os Orixás de Frente atuam para abrir as faculdades mentais de seus filhos e ajudar nas suas evoluções.

O termo "Orixá de Cabeça" costuma ser usado para designar o Orixá de Frente, porque na encarnação do ser esse Orixá está de frente para ele, regendo sua encarnação, atraindo-o para seu campo de ação e para seu mistério, e influenciando-o o tempo todo. Ele o conduz a uma direção, na qual o ser absorverá sua qualidade e a incorporará às suas faculdades, abrindo-lhe novos campos de atuação e crescimento interior. Mas seu Pai ou Mãe Ancestral sempre o acompanhará mais de perto. Para que não se criem confusões, o ideal é sempre nos referirmos ao Orixá Ancestral como o regente do ori (coroa) e aos Orixás da encarnação como Orixá de Frente e Orixá Adjuntó, Adjunto ou juntó.

O Orixá de Frente de uma pessoa é um Orixá Natural regente de uma faixa e, dentro dessa faixa vibratória, existem muitos reinos regidos por ele. Os Orixás Individuais são Guardiões de domínios que amparam espíritos que há muito neles estagiaram e eram tidos como seres naturais. Agora, amparam seus filhos de outrora, aguardando que evoluam rapidamente, desenvolvendo seu fator humano e se preparem para um dia, no futuro, retornarem aos seus domínios e se assentarem neles, onde atuarão como instrutores humanos. São os nossos pais e mães que nos acolheram nesses reinos e domínios. De um desses reinos vem o Orixá pessoal ou individual que, em certas condições e ocasiões, pode irradiar o médium no seu ponto de forças na natureza. Esses Orixás Individuais estão ligados aos regentes de domínios e nós estamos ligados a eles como em uma teia.

Nas irradiações desses Tronos naturais, encontramos atuando seres naturais encantados, nossos irmãos que não encarnam, não têm o livre-arbítrio ou o direito a iniciativas individuais. São nossos pares, membros de uma mesma "onda viva".

No estágio humano, nossa vida precisa ter princípios virtuosos a guiá-la; só podemos fazer o bem, não desviando nosso potencial humano na busca da satisfação mundana materialista. Seres desequilibrados e desregrados perecem diante da Lei Maior. Como espíritos reencarnantes que somos, em geral não temos recordações dos atos realizados nas vidas anteriores, mas, em nosso psiquismo, os hábitos viciados que adquirimos estão registrados. Os Orixás, com suas energias, refrearão esses antigos hábitos, para que possamos superá-los e nos equilibrar.

Pai Ogum influenciará seus filhos, atuando em seu psiquismo, se o mesmo estiver saturado, tanto de energias positivas como negativas, que poderão trazer distúrbios psíquicos, resultantes de pensamentos, palavras e atitudes que interferem na emotividade. Tais distúrbios, quando somatizados, podem gerar sequelas, como síndrome do pânico, depressão, fobias, fascinações, ansiedades, obsessões em geral e outras doenças psicossomáticas.

FILHOS E FILHAS DE OGUM, EM GERAL

Aqueles que têm Pai Ogum como seu Orixá de Frente têm a sensação como função psíquica dominante em sua estrutura psicológica. Isso significa que, por serem muito ativos, os filhos de Ogum são voltados para a experiência direta, com detalhes de fatos racionais materiais; processam seus conhecimentos e entendimentos do mundo e das pessoas de maneira inconsciente, decodificando-os rápida e automaticamente. Ás vezes, têm fortes intuições claras e positivas. Por serem sensitivos, tendem a ser imediatistas, afoitos e impulsivos, querendo resolver tudo rapidamente, mesmo que os resultados não sejam totalmente satisfatórios.

A função perceptiva e o pensamento os levam a perceber rapidamente as atitudes e motivações das pessoas, ficando em posição de vantagem em relação àqueles com quem estão interagindo, e usam essa habilidade para conseguir seus objetivos. O que querem que aconteça acaba ficando mais importante do que as regras, embora tenham fortes crenças no que é certo ou errado. Esses filhos, embora não pareça, pensam rapidamente antes de agir, pois são estrategistas; porém, de repente, podem ter acessos de cólera. Quando cometem erros, usam o pensamento e procuram corrigi-los.

A função reprimida nos filhos de Ogum é o sentimento; normalmente, não se importam com o efeito de suas palavras sobre as pessoas, pois a maneira como tomam suas decisões não inclui como critério os sentimentos dos outros; adoram mexer com as verdades alheias, pois suas decisões são calcadas em fatos e lógica.

Os filhos e filhas de Ogum, geralmente, têm estatura média, são esguios, magros, nervosos, fortes, musculosos e atléticos. Mais do que brigões, são voluntariosos, intransigentes, afoitos, impulsivos, obstinados e passionais. Têm temperamento enérgico e difícil; são batalhadores, de humor mutável, conquistadores e cheios de iniciativas. Têm grande energia nervosa que precisam descarregar em atividades radicais, pois detestam o sedentarismo. Dispensam roupas elaboradas demais ou complicadas para vestir.

Os filhos de Ogum são alegres e geralmente falam e riem alto, para que todos se divirtam com suas histórias. Na tomada de decisões, preocupações e resolução de problemas, raramente ponderam as coisas, pois seguem rígida e implacavelmente o regulamento, a Lei. Interagem com vários tipos de pessoas e resolvem problemas imediatos com extrema facilidade, com sua criatividade geral ou artística prática. Quando decidem que algo precisa ser feito, fazem acontecer.

Filhos de Ogum sentem intuitivamente, são idealistas e com talento para ajudar as pessoas a resolverem suas diferenças e poderem trabalhar juntas. Ao impor suas ideias e vontades, são extremamente francos e até rudes, mas passam com naturalidade de furiosos acessos de raiva aos comportamentos mais tranquilos, estando abertos a novas opiniões e ideias, se as mesmas forem coerentes e precisas.

Inquietos, gostam de viagens e mudanças. Vivem o presente, gostam de se arriscar e, quando olham os fatos em determinada situação, decidem rapidamente o que deve ser feito e executam a ação, pondo a mão na massa. Sentem enorme satisfação em vencer desafios considerados impossíveis e, quanto maior o obstáculo, mais suas garras são despertadas para ultrapassá-los.

Dentre os interesses principais dos filhos e filhas de Ogum estão as batalhas e as atividades competitivas. São curiosos, com grande capacidade de aprendizado e de concentração no objetivo a ser conquistado. Precisam estar ativos, em ação. São aqueles sempre à frente nas batalhas, nos pontos de partida para a ação. Adoram viajar, são práticos e inquietos e saem-se bem em trabalhos onde possam cumprir tarefas variadas e ter responsabilidades que mudam constantemente.

Quanto à estrutura intelectual e ao perfil cognitivo, os filhos de Ogum podem ser muitíssimo brilhantes, porém são pessoas que geralmente encaram problemas na escola, especialmente em cursos universitários onde a teoria é mais importante que a prática. Cansam-se das aulas nas quais não acreditam que estejam recebendo informações úteis para a prática. Vivem o presente e não dão muita importância a teorias ou reflexões sobre as coisas. São inteligentes e impacientes com teorias, pois preferem emoções e experiências fortes e intensas. Porém, seu movimento no mundo mental é marcante, passando facilmente da razão formal para o mental abstrato, o que facilita o contínuo movimento de teorias e ideias e a busca de alternativas e variedades.

Socialmente, os filhos de Ogum gostam muito de se divertir e são companhias muito divertidas, adorando estar com os amigos. São ótimos contadores de histórias e improvisadores, criando o que falam, em vez de seguirem um plano.

O comportamento dos filhos de Ogum é associado à figura de pessoas violentas, porém, quando têm certeza de que estão errados, podem arrepender-se, mas fazendo prevalecer aquilo que julgam ser certo. A sinceridade, transparência e franqueza de suas intenções angariam muitos amigos e admiradores, com os quais sabem ser dóceis, amáveis e generosos. Embora façam qualquer coisa por um amigo, não sabem amar sem machucar.

Como representantes do homem em sua maior masculinidade, os filhos de Ogum sempre terão os olhares femininos voltados para eles. Mas, mesmo sendo bons conhecedores de como tratar uma mulher, acabam não se dando bem, por sua conduta atada, sentimento reprimido e por suas vontades e manias. Os homens são dados a conquistas e têm facilidade para relacionar-se com o sexo oposto, com vida amorosa variada e com relações rápidas e superficiais. Despedaçam corações, porém podem ser ciumentos, autoritários, teimosos, egoístas e incapazes de perdoar.

Embora pareça sério e dramático, o filho de Ogum não é do tipo austero. Quando apaixonado, não aceita rejeição; sua sensualidade não se contenta em esperar e ele parte para o ataque franco, insistentemente. Divertido, sempre desperta o interesse nas mulheres, envolvendo-se em seguidos relacionamentos. Somente se fixa a uma só pessoa quando encontra realmente o seu grande amor; porém, como não têm as mulheres em alto conceito, os filhos de Ogum podem ser maridos brutais e insensíveis. Nos relacionamentos, podem ser distantes, frios e impessoais. Pensam e analisam tanto que podem deixar passar momentos importantes.

As mulheres filhas de Ogum são mais querelantes do que briguentas, mas também têm atitudes extremadas. São excelentes mães, porém batem primeiro, para depois perguntar qual foi o erro.

No campo vocacional, filhos e filhas de Ogum, graças à estrutura de pensamento eólico, com almas direcionadoras, têm extraordinário talento para o campo ordenador. São ótimos para dar início às coisas; são ativos, otimistas, eficientes, rápidos e enérgicos, ótimos em carreiras nas quais não precisam ficar confinados ou restringidos nem dados a trabalhos longos. Podem se tornar estressados, infelizes, amargos e desajustados em atividades rotineiras e intelectuais. Gostam do poder e de comandar, pois são líderes natos, não têm medo de nada e em geral ninguém se atreve a enfrentá-los. Sabem mandar sem nenhum constrangimento e sabem ser mandados, desde que sejam respeitados. Podem ser excelentes guerreiros, militares, policiais e vendedores, por natureza, pois são fontes abundantes de energia, de entusiasmo e gostam de impor e seguir regras. Também podem ser ótimos atletas, em esportes radicais e competitivos.

Filhos e filhas de Ogum são audaciosos, empreendedores, arrebatados, batalhadores incansáveis e gostam de conquistar postos no trabalho. Como apreciam os novos caminhos científicos, as novidades tecnológicas e as novas formas e possibilidades de desempenho profissional os atraem. Também se dão bem em ofícios mecânicos, como técnicos e engenheiros.

Na interpretação do mundo, os filhos de Ogum empolgam-se com as coisas e são muito práticos, hábeis em motivar os outros a se animarem e agir; são observadores e divertidos. Gostam de curtir o momento. Seu arquétipo é o das pessoas enérgicas, briguentas e impulsivas, que perseguem seus objetivos, sem se desencorajar facilmente diante de circunstâncias difíceis, triunfando onde qualquer outro abandonaria o combate, perdendo a esperança. Dificilmente desistem de seus ideais, pelos quais lutam tenazmente. Estão sempre buscando exercer a liderança e o comando de algum grupo. A curiosidade, franqueza e obstinação de um filho de Ogum são desconcertantes, chegando mesmo à falta de tato; preferem sempre um grito de vitória ao perdão ou à derrota em qualquer circunstância.

De temperamentos impulsivos, irascivos, diretos, francos, coerentes, obstinados e passionais, por seus fortes conceitos de honra, os filho de Ogum são praticamente incapazes de perdoar as ofensas sérias dirigidas contra eles. Calculistas e estrategistas, são tenazes e não descansam enquanto não alcançam a vitória em seus objetivos. Com tendências a melindrar outras pessoas, quando alguém lhes presta serviços, são muito indiscretos e não medem as palavras que proferem.

Dificuldades ou perturbações

Os filhos e filhas de Ogum têm suas limitações, pois não dão muita chance de diálogo para os funcionários e para os filhos; são inflexíveis, radicais e raramente arredam pé de suas posições, mesmo que errados. Usam uma lei para si e outra para os demais. Brigam ou discutem primeiro, para depois procurar entender o que aconteceu. Vaidosos, não gostam de ser contrariados em suas opiniões.

Em geral, os filhos de Ogum são arrogantes e impetuosos e, mesmo com o risco de ofenderem as pessoas de seu relacionamento, não pensam antes de se expressar, sendo francos e sinceros ao extremo. Podem ter dificuldades em ver as consequências de longo prazo para as suas ações.

No negativo, são beligerantes, violentos, egoístas, apáticos, covardes, teimosos, descuidados, de vontade fraca, ciumentos, cheios de gabolices, excessivamente autoritários e com dificuldade para perdoar. Quando distantes da influência de Pai Ogum, seus filhos dificilmente perdoarão quem lhes fez mal e podem se tornar ainda mais arrogantes, frívolos, violentos, mal-humorados, autoritários, maledicentes e presunçosos. Para os outros, um filho de Ogum pode parecer muito intratável, cruel, duro, violento, bitolado, inflexível e insensível com os problemas e sentimentos alheios. Em razão de seu caráter intransigente e irascível, é considerado antipático e desagradável, além de arrogante, impaciente, mal-humorado, intolerante, cruel e violento.

Se você, filho de Ogum, é briguento, violento, desordeiro, arrogante, cruel, covarde, desleal, desagradável, egoísta, irresponsável, de caráter duvidoso, e com outras características negativas, você não é assim porque é filho de Ogum. Muito pelo contrário! Você veio ao mundo como filho de Ogum para aprender a desenvolver as qualidades desse Pai que lhe faltam. Se você não está absorvendo as qualidades de seu Pai Ogum, não está enxergando suas falhas, está fechando os seus caminhos e não transmite confiança às pessoas. Não está em condições de reequilibrar seres humanos, o fim último da Lei.

"Nada como ter um pai ou uma mãe rigorosos, ciumentos e possessivos para cuidar de filhos cabeças-duras, desleixados, relapsos ou evasivos, pois estes pais e mães divinos não se sensibilizam com nossas falhas e vão logo nos dando uns bons puxões de orelha ou nos colocando de joelhos no canto da 'sala de aula da vida.' (Rubens Saraceni – *O Código de Umbanda,* Madras Editora.)

Quando um ser encarna, carrega em sua vida certas qualidades e defeitos. Esses defeitos deverão ser trabalhados, lapidados e positivados, pois são do filho e não do Orixá; não resultam da filiação divina.

Estamos aqui na Terra para usarmos o nosso livre-arbítrio e entendermos nossos pais e mães Orixás, identificando em nós os comportamentos e atitudes em desacordo com eles. Estamos aqui para trabalhar nossos defeitos, entendendo-os, para sabermos lidar com o nosso ego e buscarmos nosso equilíbrio interior. Como umbandistas, nossos atos devem ser pensados, refletidos, avaliados, equilibrados e trabalhados, sem jamais culparmos os outros e muito menos os Orixás. Orixá é divino, é sagrado, é manifestação e qualidade do Celeste Pai Olorum, e sua força deve ser uma escola, um aprendizado para crescimento de seus filhos.

Para estar em sintonia com o padrão original do Ancestral e dos Orixás que os regem de Frente ou como Adjuntó, os filhos e as filhas de Ogum precisam equilibrar seu gênio impulsivo com sua garra e desenvolver uma natureza ordenadora. Devem trabalhar positivamente suas dificuldades ou perturbações, assim como suas limitações, sempre tendo como parâmetros a lealdade, a retidão de caráter e a responsabilidade, buscando desenvolver a bondade, a calma, a flexibilidade, a tolerância, a paciência, o bom humor e o respeito pelas outras pessoas.

ORIXÁ ADJUNTÓ

O Orixá Adjuntó é o auxiliar do Orixá de Frente, na encarnação, e forma par com ele, como seu oposto vibratório; é aquele que equilibrará e atuará por meio do emocional do ser, ora o estimulando, ora o apassivando, para que ele não se descaracterize, tornando-se irreconhecível ao Trono hereditário regido pelo seu Orixá Ancestral, por estar fora do seu padrão original. Esse Orixá Adjuntó é aquele que neutraliza a influência predominante do Ancestral e equilibra o ser, permitindo que o regente, o Orixá de Frente, cumpra sua missão junto ao filho.

Os Adjuntós são os Orixás equilibradores dos filhos e atuam com a finalidade de refrearem seus instintos, apassivando seus emocionais, sempre visando ao seu equilíbrio íntimo e crescimento interno permanente. Se a natureza ancestral do ser, que é muito marcante, não for abrandada, ele se individualizará demais e se isolará dos outros, pois a exteriorizará excessivamente em todos os sentidos e em todos os momentos da sua vida. O Orixá Adjuntó nos dá o equilíbrio, pois a ausência de virtuosismo em um ser o torna extremamente desagradável; porém, o virtuosismo em excesso faz com que a pessoa seja insuportável.

É justamente por meio dessa ação refreadora e apassivadora que entram na vida dos médiuns os Orixás Adjuntós e os Exus de trabalhos espirituais. Não é a toa que o Exu de trabalho está associado ao Adjuntó, pois o Exu tem sua função mercurial de interligar e equilibrar dois polos – direita e esquerda.

Quem sabe essa bipolaridade dos Orixás não tenha ligação até mesmo com os hemisférios cerebrais humanos, cujo direito é racional e objetivo e o esquerdo é emocional e intuitivo.

Na irradiação vertical, o ser é regido pelo Ancestre, atuante em seu chacra coronal com a qualidade original que o qualificou em sua origem. Os demais fatores serão qualidades secundárias e uma delas qualificará sua irradiação em seu chacra frontal, pelo Orixá de Frente, direcionando-o e indicando suas atrações, por meio da corrente eletromagnética horizontal, indicando suas tendências e interesses no dia a dia de cada encarnação. Considerando que os Adjuntós atuam pelo emocional, podemos identificá-los nas iniciativas das pessoas.

Exemplifiquemos. Se um ser tem como Ancestre o Orixá Oxalá regendo o chacra coronal com sua irradiação da Fé, sua qualidade original é o fator congregador. Os demais fatores serão qualidades secundárias. Se o Orixá de Frente, que capta energias positivas regendo o chacra frontal, for Ogum, sentirá atração por coisas ligadas à ordenação, às leis e terá tendência muito grande à organização religiosa. Se o Orixá Juntó, equilibrador que atua por meio do emocional, for Iemanjá, esse ser terá o seu emocional equilibrado e apassivado pela criatividade do fator dessa Mãe.

Com o Orixá de Frente e com o Orixá Adjuntó de cada médium, estão todos os outros Pais e Mães essenciais, como pais e mães dos Guias Espirituais.

O filho de um Orixá herda algumas de suas características originais naturais que o distinguirão. Porém, outras permanecerão adormecidas e só aflorarão à medida que o ser for evoluindo e criando em si as faculdades e os meios pelos quais elas fluirão ou serão irradiadas.

NOSSO DILEMA – ESTAR NO POSITIVO OU NO NEGATIVO DO ORIXÁ

O espaço do ser feliz é todo o Universo e o não espaço do infeliz é o mais íntimo do seu ser."

Rubens Saraceni

Tudo na vida é uma contenda de forças, na qual tanto o positivo como o negativo não estão imóveis, tendendo a um processo de "bola de neve", e podem se manifestar com a mesma intensidade.

Quando estamos positivos no Orixá, irradiamos simpatia, fé e alegria a todos e as recebemos de volta, na mesma proporção. Somos rodeados por seres de luz, amorosos e bondosos, que nos transmitem paz e harmonia.

No negativo, irradiamos antipatia, tristeza e revolta, não raramente por meio de críticas, cuja negatividade é recebida de volta, em proporções cada vez maiores, aumentando a revolta, também em um processo de "bola de neve", e tendendo a afinizar-nos a obsessores e seres trevosos.

Toda a criação divina apresenta esse dualismo, esse aspecto duplo – o positivo e o negativo. Também os Orixás, divindades do Criador, têm em si mesmos seus aspectos positivos, ou amparadores e os negativos, ou reativos, protetores de seus mistérios.

QUADRO DOS MECANISMOS AMPARADORES E REATIVOS DOS ORIXÁS		
ORIXÁ	ASPECTOS AMPARADORES	ASPECTOS REATIVOS
OXALÁ	Congregador da fé, estruturador	Descongregador, desestruturador
LOGUNAN-TEMPO	Magnetizador da religiosidade, temporalizador	Desmagnetizador, virador, esgotador
OXUM	Concebedor da Vida, agregador	Esterilizador, desagregador
OXUMARÊ	Renovador, agregador	Diluidor, anulador, dissolvedor
OXÓSSI	Expansor do conhecimento	Esgotador Mental
OBÁ	Concentração do conhecimento, fixador	Esgotador, dispersador
XANGÔ	Equilibrador, graduador	Desequilibrador, incendiador

OROINÁ	Purificador, energizador	Consumidor, esgotador
OGUM	Ordenador, abridor de caminhos	Desordenador, fechador de caminhos
IANSÃ	Movimentador, direcionador	Invertedor, esgotador, girador
OBALUAIÊ	Transmutador, evoluidor	Paralisador da Evolução, drenador
NANÃ	Decantador, memorizador	Diluidor, abrejador
IEMANJÁ	Criador, gerador	Esterilizador, diluidor
OMOLU	Estabilizador, Curador	Paralisador, enfraquecedor, doença

Como nada está parado, tudo vai acontecendo de uma forma crescente e muitas vezes incontrolável. O filho de Orixá que contraria todas as características positivas e se incompatibiliza com seu pai e mãe, confrontando radicalmente a Lei Maior, entra em dissintonia não apenas com seus Orixás regentes, mas também consigo mesmo.

Muitas vezes, quando nos desequilibramos espiritual e emocionalmente, expressamos nossa natureza de forma contrária e negativa aos padrões condizentes com nossos Pais e Mães Orixás, pois o próprio mistério manifestado pelo Orixá, quando infringido, desencadeia uma ação reativa que é ativada negativamente. Ao afrontarmos a Lei, somos por ela "castigados". Isso é o que os antigos babalaôs iorubanos chamavam de "quizila".

O principal objetivo da encarnação, objetivo da Lei e da Vida, é despertar a consciência e adormecer os instintos. Em nosso cotidiano religioso, familiar e na sociedade em geral, a conquista mais rápida de uma vida harmoniosa pode ocorrer quando reconhecemos nossos desequilíbrios em relação às características dos Orixás que nos regem. Daí a importância do conhecimento dos fatores divinos e dos perfis psicológicos dos filhos dos Orixás, criando possibilidades de melhor entendimento de comportamentos e atitudes, e possibilitando a conciliação dessas características com a personalidade de cada um.

Enquanto os instintos e os desejos dominarem a personalidade de um filho de Ogum, sua energia se manifestará compulsivamente. Na medida em que ele vai aprendendo e avaliando seus desejos e as consequências de suas ações, vai se tornando um ser mais reflexivo e consciente, direcionando sua inteligência e vontade para propósitos mais altruístas, para objetivos superiores e humanitários. Aí, o filho de Ogum será um ser seguro e responsável, ciente da força que o liga ao Orixá Ogum, seu Pai. Estará preparado, propenso e determinado a dar início e ordenação a movimentos iluminadores do semelhante.

O Orixá Ogum e a Natureza

A Umbanda é uma religião natural, pois guarda uma relação direta com a natureza e com suas divindades geradoras e sustentadoras. Os Orixás regem todos os domínios existentes na Criação e geram os meios onde os seres naturais e espirituais vivem e evoluem.

A terra que nos sustenta, o ar que respiramos, a água que bebemos, os vegetais que nos alimentam, o fogo que nos aquece, etc., são materializações, extensões dos Sagrados Orixás da Natureza, suas Divindades.

AR, FOGO E ÁGUA

Ogum-yê é a essência eólica, aérea, que é a concretização do atributo exclusivo dele, a ordenação. Ele é a materialização da energia fatoral ordenadora de coisas úteis às criaturas e à própria Criação, em todas as dimensões.

Existe o mistério Senhor do Fogo Divino e Ogum é o Guardião desse mistério, pois o ar tanto pode intensificar como diminuir o fogo. Sem oxigênio não há combustão; é ele que sustenta o fogo (Xangô). A essência eólica de Ogum o faz "manipulador" e movimentador do fogo, pois o ar limita, estimula ou sufoca as chamas.

Como Orixá essencial, Ogum vibra a Lei e irradia uma essência estimuladora do equilíbrio dos seres. Ele encaminha para Xangô, o Juiz assentado no Tribunal Divino, questões que precisam ser julgadas, além de executar os seres julgados e condenados pela Justiça Divina, segundo os princípios da Lei.

O Trono aéreo (Ogum) é um Trono essencial que tem por função dar mobilidade aos seres, em todos os sentidos, abrindo seus caminhos. Mobilidade é a capacidade de se mover física, espiritual e mentalmente. A essência eólica é estimuladora da evolução, pois estimula e impulsiona o ser a avançar, a não estacionar.

O Trono Ogum se presta a muitas interpretações, pois o ar está na água, no fogo, no vegetal, na terra, no mineral e no cristal. Ogum é o ar perene, equilibrado, que alimenta a vida, ativando e energizando a chama (Xangô). No elemento ar, ele é ordenador da Lei e, no elemento fogo, é aplicador da Justiça.

Como mental planetário, o Orixá Ogum, Guardião por excelência, atua mantendo o equilíbrio entre as muitas dimensões, distribuindo suas vibrações energo-magnéticas equilibradamente, para que não haja excesso nem carência de energias aéreas em nenhuma delas.

Lei (ar) e Justiça (fogo) são complementares. O fogo energiza o ar com seu calor e o ar expande ou faz refluir o fogo. A Justiça não anula a Lei e a Lei não anula a Justiça. Uma dota a outra com recursos, pois a Justiça dota a Lei de recursos legais, dando-lhe mais desenvoltura e a Lei dota a Justiça com recursos jurídicos para se interpor ante as injustiças. Fogo e ar, Justiça e Lei se completam; são duas linhas de Umbanda indissociáveis.

Na linha da Lei, Ogum polariza com Iansã, que é ar em grande quantidade, que vira tempestade, ventania, ciclone, os quais são domínios dela. Iansã é aplicadora da Lei na vida dos seres emocionados pelos vícios. Seu campo preferencial de atuação é o emocional dos seres. Ela os esgota e os redireciona, abrindo-lhes novos campos por onde evoluirão de forma menos emocional. Ogum e Iansã, eólicos por excelência, formam um par vibratório (ar), no qual ela é ativa, com suas irradiações magnéticas circulares ou espiraladas, e ele é passivo, com suas irradiações magnéticas retas.

Par vibratório significa que ambos manipulam energias afins entre si ou complementares. Ogum forma par vibratório com Iansã, pois ele é o ar que ordena e ela é o ar que direciona, na mesma linha de força. Onde ela é ativa, ele é passivo, pois um completa o outro. Ogum atua no mental e ela no emocional dos seres.

Na Linha da Justiça, Ogum (ar) forma par energo-magnético, polarizando com Oroiná (fogo) e lhe dá sustentação, de maneira passiva e ordenadora, sem se espalhar. Polarizam-se para aplicar a

Lei, pois são complementares. Ela é aplicadora da Justiça Divina na vida dos seres insensíveis à dor alheia e que são tormentos para os semelhantes, como agente ativa da Lei, e consome os vícios emocionais e os desequilíbrios mentais desses seres.

Par energo-magnético significa que um está assentado no polo positivo e outro no polo negativo. Um precisa do outro, mas também pode neutralizá-lo, anulá-lo ou expandi-lo. Os opostos tanto se neutralizam como se anulam ou se alimentam.

Oroiná, o fogo que devora, consumirá os desequilíbrios mentais e os vícios, emocionais aéreos, surgidos com o desvirtuamento dos princípios da Lei. Consumirá e paralisará todos os vícios, cujo ar que anima os princípios puros na vida do ser (Lei) se tornou viciado e distorcido, até que novo ar puro, novos princípios, voltem a arejar sua existência.

Quando chamamos Ogum para nos defender das investidas de seres desequilibrados, suas hierarquias ativam seus pares opostos esgotadores dos desequilíbrios, das injustiças e do irracionalismo, assentados nos polos magnéticos negativos, ativos e cósmicos da irradiação da Justiça Divina. Surge o fogo da purificação, a Mãe Oroiná, purificadora dos meios ambientes religiosos (Templos), das casas e do íntimo dos seres (sentimentos). Ela é o aspecto "punitivo" da Lei Maior regida por Ogum.

Ogum (ar) forma par energético com Iemanjá (água). A substância água, no nível vibratório da matéria, é uma combinação de átomos de oxigênio e de hidrogênio (H_2O). Os elementos ar e água são afins entre si e se amalgamam.

OS CAMINHOS

Ogum é o equilíbrio na ordenação, é o ar que areja o interior dos seres; é o poder que se impõe ordenando, sempre que os seres se desviam de seus caminhos, suas sendas evolutivas. É por meio dos caminhos ou sendas que Pai Ogum se projeta para a dimensão material, onde tem seu santuário natural.

O título de Ogum como o "Orixá dos Caminhos e das Encruzilhadas" surgiu da imensa abrangência da Tela Fatoral do Trono da Ordenação, na qual as ondas dos demais Orixás se apoiam, para fluir e chegar aonde precisam.

Por caminhos, entenda-se a evolução dos espíritos. Como já dito anteriormente, Ogum vigia e é Guardião dos caminhos, nos quais todos seguem adiante, mas também é conhecido como o Orixá das encruzilhadas, os entrecruzamentos estabelecidos nos caminhos. As encruzilhadas são os domínios naturais, os pontos de forças consagrados a Exu.

Quando uma onda fatoral fica sobrecarregada do fator divino "ordenador" e projeta novas 21 ondas fatorais, que também se multiplicam, surgem as encruzilhadas nos pontos magnéticos dessa multiplicação.

Simbolicamente, na matéria, as encruzilhadas representam os lugares de parada para a reflexão e escolha dos caminhos que devemos seguir, o lugar do livre-arbítrio. Mas também são lugares naturais de intenso fluxo de pensamentos profanos negativos, que procuram ativar Exu para a realização de trabalhos perniciosos contra os semelhantes. São pontos magnéticos de descarga de energias negativas geradas pelos humanos.

As encruzilhadas não são apenas cruzamentos na matéria; são a representação simbólica dos entrecruzamentos vibratórios dos Orixás e a atuação deles conforme o nosso merecimento, momento existencial e livre-arbítrio. São entrecruzamentos etéreo-astrais de um universo de infinitas possibilidades para todos.

"A cruz, com seus quatro 'braços' que apontam para os quatro pontos cardeais, é símbolo de orientação no espaço, para que a jornada humana não seja perdida. O ponto de cruzamento entre a vertical e a horizontal simbolicamente significa o estágio da consciência que venceu a ilusão da matéria e começa a galgar outros níveis de compreensão espiritual. A encruzilhada, portanto, é um lugar de encontro, um momento de mudança de rumo, que leva a outro estágio espiritual ou, simplesmente, de uma situação existencial a outra. A vida nos coloca sempre em encruzilhadas, onde somos obrigados a escolher que atitude tomar, por isto se diz que é nas encruzilhadas que se encontra a construção dos nossos destinos. Assim, as encruzilhadas, isto é, os cruzamentos de caminhos, são espaços sagrados decorrentes do plano de vida de cada criatura, daí a responsabilidade e o respeito que se deve ter ao passarmos por qualquer uma delas." (Ramatiz, *Exu – O Poder Organizador do Caos*, Livraria do Triângulo.)

A AÇÃO DE OGUM NO CORPO HUMANO

Ogum é o Orixá da manutenção da vida,
pois é o poder do sangue que corre nas veias.

O nosso corpo material é uma manifestação do nosso ser total; é o veículo mais denso de consciência e utiliza o prana mais grosseiro, fornecido pelos alimentos e pelo ar, e um pouco do prana mais sutil.

Em nosso corpo físico, Pai Ogum se manifesta por meio do ar que respiramos e vibra no sangue (humor), que contém certa quantidade do elemento ferro, essencial para a formação dos glóbulos vermelhos. Não nos manteremos vivos sem ferro em nosso organismo, mas não nos alimentamos com ferro puro.

A respiração é o processo que, pelas cavidades nasais, leva o ar para dentro dos pulmões, permitindo a oxigenação do sangue nas células, e depois o leva para fora, fazendo a remoção do gás carbônico – é bom para o coração.

Pai Ogum é o Orixá da Lei e seu campo de ação é a linha divisória entre a razão e a emoção; é o Orixá Guardião dos procedimentos dos seres, em todos os sentidos. O Orixá eólico, ao irradiar-se, cria a linha pura do ar. Uma divindade do ar não é Deus, é uma de suas partes, que é o elemento ar. A pouca absorção de ar torna os seres densos e bitolados, e a grande absorção de ar torna-os excessivamente emotivos e aéreos.

A vibração de Ogum nos elementos é associada ao ar; nos padrões energéticos, à energia eólica; nos chacras, ao laríngeo. Esse elemento opera no campo da Lei ou ordem, na movimentação, na comunicação, com magnetismo ordenador, direcionador e impositivo.

O ar que respiramos é vital para a nossa sobrevivência e contém cerca de 21% de oxigênio, que é parcialmente absorvido pela corrente sanguínea e levado a todas as células do corpo. A vida das células, portanto, depende do abastecimento contínuo de oxigênio. Nas células, ocorre a respiração celular, processo que utiliza o oxigênio para "queimar" o alimento e liberar energia e gás carbônico, essencial para a sobrevivência e o bom funcionamento celular. O sangue, então, transporta esse subproduto indesejável aos pulmões, que o eliminam do organismo.

No sistema circulatório, que é fechado, o coração bombeia o sangue (humor) por uma rede de vasos sanguíneos (caminhos), pondo em comunicação todas as partes do corpo. A função desse sistema é transportar o material nutritivo, absorvido pela digestão dos alimentos, para todo o organismo, levar oxigênio para todas as células e remover as impurezas.

Quando dizemos que Pai Ogum é responsável pelo ar, não podemos esquecer dos sons, que são produzidos pelas cordas vocais da laringe e que Pai Ogum rege o chacra laríngeo.

O chacra laríngeo é também chamado chacra da comunicação. Situa-se na parte frontal do pescoço e está relacionado à glândula tireoide. É o centro das vibrações sonoras, do ritmo, do timbre, da melodia. O pleno desenvolvimento desse chacra permite o surgimento da clariaudiência, a força e elasticidade das cordas vocais e o timbre e harmonia da voz. Ele nos contempla com a maneira de expressarmos as nossas verdades e como comunicamos aquilo que sentimos.

Esse chacra, assim como nosso Pai Ogum, tem função ordenadora, do poder da palavra e vontade divina. É a ponte entre os chacras da cabeça e os do tronco. Tem ligação com o mental superior e com a colocação do ser na sociedade.

FERRO – O MINÉRIO SAGRADO DE OGUM

Ogum é a divindade que brande a espada e forja o ferro; é a força incontrolável e dominadora do movimento do choque.

O ferro tem uma natureza mineral e tende a manter-se estável porque seu núcleo gerador ou célula que dá início ao processo é concentrador dos átomos afins.

O minério de ferro é associado ao divino Ogum, pois, após sua transformação em aço, apresenta características, como rigidez, estabilidade, resistência, durabilidade, que também são atributos e atribuições desse Orixá. Dentre os muitos fatores desse Pai ordenador, estão o cortador, o enrijecedor, o forjador, o laminador, o potencializador e o fortalecedor. Ogum puro é como o ferro: denso, impenetrável, pesado, concentrador, etc.

Ogum forja o caráter, o fortalecimento do espírito, assim como o ferro incandescente é forjado para a fabricação de instrumentos úteis, como o machado, a alavanca, a pá, a enxada, a picareta, a espada, a faca, e muitos outros.

O minério de ferro atualmente é de uso exclusivo na produção do aço, liga metálica que dá origem a ferramentas, máquinas, veículos, estruturas de pontes e edifícios, e mais infinitas aplicações. Com suas irradiações transformadoras, Ogum estimula as atividades criadoras sobre a Natureza, como a transformação da matéria-prima ferro em produtos acabados, abrindo caminhos e capacitando os seres a buscarem inovações tecnológicas e científicas. Daí sua associação com a tecnologia. Ele representa o progresso, a vanguarda nas experiências científicas, com seu destemor. Dentre os caminhos de Ogum, estão as estradas de ferro (caminhos de ferro), elemento ligado a esse Orixá e um de seus pontos de força.

Assentamentos e firmezas de Pai Ogum e das entidades Ogum sempre são feitos com ferramentas e elementos de ferro. Se um Guia Espiritual pede, por exemplo, que se coloque uma ferradura em um assentamento de Ogum, é porque a ferradura, além de ser produzida com minério de ferro, tem o formato de uma onda vibratória de Ogum.

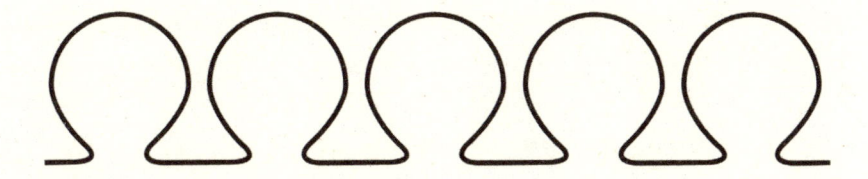

Explicações semelhantes servem para as espadas, as correntes, os fios de aço e outros elementos.

Considerações Finais

Aquele que não respeitar um dos infinitos
Mistérios de Deus não é digno de nenhum deles.
Mestre Seiman Hamiser Yê

Olorum gerou o Princípio da Lei, animado por Seu poder divino, e o manifesta em Seu lado externo por meio da Divindade Ordenadora, a Divindade da Lei, o Divino Pai Ogum. A Lei atua na matéria e no espírito no direcionamento da evolução humana e é implacável, pois é o princípio associado à ética, à moral e ao rigor. O Orixá Ogum é o ordenador ético e moral dos procedimentos e dos processos, resguarda a ordem e o equilíbrio, com retidão e determinação. Seus mecanismos nos protegem, mesmo que não tenhamos conhecimento ou compreensão desses fatos.

A ética é universal, não depende de cultura; é associada aos valores, à maneira de agir, ao modo de ser, ao caráter, às virtudes, à índole, à natureza e aos princípios do ser. Ela se expressa em nossa maneira de nos relacionarmos com os demais, nas nossas responsabilidades diante do outro e independe de leis materiais. O aprendizado da ética é o aprendizado da convivência, pois ela é o conjunto de valores e princípios que norteiam a conduta humana na sociedade.

A Lei tem de imperar e restabelecer o equilíbrio, na Luz ou nas trevas, na vida ou na morte. Devemos crer nisso, para não perdermos o sentido de viver. Quem está na Luz e erra deve ir para as trevas para conhecer a extensão de seu erro, e quem está nas trevas e se esforça para acertar, merece conhecer a Luz. A Lei abre suas portas a todos que queiram se redimir aos olhos do Criador.

Em sua encarnação, um ser humano pode fazer o bom ou o mau uso do seu conhecimento, do seu poder mental. Deve estabelecer os seus limites e viver em conformidade com eles. Quem usa seu livre-arbítrio e se afasta de Deus, vai perdendo suas características humanas e chega a sofrer acentuadas deformações em seu corpo espiritual, assumindo aparências desumanas.

Os mistérios dos Orixás são fatores evolutivos em nossas vidas e só se tornam estacionadores e regredidores na vida daqueles que dão mau uso aos seus conhecimentos e capacidades, infringindo as regras da Lei Maior.

No livro *Lendas da Criação*, lemos que Pai Ogum nos diz que "toda vez que alguém antevê algo que lhe parece perigoso para outrem deve fazer algo para impedir que esse algo se concretize como um mal na vida desse alguém." "Toda antevisão tem que ser acompanhada por uma ação imediata do antevisor ou ele será penalizado pela Lei, pois viu o mal aproximar-se de alguém e nada fez, omitindo-se. Para Ogum, toda omissão é um ato que deve ser penalizado rigorosamente".

Em nossa atuação religiosa e magística na Umbanda, temos observado procedimentos de irmãos, que provavelmente desconhecem as Leis Divinas, comportamentos esses que desencadeiam os fatores reativos do Trono da Lei. Esses irmãos precisam ser alertados.

O fator alertador faz parte dos fatores de Pai Ogum e vamos utilizá-lo para enfatizar as advertências emitidas pela espiritualidade superior sobre o que grassa hoje na Umbanda. Ogum diz ainda que "Exu antevê tudo, mas não tem como avisar a todos que estão caminhando em direção a precipícios que os engolirão nem tem como avisar a todos que olham para todas as direções, menos para as que estão trilhando."

Se Exu não tem como avisar a todos, nós também não, mas, se chegarmos até o coração e a consciência de alguns tantos, acreditamos que estaremos honrando os Oguns Sete Espadas que nos guiam.

Vamos enumerar os alertas.

1 – A Ideologia das Demandas

Tudo que alguém fizer envolvendo magia negativa ou ocultismo, será anotado por Pai Ogum, para posterior julgamento.
Rubens Saraceni

Mestre Seiman Hamiser Yê diz que "o que grassa hoje na Umbanda e que infelizmente não tem como consertar mais é irmão demandando contra irmão (...). O astral assiste a tudo em silêncio porque não tem como exteriorizar o que sente; o que se passa na Umbanda (...) separa irmãos de um mesmo caminho".

Os seres que assim agem estão desarmonizados com os princípios divinos e, para justificar suas derrotas pessoais e eximir-se da responsabilidade pelos próprios atos e escolhas, em desacordo com as Leis Divinas, imputam-nas às demandas imaginariamente oriundas de outras pessoas. Então, "devolvem" com novas demandas, criando um ciclo vicioso que se perpetua.

Por desconhecimentos das Leis Divinas e Espirituais que regem a Criação e as influências de naturezas energéticas, emocionais e conscienciais, atribuem e culpam os espíritos ou as magias negativas por todo mal que lhes ocorre, em vez de assumirem as responsabilidades diante de suas derrotas e dificuldades, forjadas por suas próprias escolhas e atos inadequados. É bom lembrar que a Lei das Afinidades se faz presente e cada um atrai companhias espirituais e energias em ressonância com seus sentimentos e pensamentos íntimos.

Muitos processos dolorosos que acontecem na vida dos seres não são punições divinas, mas a necessidade de expurgar e esgotar os desequilíbrios e os negativismos, para impedir quedas espirituais acentuadas após o desencarne.

Esse procedimento das demandas, condenado pela Lei, é prática corriqueira na matéria, desvirtuando o culto aos sagrados Orixás, já tendo negativado Exu em cerca de 70% dos seus mistérios, conforme Mestre Seiman, no livro *Lendas da Criação*. A negativação de mais um pouco do mistério Exu arrastará consigo todos os espíritos naturais e humanos agregados a ele.

O semelhante deve ser pensado e tratado como um irmão perante o Criador e não como um adversário. Cada umbandista precisa acelerar seus conhecimentos das coisas divinas, ainda no plano material, para firmar-se com autonomia e consciência, para manter-se na simplicidade e na pureza dos ensinamentos. A simplicidade, o coração amoroso, a mão estendida para aqueles que sofrem e a ajuda desinteressada são as atitudes que devem prevalecer.

2 – A Mercantilização dos Procedimentos Sagrados da Umbanda

Caridade não é moeda de troca.
Bondade, humildade e caridade; fora disso não
há lugar para Deus no coração dos homens.
Rubens Saraceni, *A Longa Capa Negra*

Desde seu início em 1908, a Umbanda tem uma forma de ser, estabelecida pelo Caboclo das Sete Encruzilhadas, com a manifestação dos espíritos para a prática da caridade, sem qualquer remuneração pelos trabalhos realizados pelos Guias Espirituais. Esse é o fundamento a ser seguido pelos umbandistas e válido até hoje; é amor divino sem recompensa.

O médium deve ser um servo de Deus aqui na Terra, servindo-o por meio do auxílio que presta ao semelhante, com os dons recebidos do Divino Criador e o trabalho dos Guias Espirituais. Os dons mediúnicos são saberes divinos e Deus, além de não cobrar nada para ajudar alguém, não admite a venda desses dons e muito menos a realização de trabalhos negativos contra o semelhante. Na caridade dos Guias Espirituais, a pessoa só recebe aquilo que merece. Se os trabalhos forem pagos, o "médium" explorador da fé alheia, que recebeu por eles, vai arcar com as consequências, além de assumir parte do carma do pagante, que também terá seu retorno.

A Umbanda não foi criada para o enriquecimento individual de ninguém nem para alimentar vaidades, orgulhos ou soberbias. Foi criada para o crescimento espiritual de todos e para ajudar a acelerar o processo evolutivo daqueles que estão entorpecidos no plano material e no plano espiritual.

"(...) oportunistas buscam nas questões religiosas e espirituais uma forma de tirar proveito, vantagens e sobreviverem da fé alheia com suas teologias interesseiras, embriagados pela sedução do dinheiro fácil, a fim de abastecerem a si mesmos... Mas a fé cega de muitos adeptos sustenta esse mercado, pois não o julgam, aceitando tudo por afinidades e conveniências, não buscam na religião sua verdadeira proposta, que é a religação com o Sagrado; visam somente ao que as 'coisas divinas' poderão lhes favorecer, perdendo a grande oportunidade de transformação e o aperfeiçoamento de si mesmos como filhos de Deus; estão na religião aguardando apenas as 'bênçãos' chegarem.

Religiosos interesseiros não são apenas os que visam ao lucro, mas também os ambiciosos de qualquer natureza...", (Cris Egídio, *Mistério Pombagira Mirim*, Madras Editora.)

Sejam prósperos em suas vidas, mas sem fazer da espiritualidade uma fonte de acúmulo de dinheiro, pois ela não está à disposição para isso. Acreditamos que o Divino Criador espera que nossas faculdades mediúnicas sejam aperfeiçoadas e colocadas para o benefício de nossos semelhantes.

"A prática da caridade espiritual feita por um médium deve ser um ato de amor e fraternidade incondicional e quem assim procede não espera por nenhum tipo de recompensa material, porque o próprio ato já traz que não tem preço, e que é poder servir Deus com os dons que d'Ele recebeu." (Rubens Saraceni)

3 – Cursos e Uso Inadequado dos Meios de Comunicação

Cuidado com as palavras. As palavras ditas ecoarão na Espiritualidade e são determinações. Não sabemos como elas irão retornar até nós. Não podemos usar as palavras sem medir suas consequências.
Rubens Saraceni

A Umbanda vive hoje um momento delicado e contraditório. De um lado, é primordial e importante ensinar seus fundamentos e mistérios, com orientações doutrinárias abrangentes e universais, a um número cada vez maior de pessoas, para que a Umbanda se firme e se crie um estado religioso de consciência umbandista. Esses ensinamentos da ciência divina hoje são buscados por muitos, que priorizam o estudo e o entendimento da religião. O estudo e uma linha doutrinadora dos consulentes e fiéis devem ser estimulados. Além disso, podem fazer com que médiuns deixem de mercadejar e de praticar demandas, desvirtuando-se cada vez mais. Mas é preciso ter clareza, bom senso e autocrítica sobre a própria capacidade, dom e talento para ensinar.

Por outro lado, vemos médiuns despreparados e levianos, descomprometidos com a moral e a ética, que não possuem a responsabilidade sacerdotal e a força moral e espiritual necessárias, autoprojetando-se como sacerdotes umbandistas. Nessa busca por reconhecimento, ostentam e divulgam *status*, títulos religiosos e iniciáticos, realçam dons espirituais que, em geral, não possuem e divulgam rituais que beiram a superficialidade, para impressionar pessoas de boa-fé, expondo a religião à ridicularização. Descomprometidos com a Lei que rege os procedimentos religiosos, eles se desvirtuaram e se desviaram dos sagrados objetivos da Umbanda, que é a evolução nos sete sentidos da vida.

Esse tipo de "umbandista", que almeja ser aclamado, propaga que tem missão espiritual, que é missionário, dotado de dons e compromissos especiais e por isso não pode trabalhar como as demais pessoas. Vive à custa da fé alheia, com suas práticas religiosas, magísticas e cursos, desafiando a Lei da caridade que rege as práticas realizadas em nome de Deus e dos Sagrados Orixás.

"Homens que deveriam ser, por palavras e exemplos, uma digna representação do sacerdócio, se conduzem em estreita sintonia com seus sentimentos de vaidade, orgulho, egoísmo e desejos de poder e acabam transformando o compromisso sacerdotal em caminhos para a satisfação de seus próprios egos, interesses ou para compensarem suas frustrações existenciais, e com isso buscam incansavelmente reconhecimento, elogios, gratidões e aplausos.

Tornam o compromisso espiritual sua profissão, objeto de exploração, o sagrado sendo exposto banalmente em programas de TV e redes sociais, exibindo uma exteriorização oca, desprovida de propósitos divinos, e assim vivem a manipular a mente de pessoas, na expectativa de conquistarem novos 'públicos-alvos' e 'palcos' para desfilarem seus atributos artísticos, suas performances e peripécias argumentativas, mediúnicas ou paranormais." (Cris Egídio, *Mistério Pombagira Mirim*, Madras Editora.)

É necessário muito cuidado na expansão dos "conhecimentos" de forma desordenada, irresponsável, vaidosa e inconsequente. As cobiças, egoísmos, explorações e ambições serão purgados na dor e no sofrimento do outro lado da vida.

4 – Falta de Bom Senso e Mistificação

Não são poucos os médiuns que, por desconhecimento das Leis Divinas, por vaidade e deslumbramento, acreditam que são autossuficientes para interferir na vida do semelhante, sem consequências. Acham que podem tudo porque têm Guias e Orixás, desconhecendo as responsabilidades que precisam ter com a vida, com a espiritualidade e com a própria evolução. Entram em choque com as forças oriundas das trevas, colocando em risco suas próprias forças espirituais e seu equilíbrio pessoal.

A vaidade, a ganância e a presunção no meio religioso, que poluem a Umbanda, são o caminho mais curto para a tão devastadora mistificação. E os quiumbas encontram vastos campos de ação para agir e comprometer a resistência energética dos Templos e a saúde física, espiritual, emocional e mental dos médiuns e frequentadores. Desatentos a isso, dirigentes e médiuns, "poços" de conhecimento e desprovidos de sabedoria, fatalmente serão conduzidos a caminhos para o encontro com as Leis divinas e com seu ordenador, Ogum. Agem de forma irresponsável e inconsequente, diante da vida, da fé e do carma do outro.

O sacerdote e o médium precisam ter responsabilidade e consciência de que, incorporados com os Guias Espirituais, estão lidando com o psicológico, com o emocional, o espiritual e o sagrado dos outros seres.

Homenageamos aqui a todos os nossos irmãos e irmãs umbandistas que, silenciosamente, se dedicam com amor, fé e ética, servindo de instrumentos dos Sagrados Orixás e Guias Espirituais, para ajuda aos irmãos e irmãs encarnados e desencarnados, em seus momentos de aflição, fortalecendo-os para prosseguirem suas jornadas evolutivas.

5 – Falta de Conscientização das Leis Divinas e sua Reatividade

A Lei é uma via evolutiva implacável, pois não condena um inocente e não inocenta um culpado. Todo Ogum aplica a Lei Maior aos desvirtuadores dos princípios divinos. Os excessos são provocados pelos encarnados movidos por sentimentos e emoções viciosas.

Queremos que fique bem claro qual é o destino dos servidores da Lei que se perdem nos excessos dos seus instintos, dos seus vícios e ignorância pessoal.

Se a pessoa prossegue agindo em desacordo com as Leis preservadoras, mecanismos reativos da Lei Maior são ativados, com aplicação de leis drásticas, que chegam a afetar seu espírito e posteriormente seu corpo biológico.

Egoístas, falsos, gananciosos, exploradores do próximo, violentos, intimidadores, assassinos, estupradores, e coisas tais, irão para as trevas. É provável que tenham de estacionar em sua evolução e ascensão, pois a Lei age tanto sobre quem fala e faz coisas negativas quanto sobre quem a elas dá ouvidos, para a purificação dos vícios comportamentais.

O PROFANO E O SAGRADO NA UMBANDA

"Nada no Universo está fora do alcance da Lei Maior".

O umbandista tem de ser ético e esforçar-se para ser uma pessoa cada vez melhor, pois é isso que os Guias Espirituais ensinam e que a espiritualidade espera de nós. Não somos seres perfeitos, mas os valores interiores são muito importantes, devem ir se internalizando em nós e se expressando em todas as nossas atitudes.

Quanto ao médium de Umbanda, espera-se que ele, de tanto trabalhar com os Orixás e com os Guias Espirituais, fique cada vez mais espiritualizado, e baladas, festinhas e demais aspectos corriqueiros da vida social comecem a fazer pouco sentido em sua jornada. Espera-se que ele jamais misture a dimensão mundana da sua vida com a dimensão do sagrado e que ele saiba lidar cotidianamente com as coisas sagradas da Umbanda, pois Deus está sempre perto, abraçando e saudando-nos.

O sagrado existe em oposição ao profano e se constitui na concepção de um mundo de origem divina, de uma transcendência que revela o fundamento da vida. É a experiência de ser no mundo sacralizado, onde a crença em algo transumano, divino e maior, está inscrita nos quadros sociais e históricos.

Sagrado é tudo que divinizamos, tudo que é foco de respeito, veneração e adoração. Deus é sagrado, as Divindades ligadas a Ele são sagradas, os Templos são sagrados, os objetos ritualísticos e os elementos são sagrados. O profano e o sagrado constituem dois modos de vida, duas concepções acerca do mundo e da existência. São arranjos complexos que envolvem não apenas as crenças e os rituais, mas todo um sistema de moral, ética, símbolos, códigos, etc.

Na Umbanda, ou usando seu santo nome, há aqueles que ainda não conseguem sentir e entender a dimensão do sagrado e tratam as Divindades, os Guias Espirituais, os Templos, os elementos, os pontos cantados, enfim, a religião, de modo profano. Logo que aprendem a utilizar as forças e os poderes dos sagrados Orixás, começam a dar vazão aos seus negativismos, fazendo magias negativas para tudo e para todos que os desagradam. Ludibriam, enganam, dizendo-se conhecedores dos mistérios, destroem vidas e enganam pessoas que buscam alento na Umbanda, sem a mínima noção ou preocupação com o mal que fazem a si mesmos.

Muitos cantam pontos de Umbanda em qualquer lugar, na rua, em bares, botequins e similares. Os pontos cantados de Umbanda, ao contrário da música popular que retrata situações passionais de dor de cotovelo e de saudade, entre outras emoções, evocam uma dimensão transcendental, além da alegria e da tristeza: a dimensão sagrada da renúncia, que atinge as raízes do Universo.

Isso tudo, sem falar no uso indevido e inadequado dos meios de comunicação.

Essas pessoas citadas raramente perdoam com sinceridade ou ajudam seus semelhantes. Quando perdoam, regozijam-se, ficam orgulhosas e, quando ajudam, sentem-se superiores e vaidosas. Ajudar é dever nas leis da vida, e perdoar também. Quem ajuda e perdoa com amor deve e pode sentir-se feliz.

O bem é ação normal e, diante do Senhor Ogum, não conta, pois é assim que um ser humano, principalmente o médium, deve agir. Já o mal sempre desagrada Pai Ogum, que ativa seus fatores reativos contra aquele que o praticou com o que aprendeu na Umbanda.

É preciso muito cuidado para não misturar o que é sagrado com o que é profano. Lembrem-se de que até os nossos Exus e Pombas Giras de Lei são sagrados, pois trabalham junto aos Orixás e aos demais Guias Espirituais. Quando se embaralha o positivo com o negativo, jamais a resultante é positiva, mas, como na eletricidade, provoca-se um curto-circuito, com efeitos muitas vezes devastadores.

Aos sacerdotes de Umbanda, cabe administrar e ensinar o sagrado; aos médiuns umbandistas, cabe aprender e respeitar o sagrado, usando os conhecimentos adquiridos sempre dentro da Lei. Isso, para que a Umbanda não chegue à situação descrita pelo Aprendiz Sete, no livro *O Guardião do Amor*, de Pai Rubens Saraceni:

"Dediquei-me à reflexão sobre a Umbanda, chegando à conclusão de que ela é um emaranhado cármico que precisa ser resolvido lentamente, senão explode e desaparece como religião e só restará uma seita formada por pessoas descompromissadas com suas propostas originais espiritualizadoras".

Tanto a gênese como a solução de todos os problemas está dentro de cada um e não dá para transferir a solução para os Guias Espirituais. Eles não estão à disposição dos encarnados para satisfazer necessidades imediatas e caprichos ligados às coisas materiais ou a questões emocionais que se sentem incapazes de superar. É preciso que ocorram mudanças, transformações no íntimo do ser, a conscientização de sua capacidade de trabalhar e investir no lado bom de todas as coisas. É fundamental o despertar para as verdades espirituais, cujo aprendizado é longo e exige esforço, a fim de romper com velhos hábitos. Os valores positivos internos devem sobrepor-se às barganhas espirituais e aos caprichos pessoais. Ninguém está livre das consequências de seus atos.

Mais uma vez citamos um diálogo do Senhor Ogum do Tempo com o Aprendiz Sete:

"– ... você professou a fé umbandista em sua última encarnação, não?

– É, eu fui um médium umbandista, meu Senhor.

– O que você fez na Umbanda e por ela?

– Fiz o que todos fazem, creio eu.

– Se você só fez o que todos fazem, então não fez nada, pois na Umbanda os que fazem o que todos fazem só o que fazem é ceder seus corpos para seus guias espirituais incorporarem e auxiliarem aqueles espíritos encarnados confusos, problemáticos e encrenqueiros, quase sempre em vão, porque ou perdeu tempo com eles ou colheu decepções mais decepções.

Você deveria ter descoberto na Umbanda sua utilidade para o seu Senhor, que é nosso Pai e nosso Divino Criador. Sabe quando a Umbanda irá formar utilíssimos espíritos humanos? Ela só os formará quando os umbandistas deixarem de se comportar de forma antiética para com seus semelhantes, quando se sentirem humanos; quando deixarem de se levar pelo emocional e racionalizarem seus pensamentos, seus sentimentos e suas ações. Racionalismo, caráter e moral ilibada formam um bom espírito..." (*O Guardião do Amor*, Rubens Saraceni, Madras Editora.)

A Umbanda prega as coisas divinas como via de evolução. A opressão, o ódio, o rancor, a vingança, o ajuste de contas, o vergar à força e pela dor não são princípios da Umbanda e não estão contidos em suas regras de ação. Se um médium está cometendo injustiças no uso de seus conhecimentos mágicos, então está afrontando um dos princípios da Lei, regida por Ogum.

Na Umbanda, há uma pluralidade de ideias e diferentes interesses, onde se digladiam "a força da moral, dos bons costumes, da ética, da espiritualidade superior, da verdade e a força da subjugação, da mentira, da permissividade, da parcialidade, da imoralidade" (Pedro Nina, *Ética na Umbanda*).

Se adotamos e nos integramos à Umbanda como religião, é preciso ter claro que ela nos oferece dois lados: se praticamos o bem, com boas ações, estamos enfraquecendo as trevas; se praticamos o mal, estaremos afrontando a Luz. Como a Luz e as trevas têm meios de intervir no mental humano, a luta é inerente.

Filhos de Umbanda! Médiuns e Sacerdotes, em particular!

Jamais invoquem o Orixá Ogum ou outro Orixá Natural, para anular a vida do semelhante, para combater seus irmãos iniciados ou para acertar contas pessoais com seus desafetos. Não desrespeitem os Orixás e não os tratem como seus escravos. Jamais ensinem discípulos a destruir quem os desagrada, a fazerem o mal com pesadas demandas. Nunca sejam vaidosos, prepotentes, invejosos, luxuriosos, raivosos, soberbos, ambiciosos e egoístas. Não vivam errando incessantemente, querendo ser perdoados o tempo todo, sem atentarem para os limites ou para o mau uso que dão ao livre-arbítrio, dádiva concedida por nosso Divino Criador Olorum.

Diante de tantos procedimentos negativos, inaceitáveis e inconsequentes, muitos Orixás Naturais têm se recolhido às suas realidades, deixando os humanos entregues à sua sina e destino de se autoanularem, pois não conseguem conter as maldades nos seus limites.

Sejamos humildes, sensatos, bondosos e jamais tratemos de maneira profana as coisas sagradas nem sacralizemos as coisas profanas. Nossa Umbanda não foi criada para que seus filhos se digladiem ou realizem trabalhos de pesadas magias negativas.

Ser umbandista é exercer uma verdadeira profissão de fé; o verdadeiro sacerdócio do Amor, da Caridade, da Fraternidade, União e Devoção, mantendo sempre uma postura ética, equilibrada. É ser discreto, digno, leal, amigo, educador, orientador, filho, filha, pai, mãe, irmão, irmã, conselheiro, conselheira, consolador e consoladora. É amar a mãe Natureza, entendendo e resguardando a vida nela existente, pois tudo é obra de Pai Olorum. É ensinar, eliminando em si e nos outros irmãos os falsos conceitos, preconceitos e ignorâncias. É demonstrar carinho e atenção nas palavras de alento, nos gestos de temperança, paciência, compreensão, tolerância, sinceridade e bondade. É estar distante dos preconceitos, da discriminação e dos fanatismos. É ser praticante do bem, de coração aberto, de alma limpa e mente sã. É ser simples e humilde ao reconhecer que pouco sabe diante dos grandes mistérios da vida e ter alegria em servir aos irmãos em Olorum. É defender os mais necessitados, ter bom senso diante de adversários e assumir plenamente a Umbanda, a grande e bela missão colocada em seu caminho. É ser a expressão das grandes virtudes divinas, um exemplo constante delas, com lucidez, ética e moral.

Acima de tudo, ser umbandista é amar o Divino Pai, os Tronos e Virtudes Divinos, os Sagrados Orixás, os Guias Espirituais e todos os irmãos, com dignidade, orgulho de sua religião e amor e paz no coração.

A Umbanda é uma religião redentora e precisamos buscar os caminhos para nos realizarmos em Olorum, como seres espirituais gerados por Ele, trazendo para as nossas vidas os princípios realizadores dos valores umbandistas e das verdades divinas!

Filhos de Umbanda!

– Amem e respeitem nosso Divino Criador!

– Amem e respeitem os Orixás, Divindades de Olorum!

– Amem e respeitem nosso Pai Ogum, a Lei e a Ordem de Deus!

– Amem e respeitem a Umbanda, que é Sagrada!

TABELA DOS FATORES DE PAI OGUM E SUAS AÇÕES

FATOR	AÇÃO
Abarcoador	Abranger
Abarrancoador	Armar barrancas em
Abarreiroador	Cercar, entrincheirar
Abridor	Desunir, descerrar
Acorrentador	Prender com correntes, encadear
Acompanhador	Que faz acompanhar
Adiador	Que adia
Afeiçoador	Tornar afeito a
Afiador	Dar fio a
Afirmador	Que afirma; que faz afirmar
Afrouxador	Que faz afrouxar
Agrilhoador	Prender com grilhões, encadear
Agrupador	Reunir em grupos
Aguardador	Que faz aguardar
Aguçador	Tornar agudo; adelgaçar na ponta
Ajuntador	Convocar; reunir
Alertador	Que alerta
Alongador	Tornar largo ou mais largo
Alternador	Faz suceder repetida e regularmente
Aludir	Que faz aludir, que alude
Amarrador	Segurar com amarras; atar; ligar fortemente
Ampliador	Tornar amplo; alargar; dilatar
Amputador	Cortar; restringir; eliminar; amputar
Anotador	Que anota
Anulador	Tornar nulo; destruir; aniquilar
Aparador	Tomar; receber; segurar
Apontador	Que faz apontar
Aprovador	Que aprova
Aprumador	Pôr a prumo; endireitar
Argumentador	Que argumenta
Arrancador	Desapegar com força; destruir; extirpar
Arrazoar	ExpoR ou defendeR causas alegando razões
Arregimentador	Organizar em regimento; enfileirar; associar;
Atentador	Que faz atentar

Atribuidor	Que faz atribuir
Atuador	Que atua
Avigorador	Dar vigor a; robustecer; fortalecer, consolidar
Caminhador	Que faz caminhar
Capacitador	Fazer capaz; habilitar; convencer; persuadir
Certificador	Que certifica
Chamador	Que chama
Chegador	Que faz chegar
Circunvalador	Cingir com fossos; valados ou barreiras
Classificador	Que classifica cada coisa
Clivador	Cortar de acordo com a clivagem
Comentador	Que comenta
Completador	Que completa
Concretizador	Que torna concreto
Confiador	Que faz confiar
Confinador	Limitar; demarcar; encerrar; clausular
Conservador	Quem ou aquilo que conserva; guarda; respeita
Continuar	Que faz continuar
Comprovador	Aquilo que é confirmado; afirmado; testado
Controlador	Exercer o controle de
Convergedor	Tender, concorrer, afluir ao mesmo ponto
Coordenador	Dispor em certa ordem; organizar; arranjar
Corretor	Que faz correto
Cortador	Que faz cortar
Costeador	Que costeia; que faz costas
Credor	Que concede crédito; acreditar
Deixador	Que faz deixar
Demarcador	Traçar; extremar; delimitar
Demolidor	Destruir; deitar por terra; arrasar; aniquilar; arruinar
Derrocador	Derrubar; destruir; arrasar
Descansador	Que faz descansar
Descobrir	Que descobre
Desembaraçador	Livrar do embaraço; desimpedir; desenredar
Desobstruidor	Desimpedir; destravancar; desembaraçar
Despedaçador	Que faz despedaçar
Devastador	Assolar; arruinar; destruir; despovoar

Devolvedor	Que faz devolver
Ditador	Que dita
Dobardor	Multiplicar por dois; duplicar; fazer dobrar
Dominador	Ter autoridade ou poder sobre; conter; reprimir
Duplicador	Dobrar
Eixador	Pôr eixo em
Emasculador	Tirar a virilidade; perder o vigor
Embainhador	Que faz ebainhar
Embargador	Por embargo a; reprimir; conter; impedir
Embarreirador	Meter em barreira
Embatedor	Produzir embate; choque
Emblemador	Indicar, designar
Embolador	Guarnecer de bolas ou hastes
Emitidor	Que faz emitir
Emparedador	Encerrar entre paredes; clausurar
Encadeador	Prender com cadeia; agriolhar; ligar
Encaminhador	Mostrar o caminho; guiar; conduzir
Encontrador	Que faz encontrar
Endireitada	Pôr direito; retificar; corrigir
Enfeixador	Atar em feixe; ajuntar; reunir
Enfileirador	Dispor ou ordenar em renques ou fileiras; alinhar
Enrijecedor	Tornar rijo; duro; forte; robusto
Enrouquecedor	Que faz enrouquecer
Entendedor	Que faz entender
Entranqueirador	Fortificar com tranqueiras; fortificar-se
Entroncador	Criar ou adquirir tronco; engrossar; robustecer-se
Esclarecedor	Que esclarece
Escolhedor	Que faz escolher
Escudador	Cobrir; defender com escudo,
Estandartizador	Reduzir a um só tipo, modelo, norma
Exatador	Que torna exato
Executador	Que faz executar
Exemplificador	Que exemplifica
Eximidor	Que faz eximir
Explicador	Que explica
Extinguidor	Apagar; amortecer; gastar; dissipar

Extirpador	Arrancar pela raiz; extinguir; destruir
Fechador	Cerrar; unir ou ajuntar; tornar fixo
Fertilizador	Que, ou quem, fertiliza; tornar produtivo
Ficador	Que faz ficar
Firmador	Fazer firme; seguro; fixo
Forjador	Trabalha com forja; fabricar; engendrar
Formador	Que faz formar
Formulador	Que faz formular
Fortalecedor	Tornar forte; guarnecer
Fracionador	Partir; dividir em frações; fragmentador
Fragmentador	Dividir; fazer em fragmentos; quebrar
Fremidor	Bramir; gemer; bramar; rugir; vibrar; tremer
Frenteador	Que faz frente
Furador	Fazer furo; buraco ou rombo em; romper; penetrar
Guardador	Que faz guardar
Hierarquizador	Organizar, segundo uma ordem hierárquica
Impedido	Que impede
Impenetrador	Tornar impenetrável
Implicador	Que faz implicar
Impositor	Que impõe
Indeferidor	Que faz indeferir
Indicador	Apontar; designar; mencionar
Inesquecedor	Tornar inesquecível
Inibidor	Proibir; impedir; embaraçar
Ininterrupdor	Que torna ininterrupto
Integralizador	Integrar; completar
Intercalador	Interpor; pôr de permeio
Interditador	Que interdita
Interrompedor	Romper a continuidade
Justificador	Que faz justificar
Laminador	Reduzir a lâminas; chapelar
Lembrador	Que faz lembrar
Levantador	Que faz levantar
Matinador	Despertar; conservar desperto; adestrar
Mensurador	Determinar a medida, medir
Opinador	Que faz opinar

Ordenador	Pôr ordem; dispor; determinar
Orientador	Determinar; dirigir; encaminhar; nortear
Parador	Que faz parar
Parcializador	Que parcializa
Parecedor	Que faz parecer
Partilhador	Que partilha
Passador	Que faz passar
Penalizador	Que penaliza
Percebedor	Que faz perceber
Percorredor	Que faz percorrer
Portador	Que porta
Possibilitador	Que torna possível
Potencializador	Tornar potente; reforçar
Preferidor	Que faz preferências; que faz preferir
Quantificador	Que faz quantificar
Quebrador	Reduzir a pedaços; fragmentar
Rastreador	Investigar; perseguir as pistas; procurar
Recolhedor	Que recolhe; que faz recolher
Recomendador	Que recomenda
Recorredor	Que faz recorre
Reformador	Formar novamente; reconstruir
Regedor	Governar; administrar; dirigir
Registrador	Que registra
Regrador	Que faz regra
Regulador	Sujeitar a regra; dirigir; moderar
Reintegrador	Que faz reintegrar
Relevador	Que faz relevar
Reprodutor	Tornar a produzir; imitar; copiar
Resolvedor	Que faz resolver
Responsabilizador	Que responsabiliza
Retedor	Segurar; ter firme; deter; conter; refrear
Retificador	Que retifica
Retirador	Que faz retirar-se
Retomador	Que faz retomar
Rigorizador	Que torna rigoroso
Rodear	Pôr ao redor; circular
Rompedor	Partir; despedaçar; estragar; rasgar; abrir à força

Satisfador	Que dá satisfação
Significador	Que dá significado
Solicitador	Que faz solicitar
Soltador	Que faz soltar
Testemunhador	Que faz testemunhar
Trancador	Fechar; prender; segurar; enclausurar; travar com tranca
Transferidor	Deslocar; fazer passar; ceder; transmitir
Vencedor	Que faz vencer
Vigiador	Que faz vigiar
Voltador	Que faz voltar

Bibliografia

CAMARGO, Adriano. *Rituais com Ervas*. São Paulo: Livre Expressão Editora, 2012.

CUMINO, Alexandre. Vários artigos em *Jornal de Umbanda Sagrada*. São Paulo.

ELIADE, Mircea. *O Sagrado e o Profano*. São Paulo: Editora Martins Fontes, 1999.

Jornal Nacional de Umbanda Sagrada. Vários artigos. São Paulo, 2012 a 2014.

LINARES, Ronaldo Antonio; TRINDADE, Diamantino F.; COSTA, Wagner Veneziani. *Iniciação à Umbanda*. São Paulo: Madras Editora, 2008.

LINARES, Ronaldo Antonio; TRINDADE, Diamantino F. *Iemanjá/Ogum*. Coleção Orixás, volume I. São Paulo: Tríade Editora.

MARSICANO, Alberto; VIEIRA, Lurdes de Campos. *A Linha do Oriente na Umbanda*. São Paulo: Madras Editora, 2009.

_____. *O Poder Terapêutico dos Orixás e a Filiação Divina*. São Paulo: Madras Editora, 2013.

OXÓSSI, Flávio de. *Umbanda sem Medo e sem Preconceito*. São Paulo: Madras Editora, 2014.

PINHEIRO, Robson. *Cidade dos Espíritos*. Contagem: Editora Casa dos Espíritos, 2012.

_____. *Legião – Um Olhar sobre as Sombras*. Contagem: Editora Casa dos Espíritos, 2006.

_____. *Magos Negros*. Contagem: Editora Casa dos Espíritos, 2011.

_____. *Os Guardiões*. Contagem: Editora Casa dos Espíritos, 2013.

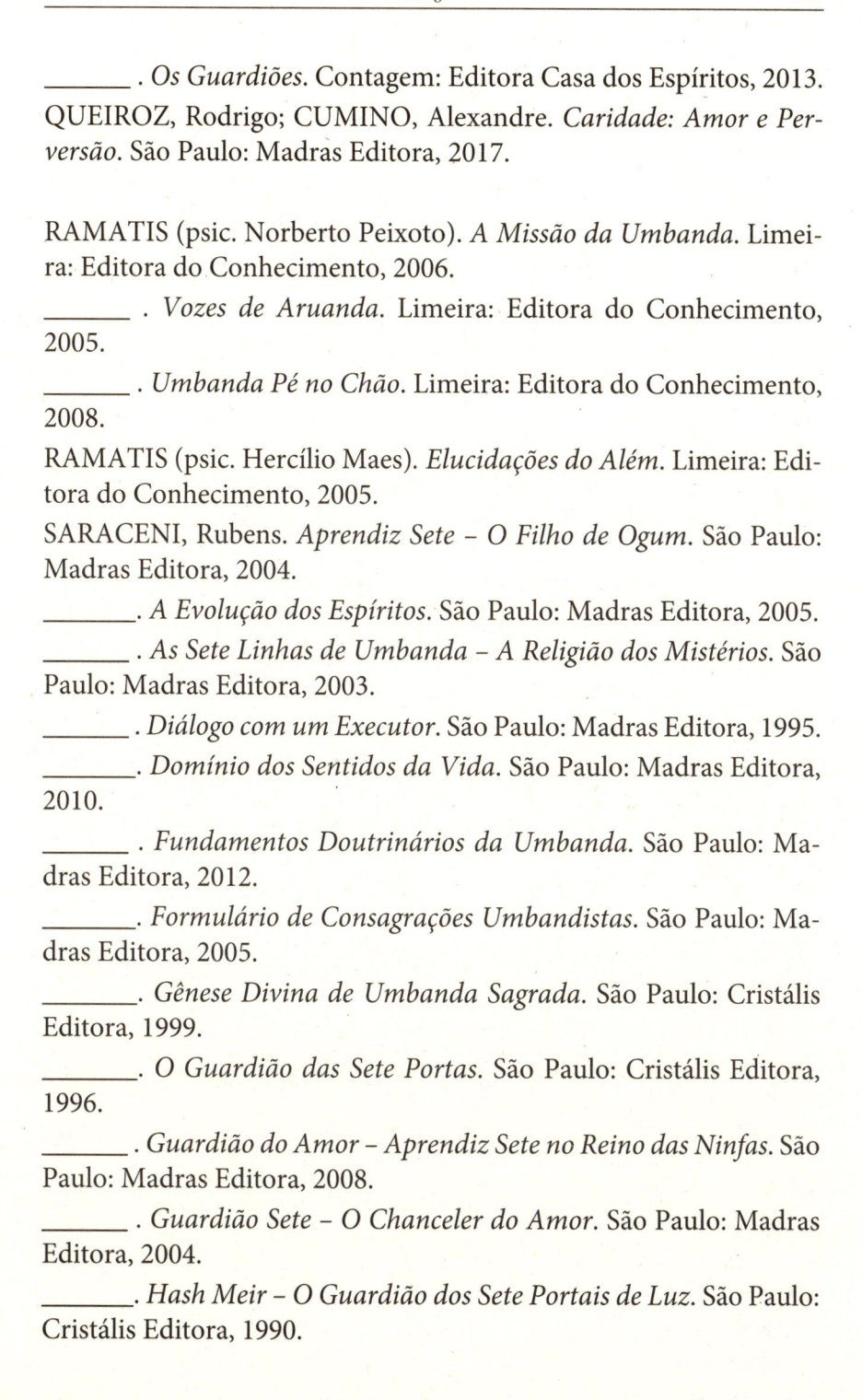

QUEIROZ, Rodrigo; CUMINO, Alexandre. *Caridade: Amor e Perversão*. São Paulo: Madras Editora, 2017.

RAMATIS (psic. Norberto Peixoto). *A Missão da Umbanda*. Limeira: Editora do Conhecimento, 2006.

_____. *Vozes de Aruanda*. Limeira: Editora do Conhecimento, 2005.

_____. *Umbanda Pé no Chão*. Limeira: Editora do Conhecimento, 2008.

RAMATIS (psic. Hercílio Maes). *Elucidações do Além*. Limeira: Editora do Conhecimento, 2005.

SARACENI, Rubens. *Aprendiz Sete – O Filho de Ogum*. São Paulo: Madras Editora, 2004.

_____. *A Evolução dos Espíritos*. São Paulo: Madras Editora, 2005.

_____. *As Sete Linhas de Umbanda – A Religião dos Mistérios*. São Paulo: Madras Editora, 2003.

_____. *Diálogo com um Executor*. São Paulo: Madras Editora, 1995.

_____. *Domínio dos Sentidos da Vida*. São Paulo: Madras Editora, 2010.

_____. *Fundamentos Doutrinários da Umbanda*. São Paulo: Madras Editora, 2012.

_____. *Formulário de Consagrações Umbandistas*. São Paulo: Madras Editora, 2005.

_____. *Gênese Divina de Umbanda Sagrada*. São Paulo: Cristális Editora, 1999.

_____. *O Guardião das Sete Portas*. São Paulo: Cristális Editora, 1996.

_____. *Guardião do Amor – Aprendiz Sete no Reino das Ninfas*. São Paulo: Madras Editora, 2008.

_____. *Guardião Sete – O Chanceler do Amor*. São Paulo: Madras Editora, 2004.

_____. *Hash Meir – O Guardião dos Sete Portais de Luz*. São Paulo: Cristális Editora, 1990.

_____. *O Ancestral Místico*. São Paulo: Cristális Editora. 1991.
_____. *Iniciação à Escrita Mágica Divina*. São Paulo: Madras Editora, 2003.
_____. *Lendas da Criação*. São Paulo: Madras Editora, 2005.
_____. *O Cavaleiro do Arco-Íris*. São Paulo: Madras Editora, 2009.
_____. *O Código da Escrita Mágica Simbólica*. São Paulo: Madras Editora, 2003.
_____. *O Código de Umbanda*. São Paulo: Cristális Editora, 1998.
_____. *O Guardião do Fogo Divino*. São Paulo: Cristális Editora, 1999.
_____. *O Guardião dos Caminhos*. São Paulo: Madras Editora, 2005.
_____. *O Livro da Criação*. São Paulo: Madras Editora, 2014.
_____. *Orixás Ancestrais*. São Paulo: Madras Editora, 2001.
_____. *O Livro de Exu*. São Paulo: Cristális Editora, s/d.
_____. *Orixá Exu – Fundamentação do Mistério Exu na Umbanda*. São Paulo: Madras Editora, 2008.
_____. *Orixá Exu Mirim*. São Paulo: Madras Editora, 2008.
_____. *Os Arquétipos da Umbanda*. São Paulo: Madras Editora, 2007.
_____. *O Livro da Criação*. São Paulo: Madras Editora, 2014.
_____. *O Livro de Exu*. São Paulo: Madras Editora, 2001.
_____. *O Livro das Energias*. São Paulo: Madras Editora, 2010.
_____. *Orixás – Teogonia de Umbanda*. São Paulo: Madras Editora, 2002.
_____. *Os Guardiões da Lei Divina*. São Paulo: Madras Editora, s/d.
_____. *Rituais Umbandistas*. São Paulo: Madras Editora, 2007.
_____. *Tratado Geral de Umbanda*. São Paulo: Madras Editora, 2005.
_____. *Tratado de Escrita Mágica Sagrada*. São Paulo: Madras Editora, 2007.
_____. *Umbanda Sagrada*. São Paulo: Madras Editora, 2002.

SOUZA, Daniel. *Introdução à Magia Divina*. São Paulo: Madras Editora, 2016.

VERGER, Pierre Fatumbi. *Orixás*. São Paulo: Editora Corrupio, 1981.

_____. *Os Guias Espirituais da Umbanda e Seus Atendimentos*. São Paulo: Madras Editora, 2015.

VIEIRA, Lurdes de Campos (coord.). *Manual Doutrinário, Ritualístico e Comportamental Umbandista*. São Paulo: Madras Editora, 2005.

VIEIRA, Lurdes de Campos. *Oxumaré – O Arco-Íris Sagrado*. São Paulo: Madras Editora, 2006.

_____. *Sermões de um Mestre Pena Branca* (psic.). São Paulo: Madras Editora, 2011.

_____. *A Umbanda e o Tao*. São Paulo: Madras Editora, s/d.

WALKER, Richard. *Atlas do Corpo Humano*. São Paulo: Editora Moderna,1993.

MADRAS® Editora

Para mais informações sobre a Madras Editora,
sua história no mercado editorial
e seu catálogo de títulos publicados:

Entre e cadastre-se no site:

www.madras.com.br

Para mensagens, parcerias, sugestões e dúvidas, mande-nos um e-mail:

marketing@madras.com.br

SAIBA MAIS

Saiba mais sobre nossos lançamentos,
autores e eventos seguindo-nos no facebook e twitter:

@madrased

/madraseditora